Lean Six Sigma Green Belt
paso a paso

MARGE BOOKS

Lean Six Sigma Green Belt
paso a paso

Eduardo Escobedo
Luis Socconini

Colección: Gestiona
Director: David Soler

Lean Six Sigma Green Belt, paso a paso
1.ª edición, 2021

Edita: Marge Books
València, 558 – 08026 Barcelona
Tel. 931 429 486 - marge@margebooks.com
www.margebooks.com

Edición: José M. Collazos
Compaginación: Mercedes Lara
Impresión: Safekat, SL (Madrid)

ISBN edición impresa: 978-84-18532-44-3
ISBN edición digital: 978-84-18532-45-0
Depósito Legal: B 2496-2021

El papel empleado en este libro no ha sido blanqueado con cloro elemental (CI_2).

Índice

Los autores

EDUARDO JOSÉ ESCOBEDO URIBE

Ingeniero químico por la Universidad Autónoma de Guadalajara (México), con maestría en Optimización de Sistemas Productivos por la Universidad Panamericana, Campus Guadalajara (México). Durante su carrera profesional ha ocupado cargos gerenciales y directivos en Laboratorios Pisa (1988-2000), Laboratorios Maver (2000-2005) y Grupo Arcoiris (2005-2008). Desde 2008 trabaja para Lean Six Sigma Institute, entidad dedicada a la formación, el entrenamiento y la asesoría, especializada en la implementación de la filosofía Lean Six Sigma para la mejora continua de procesos de manufactura, servicios y logística, que está presente en México, Canadá, Estados Unidos, Guatemala, Colombia, Perú, Bolivia, Ecuador, Chile, Paraguay, Suiza y España. Actualmente ocupa el cargo de director general operativo y máster Black Belt, y supervisa todos los proyectos de implementación y cursos impartidos en diversos países, buscando siempre la optimización de los procesos para beneficio de las empresas y de la sociedad en general.

LUIS SOCCONINI

Es ingeniero industrial por el ITESM, campus Guadalajara (México), tiene una maestría en Calidad y Productividad y es máster Black Belt. Está certificado en *Strategic Management* por la Universidad de Stanford, en *Leading Product Innovation* por la Universidad de Harvard y en *Industry 4.0* por el MIT. Ha trabajado para la escuela de negocios de Wharton (Pensilvania), como consultor de empresas; en la Cervecería Grolsch, en Holanda, como ingeniero de procesos, y en IBM, como ingeniero de manufactura.

Como director de Lean Six Sigma Institute, desarrolla proyectos de alto impacto en empresas como Abbott Laboratories, Kraft Heinz, Coca Cola, BMW, Bimbo y Fender, entre otras. Desarrolla constantemente aplicaciones de productividad en distintos sectores, como la construcción, la minería, la agricultura, la administración pública, la energía, los servicios, etc.

Ha sido catedrático distinguido en varias universidades de prestigio en México.

Es autor de los manuales de certificación *Lean Six Sigma Yellow Belt, Green Belt* y *Black Belt;* de los libros *Lean Company* y *Lean Manufacturing;* así como coautor de *Lean Six Sigma Management System, Lean Energy, El proceso de las 5´S en acción* y *Lean Six Sigma Green Belt paso a paso.*

SOCCONINI

www.socconini.com

Introducción

En el año 1979, Motorola, la compañía mundial de aparatos electrónicos, registró muy buenos resultados, medidos por sus utilidades y sus ventas. Sin embargo, en la reunión de planificación estratégica anual, Arthur Sundry, gerente de ventas del sector de comunicaciones, se puso de pie y dijo: «Nuestra calidad es pésima y deberíamos hacer algo al respecto». Robert Galvin, director general de Motorola e hijo de su fundador, Paul Galvin, se tomó muy en serio las palabras de Sundry, sobre todo porque venían de boca del gerente nacional de ventas de la línea de productos más rentable, más grande y de más rápido crecimiento de Motorola. Por ello, ordenó que se hiciera una revisión a fondo de la calidad de la compañía.

La revisión mostró que los productos de Motorola merecían una alta calificación en cuanto a su fiabilidad a largo plazo, pero muchos artículos nuevos registraban fallos entre los tres y los nueve meses de uso. Estos fallos perjudicaban la fama de calidad de Motorola. Además, la revisión interna de la empresa detectó problemas en la producción y la entrega de productos.

Ante estos problemas, en 1981 la gerencia de Motorola emprendió una serie de actividades continuas para superarse con la meta de multiplicar por diez la calidad y la satisfacción de los clientes en un plazo de cinco años.

La historia de Six Sigma en Motorola se inició cuando el ingeniero Mikel Harry comenzó a intentar que la organización estudiase la variación en los procesos (aplicando los conceptos de Deming) como una manera de mejorar los mismos. Estas variaciones son lo que estadísticamente se conoce como desviación estándar (alrededor de la media), la cual se representa por la letra griega sigma (σ). Esta iniciativa se convirtió en el punto focal del esfuerzo para mejorar la calidad en Motorola.

En 1987, Galvin impuso una meta drástica para la calidad: pasar, en 1992, de 6 000 defectos por millón a un nivel «seis sigma» *(Six Sigma),* que se define como 3.4 defectos por millón de oportunidades. El calendario de Galvin establecía que habría que mejorar diez veces la calidad de los productos y los servicios en 1989, y cuando menos cien veces en 1991 para llegar a la meta de seis sigma en 1992.

Todas estas acciones permitieron a Motorola ganar el Premio Malcolm Baldrige a la Calidad Nacional en 1988, el primer año en que fue entregado. En cinco años, la compañía había alcanzado su primera meta de calidad. Sundry, el gerente que había llamado la atención sobre los problemas de calidad de la empresa en público, fue ascendido a vicepresidente ejecutivo antes de jubilarse en 1990.

En 1992 Motorola alcanzó un nivel sigma de 5.7 y, aunque no llegó a la meta de seis sigma, los resultados no dejaban de ser impresionantes. Las ventas por empleado subieron de 62 600 dólares en 1986 a más de 111 000 dólares en 1992. Los defectos por millón de oportunidades bajaron de 6 000 en 1981 a 40 en 1992.

Esta iniciativa llegó a oídos de Lawrence Bossidy, quien, en 1991 y tras una exitosa carrera en General Electric, tomó las riendas de Allied Signal para transformar una empresa con problemas en una máquina exitosa. Durante la implantación de seis sigma en la década de 1990 (con el empuje de Bossidy), Allied Signal multiplicó sus ventas y sus ganancias de manera impresionante. Este ejemplo fue seguido por Texas Instruments, que logró resultados similares.

Durante el verano de 1995 el CEO de General Electric, Jack Welch, se enteró del éxito de esta nueva estrategia de boca del mismo Lawrence Bossidy, lo que dio lugar a la mayor transformación puesta en marcha en esta enorme organización.

El empuje y el respaldo de Jack Welch transformaron General Electric en una «organización Six Sigma», con resultados impactantes en todas sus divisiones. Por ejemplo: GE Medical Systems introdujo en el mercado un escáner para diagnóstico (con un valor de 1.25 millones de dólares) desarrollado totalmente bajo los principios de Six Sigma y con un tiempo de escaneo de tan sólo 17 segundos (lo normal eran 180 segundos). En otra de las divisiones, GE Plastics, se mejoró sensiblemente uno de los procesos para incrementar la producción en casi 500 000 toneladas. Por ello, quizá la contribución más importante al auge y desarrollo de Six Sigma haya sido ese interés y esfuerzo dedicado a su implantación en toda General Electric. Ante estos éxitos, numerosas compañías, como Sony, Polaroid, Dow Chemical, FeDex, Dupont, Nasa, Bombardier, Toshiba, Ford, ABB o Black & Decker, adoptaron esta filosofía.

La filosofía Six Sigma

Six Sigma es una filosofía de trabajo y una estrategia de negocios que se basa en el enfoque hacia el cliente, en un manejo eficiente de los datos y las metodologías y en diseños robustos, que permiten eliminar la variabilidad en los procesos y alcanzar un nivel menor o igual a 3.4 defectos por millón de oportunidades. Adicionalmente, otros efectos obtenidos son: reducción de los tiempos de ciclo y de los costos, alta satisfacción de los clientes y, más importante aún, muy buenos resultados en el desempeño financiero de la organización.

En general, los procesos estándar tienden a comportarse dentro del rango de tres sigma, que equivale a 67 000 defectos por millón de oportunidades (DPMO), lo que significa un nivel de calidad de apenas 93.32 %, frente a un nivel de 99.9997 % para un proceso seis sigma. Comparativamente, un proceso tres sigma es 19 645 veces más malo (produce más defectos) que uno seis sigma. La tabla 1 muestra los diferentes niveles sigma.

Se pueden establecer entonces tres principales significados de Six Sigma:

- **Como métrica,** representa una manera de medir el desempeño de un proceso en cuanto a su nivel de productos o servicios fuera de especificación.

Nivel sigma	Defectos por millón de oportunidades	Rendimiento
6	3.4	99.9997 %
5	233	99.977 %
4	6 210	99.379 %
3	66 807	93.32 %
2	308 537	69.2 %
1	690 000	31 %

Tabla 1.

- **Como filosofía de trabajo,** significa una mejora continua de procesos y productos apoyada en la aplicación de una metodología específica, que incluye principalmente el uso de herramientas estadísticas, además de otras de apoyo.
- **Como meta,** un proceso con nivel de calidad Six Sigma significa estadísticamente alcanzar un nivel de clase mundial al no producir servicios o productos defectuosos.

Six Sigma utiliza herramientas estadísticas para la caracterización y el estudio de los procesos, de ahí su nombre, ya que sigma es la desviación estándar que da una idea de la variabilidad en un proceso. El objetivo de la metodología Six Sigma es reducir esta de modo que el proceso se encuentre siempre dentro de los límites establecidos por los requisitos del cliente.

Literalmente cualquier compañía y cualquier proceso, ya sea de diseño, producción, logística, servicios, administración, etc., puede beneficiarse de la filosofía Six Sigma, aunque su aplicación no es fácil. Las posibilidades de mejora y de ahorro de costos son enormes, pero el proceso requiere el compromiso de tiempo, talento, dedicación, persistencia y, por supuesto, inversión económica.

El típico costo de falta de calidad –errores, defectos y pérdidas en los procesos– puede suponer entre un 20 y un 30 % de las ventas. Por eso, incluso aunque no se llegue al nivel seis sigma (3.4 errores o defectos por millón de oportunidades), las posibilidades de mejorar significativamente los resultados son ilimitadas.

Por ello, es esencial que el compromiso con el enfoque Six Sigma comience y se mantenga en la alta dirección de la compañía. La experiencia demuestra que los programas de mejora se convierten en una pérdida de recursos valiosos cuando la dirección no expresa su visión, no transmite firmeza y entusiasmo, no evalúa los resultados y no reconoce los esfuerzos. El proceso Six Sigma comienza con la sensibilización de los ejecutivos para que comprendan los métodos que permitirán a la compañía alcanzar niveles de calidad hasta entonces insospechados.

La fusión Lean Six Sigma (LSS)

A partir del siglo xxi la fusión de las filosofías Lean y Six Sigma (denominada apropiadamente filosofía Lean Six Sigma) dará como resultado una forma de trabajo poderosa, enfocada en la mejora continua y el óptimo aprovechamiento de los recursos de las compañías. A pesar de que las filosofías Lean y Six Sigma siempre compartieron un mismo objetivo (la satisfacción de los clientes), habían tenido desarrollos, enfoques y herramientas diferentes.

La filosofía Lean busca eliminar las ineficiencias de los procesos y reestructurarlos para hacerlos más eficientes, rápidos y ágiles a la hora de responder a las necesidades de los clientes, mientras que Six Sigma persigue también mejorar los procesos, aunque en un sentido más amplio, que incluye calidad, eficiencia y niveles de servicio. Metodológicamente es más ordenada y hace uso extensivo de los datos para entender el comportamiento de los procesos e identificar mejoras.

De este modo, la filosofía Lean Six Sigma (y los proyectos de mejora asociados a ésta) combinan la estructura metodológica y las herramientas de análisis de datos de Six Sigma con las herramientas de proceso y principios Lean.

Metodología DMAIC

Conceptualmente, los resultados de los proyectos Lean Six Sigma se obtienen por dos caminos. Los proyectos consiguen, por un lado, mejorar las características del producto o servicio, permitiendo conseguir mayores ingresos y, por otro, el ahorro de costos que se deriva de la reducción de fallos o errores y de los menores tiempos de ciclo en los procesos.

La metodología Six Sigma, conocida como DMAIC (por sus siglas en inglés *define, measure, analyze, improve, control,* es decir, definir, medir, analizar, mejorar, controlar), consiste en la aplicación, proyecto a proyecto, de un proceso estructurado en cinco fases:

1. **En la fase Definir,** se identifican los posibles proyectos Lean Six Sigma, que deben estar alineados con las estrategias de la organización y ser evaluados por la dirección para evitar la infrautilización de recursos. Una vez seleccionado el proyecto, se prepara su misión y se selecciona el equipo más adecuado para el mismo, asignándole la prioridad necesaria.
2. **La fase Medir** consiste en la descripción detallada del proceso, incluyendo las características clave del producto o servicio (o variables del resultado) y los parámetros (variables de entrada) que afectan al funcionamiento de las operaciones. A partir de esta caracterización se define el sistema de medición y se mide la capacidad del proceso.
3. **En la fase Analizar,** el equipo usa los datos de resultados actuales e históricos para desarrollar y comprobar hipótesis sobre posibles relaciones causa-

efecto, utilizando las herramientas estadísticas pertinentes. De esta forma el equipo confirma los determinantes del proceso, es decir, las variables clave de entrada o «pocos vitales» que afectan a las variables de respuesta.

4. **En la fase Mejorar**, el equipo trata de determinar la relación causa-efecto (relación matemática entre las variables de entrada y la variable de respuesta que interese) para predecir, mejorar y optimizar el funcionamiento del proceso. Por último, se determina el rango operacional de los parámetros o variables de entrada.

5. **La última fase, Controlar,** consiste en diseñar y documentar los controles necesarios para asegurar que lo conseguido mediante el proyecto Lean Six Sigma se mantenga una vez que se hayan implantado los cambios. Cuando se hayan logrado los objetivos y la misión se dé por finalizada, el equipo informará a la dirección y se disolverá.

Estructura Lean Six Sigma

El primer paso consiste en la selección de los empleados, profesionales con capacidad y responsabilidad en sus áreas o funciones, que van a ser formados intensivamente para liderar los proyectos de mejora. Muchos de estos empleados tendrán que dedicar una parte importante de su tiempo (incluso el 100 %) a los proyectos, si se pretenden resultados significativos.

La pirámide de la figura 1 ilustra la estructura Lean Six Sigma y a continuación se describen los roles:

Líder ejecutivo:
- Las implementaciones más exitosas de la estrategia Lean Six Sigma han estado totalmente respaldadas por algún ejecutivo de alto nivel: CEO o presidente de la organización.
- Elige e impulsa Lean Six Sigma como estrategia organizativa.
- Asegura recursos para lograr la correcta implementación de la estrategia Lean Six Sigma.

Champion:
- Proporciona soporte para la identificación y la selección de los proyectos.
- Guía al equipo de trabajo de Lean Six Sigma de acuerdo a la estrategia organizativa.

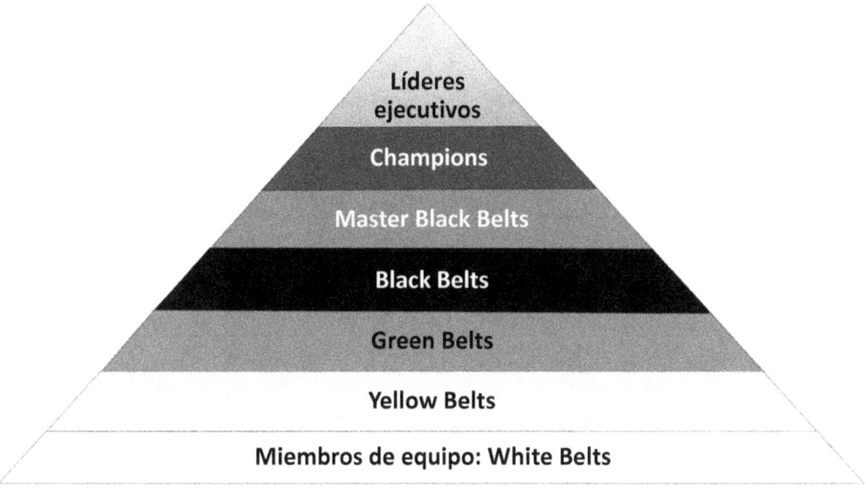

Figura 1.

- Asiste en la selección de los Black Belt y Green Belt.
- Provee recursos y ayuda a eliminar barreras para la ejecución de los proyectos.
- Es el beneficiario directo de los ahorros financieros.
- Está familiarizado con la estrategia Lean Six Sigma (no es experto necesariamente).

Master Black Belt:
- Dedica el 100% de su tiempo a Lean Six Sigma.
- Experto en el uso de herramientas Lean Six Sigma.
- Da soporte para establecer prioridades a los posibles proyectos Lean Six Sigma.
- Actúa como mentor y entrenador de los Black Belt.
- Trabaja con los Black Belt y Green Belt en el desarrollo de sus proyectos.
- Apoya en la traducción de los ahorros financieros.
- Es el principal agente de cambio dentro de la organización hacia la implementación de la filosofía Lean Six Sigma.

Black Belt:
- Dedica el 100 % de su tiempo a Lean Six Sigma.
- Es experto en el uso de herramientas estadísticas.

- Proporciona soporte para establecer prioridades en los posibles proyectos Lean Six Sigma.
- Es líder en el desarrollo, ejecución y seguimiento de proyectos Lean Six Sigma.
- Desarrolla por lo menos cuatro proyectos al año con un ahorro típico de 125 000 dólares en cada uno de ellos (estos ahorros son variables, dependiendo del tamaño y volumen de ventas de la organización).
- Capacita en herramientas Lean y Six Sigma.
- Es un importante agente de cambio dentro de la organización hacia la implementación de la filosofía Lean Six Sigma.

Green Belt:
- Dedica parte de su tiempo a Lean Six Sigma.
- Domina las herramientas Lean y Six Sigma.
- Participa y lidera proyectos Lean Six Sigma bajo la tutela de los Black Belt, además de desempeñar las funciones y responsabilidades inherentes a su puesto.
- Genera e identifica oportunidades de mejora en la organización.
- Apoya en la selección de los miembros del equipo de su proyecto.
- Capacita en herramientas Lean y Six Sigma.
- Completa al menos dos proyectos al año con un ahorro típico de 50 000 dólares en cada uno de ellos.

Yellow Belt:
- Dedica parte de su tiempo a Lean Six Sigma.
- Domina los principios y herramientas Lean.
- Participa en proyectos Lean Six Sigma y eventos *kaizen,* además de las funciones y responsabilidades inherentes a su puesto.
- Genera e identifica oportunidades de mejora en la organización.
- Apoya en la selección de los miembros del equipo de su proyecto.
- Capacita en herramientas Lean.
- Completa al menos dos proyectos al año con un ahorro típico de 25 000 dólares en cada uno de ellos.

White Belt:
- Tiene un trabajo definido.
- Conoce los principios Lean y Six Sigma.

- Participa cuando se le invita a un evento *kaizen* o proyecto Six Sigma.
- Participa al menos en dos proyectos al año.

Consideraciones

Este libro está destinado a los Master Black Belt, Black Belt y Green Belt (o candidatos a estas certificaciones), y es una guía para el desarrollo de un proyecto Lean Six Sigma en sus diferentes fases, con la explicación de las herramientas aplicables en cada una de ellas.

Para simplificar la comprensión y mostrar que este tipo de proyectos pueden llevarse a cabo en cualquier tipo de proceso, «acompañaremos» a cuatro líderes de mejora de sus respectivas empresas (ficticias, por supuesto) en la aventura de implementar un proyecto Lean Six Sigma completo. Los perfiles de estos cuatro líderes (ficticios también) son los siguientes:

- Alberto Hernández, financiero y candidato a Black Belt, trabaja para Banco del Pacífico, institución que ofrece servicios bancarios a particulares y empresas desde hace más de treinta años.
- Valentín Ortega, ingeniero industrial y Master Black Belt, trabaja en Operadores Logísticos del Golfo, empresa dedicada a la prestación de servicios logísticos para sus clientes, tales como almacenamiento, empaque y embarque de mercancías a los usuarios finales.
- Elsa Alatorre, ingeniera química y candidata a Green Belt, es líder en Manufacturera Química, fabricante de productos para el mercado de los fertilizantes.
- Brenda Ávalos, diseñadora industrial y Green Belt, es la gerente de desarrollo de nuevos productos de Calzado Chelsea, que fabrica zapatos para diversos clientes.

En este punto se hace necesario aclarar que, debido a que el tema principal es la metodología y las herramientas Six Sigma, aquellas que corresponden a la filosofía Lean no serán explicadas en detalle, aunque serán mencionadas. Para ello, se recomiendan las siguientes lecturas:

- *Luis Socconini,* **Lean Manufacturing, paso a paso.**
- *Luis Socconini,* **Lean Company, más allá de la manufactura.**

Asimismo, este libro no pretende ser un tratado sobre estadística o *softwares* estadísticos (por ejemplo, Minitab), por lo que:

- Conceptos tales como media, mediana, moda, rango y desviación estándar (incluyendo las fórmulas para calcularlas) deberán manejarse *a priori*.
- Aun cuando se mencionen o expongan otras fórmulas estadísticas, la mayoría de ellas no serán demostradas (refiérase para ello a libros especializados).
- Para Minitab, en muchas de las aplicaciones no se explicará el procedimiento para obtener los resultados declarados (puede obtenerse más información en el sitio de internet www.minitab.com).

Capítulo 1

Fase 1: Definir

1 Objetivos

Los objetivos de la fase Definir son:

- Definir el proyecto.
- Definir la voz del cliente.
- Obtener la aprobación de la dirección para la realización del proyecto.

2 Definir el proyecto

El objetivo más importante de la fase inicial es definir adecuadamente el proyecto DMAIC a desarrollar para cumplir con los siguientes propósitos:

- Asegurar que los proyectos de mejora están alineados y priorizados con respecto a la estrategia de la organización.
- Estandarizar la identificación de proyectos de mejora para evitar decisiones no basadas en datos o depender de personas.
- Evitar que la cantidad de proyectos asignados por proceso o área rebasen la capacidad de recursos humanos acordada.
- Crear el sistema que lleve a la organización a identificar de manera periódica oportunidades de mejora en los procesos.

Los detalles de la definición se documentan en la carta del proyecto, que es actualizada regularmente, con aprobaciones si es necesario. Las actividades clave en el desarrollo de la carta del proyecto son:

- Definir el caso de negocio o declaración del problema.
- Describir el propósito del proyecto, algo clave para la calidad o CTQ (por sus siglas en inglés *critical to quality)* a trabajar.
- Describir el objetivo y los entregables del proyecto.
- Establecer el alcance.
- Definir roles y responsabilidades del equipo.
- Establecer los recursos necesarios para completarlo.
- Establecer los métricos.
- Elaborar un plan preliminar de implementación.

En la tabla 1.1, se presenta el formato de la carta de proyecto y se describen con detalle sus apartados.

2.1   Caso de negocio

El uso de la herramienta «caso de negocio» ayuda a identificar las áreas problemáticas u objeto de mejora. Además, provee una descripción resumida de las características de una situación y una estimación del valor potencial de la implementación de un proyecto.

En este nivel de análisis, la intención no es definir el proyecto Lean Six Sigma, sino definir las áreas donde el proyecto puede ser necesario. El modelo general del caso de negocio es el siguiente:

> Como compañía, el desempeño de nuestro ______________ para el área de ___________ no está cumpliendo ___________. Esto está causando problemas de ______________, los cuales suponen anualmente un costo aproximado de: ______________.

Y se redacta de la siguiente manera:

> Como compañía, el desempeño de nuestro (indicador estratégico) para el área de (mencionar el área o proceso específico) no está cumpliendo

Carta de definición de proyectos Lean Six Sigma

Nombre del iniciador
Fecha
Documento #

Proyecto #
Fecha inicio
Fecha esperada fin
Fecha real fin

1. CASO DE NEGOCIO

Como compañía, el desempeño de nuestro (indicador estratégico) para el área de (escribir área)
no está cumpliendo la meta de (escribir meta). Esto está causando problemas de (escribir problemas)
los cuales suponen anualmente un costo aproximado de: (escribir cantidad).

2. PROPÓSITO (CTQ a mejorar)

CTQ   Línea base

3. OBJETIVOS DEL PROYECTO

CTQ   Línea base   Objetivo   Ahorro

4. ALCANCE

5. ROLES Y RESPONSABILIDADES

         Nombre   Correo electrónico   Teléfono/Movil

Campeón:
Patrocinadores:

Líder:
Miembros del equipo:

6. RECURSOS

7 MÉTRICOS

Núm.   Métrico   Actual   Objetivo   Comentario

Elaborado por: **Fecha:**   **Firma:**

Aprobado por: **Fecha:**   **Firma:**

Tabla 1.1.

(meta). Esto está causando problemas de (enunciar todas las situaciones adversas que se presentan a raíz del problema), los cuales suponen anualmente un costo aproximado de (cifra aproximada).

Para esta redacción se recomienda pensar en términos de:

- La planificación estratégica del negocio.
- Los indicadores estratégicos.
- Los requerimientos internos y externos.
- Las tres limitantes de la productividad: sobrecarga, variabilidad y desperdicio.

Ejemplos de caso de negocio

Cada uno de nuestros cuatro **líderes estableció el caso de negocio para su** proyecto DMAIC:

- **Ejemplo A: Alberto Hernández, Banco del Pacífico**
  Como compañía, el desempeño de nuestro tiempo de atención al cliente para el área de ventanillas no está cumpliendo la meta de menos de 6 minutos. Esto está causando problemas de pérdida de clientes y pago de tiempo extra, los cuales suponen anualmente un costo aproximado de 600.000 dólares.

- **Ejemplo B: Valentín Ortega, Operadores Logísticos del Golfo**
  Como compañía, el desempeño de nuestro porcentaje de entregas a tiempo para el área de embarques no está cumpliendo la meta de 99 %. Esto está causando problemas de pérdida de contratos y pago de sanciones y transportes adicionales, los cuales suponen anualmente un costo aproximado de 1.000.000 de dólares.

- **Ejemplo C: Elsa Alatorre, Manufacturera Química**
  Como compañía, el desempeño de nuestro peso neto de producto para el área de envasado no está cumpliendo la meta del 100 al 104 % del peso declarado. Esto está causando problemas de quejas de clientes y peso en exceso, los cuales suponen anualmente un costo aproximado de 800.000 dólares.

- **Ejemplo D: Brenda Ávalos, Calzado Chelsea**
  Como compañía, el desempeño de nuestro cumplimiento del costo objetivo para el área de desarrollo de nuevos productos no está cumpliendo la meta de ser menor que el 100 %. Esto está causando problemas de pérdida de utilidad, los cuales suponen anualmente un costo aproximado de 400.000 dólares.

El resto de la carta de proyecto se desarrollará solo para el ejemplo C. Al final de este capítulo se presentan las cuatro cartas completas.

2.2   CTQ a ser mejoradas

En este paso se enuncian todas las características clave de calidad o CTQ del producto o servicio que serán mejoradas, según el caso de negocio establecido previamente o alguna otra prioridad definida por el cliente o la empresa. Este concepto se explica con detalle en el apartado 4 de este capítulo, «Definir la voz del cliente».

Además, para cada CTQ se debe mostrar el desempeño actual (línea base) para el cual se propone un nivel de desempeño deseable (objetivo). Esto ofrecerá una idea de la magnitud del problema o área de mejora. La línea base se debe expresar mediante unidades (horas, número de pedidos, porcentaje de entregas tarde, etc.) y se ha de verificar que la información corresponda a un período largo de tiempo (al menos los tres últimos meses).

Ejemplo

CTQ que se deben mejorar	**Línea base**
Peso de producto envasado	98 al 108 % del peso declarado
Rendimiento del proceso	89 %

2.3   Objetivos

El objetivo es una declaración más específica de las salidas deseadas para el proyecto. Debe describirse en términos medibles (numéricos) como, por ejemplo:

- Tiempo de entrega de 20 días a 5 días.
- Nivel de servicio de 85 % a 92 %.

En este apartado se han de describir también, en términos monetarios, los ahorros que pueden determinarse hasta este momento de la definición del proyecto. Es importante tener en cuenta que, aunque en el caso de negocio se estableció el costo aproximado de los problemas causados por la situación a mejorar, es posible que el proyecto no cubra el total de dicho monto.

Ejemplo

CTQ que se debe mejorar	Línea base	Objetivo	Ahorro anual
Peso de producto envasado (con respecto al peso declarado)	98 al 108 %	100 al 104 %	800 000 dólares
Rendimiento del proceso	89 %	98 %	

2.4   Alcance

Aquí se explica el alcance del proyecto en términos del área o proceso a ser mejorado, la operación específica, el área geográfica, etc. Se han de tener en cuenta los recursos con los que se cuenta (económicos, humanos, tecnológicos, de tiempo), y evitar proyectos tipo «eliminación del hambre en el mundo», puesto que:

- Su alcance es tan grande que es imposible manejarlos.
- Desmotivan al equipo.
- Es difícil correlacionar los resultados con las acciones.

Proyectos con alcance adecuado:

- El proyecto será suficientemente grande como para constituir un reto para los participantes.
- El equipo ha de sentir que la solución está dentro de su área de responsabilidad.

Ejemplo

Alcance: Proceso de envasado de un producto de la familia de sulfatos.

2.5   Roles y responsabilidades

Se han de listar los miembros del equipo e incluir los datos de contacto (correo electrónico, teléfono, móvil) de cada persona. Los roles que se deben definir (y sus respectivas responsabilidades) son:

- **Campeón:** dueño del proceso donde se realizará el proyecto y principal beneficiario de sus resultados. Su responsabilidad es mantener enfocado al equipo en el logro de los objetivos y ser el enlace con la dirección. Asiste a todas las reuniones de avance.

- **Patrocinador(es):** miembro(s) de la dirección de la empresa, cuya principal responsabilidad será eliminar obstáculos o tomar decisiones estratégicas para que el equipo logre los objetivos. Asiste(n) a las reuniones de avance cuando se les solicita.

- **Líder:** es el guía del equipo y se asegura de que se cumplan los objetivos. Organiza las reuniones, planea las actividades e informa de los avances al campeón y patrocinador(es). Facilita los medios para que cada miembro del equipo cumpla con las tareas que se le encomienden y da seguimiento para que así sea.

- **Miembros del equipo,** elegidos conforme a las siguientes recomendaciones:

  - Habilidades múltiples y complementarias para alcanzar la meta común (multidisciplinario).
  - El número de integrantes estará en función de la complejidad y alcance del proyecto, teniendo en cuenta que la interacción entre los miembros del equipo depende en gran medida de dicho número de integrantes. Se recomienda revisar el tamaño del equipo para que no sea excesivo con respecto a los objetivos.

2.6   Recursos

Los recursos se refieren a las necesidades de equipo, bases de datos, personas no incluidas en el equipo, etc. En este punto hay que tratar de limitar las necesidades en términos monetarios, especialmente si no se han desarrollado antes proyectos de este tipo. En su lugar se pueden desarrollar buenas ideas para lograr los ahorros y, una vez alcanzados estos, justificar nuevas inversiones.

2.7   Métricos

Se han de incluir, además de las CTQ ya mencionadas, otros métricos clave que podrán ayudar a evaluar el progreso de las mejoras. Para cada uno de ellos, de ser posible, se determinará la línea base y el objetivo.

Ejemplo

Métricos	Línea base	Objetivo
• Peso de producto envasado	98 al 108 %	100 al 104 %
• Rendimiento del proceso	89 %	98 %
• Personal requerido	12	10
• Porcentaje de merma	8.5 %	0.5 %
• Distancia recorrida	186 m	150 m

2.8   Autorizaciones

Al pie de la carta de proyecto, el líder firmará en el apartado de «Elaborado por». Posteriormente, solicitará al director de la empresa su firma en el apartado «Autorizado por». Se debe asegurar que el director conozca los pormenores del proyecto, los recursos necesarios y los miembros del equipo. Véanse algunos ejemplos de ello en las tablas 1.2, 1.3, 1.4 y 1.5.

3   Gantt del proyecto

El proyecto debe ser documentado en un plan semanal donde se programen las actividades para cada una de las fases DMAIC con tiempos estimados. El plan se comunica a todos los miembros del equipo y se analiza semanalmente porque es clave para el éxito del proyecto (véase tabla 1.6).

Ejemplo A: Banco del Pacífico

CARTA DE DEFINICIÓN DE PROYECTOS LEAN SIX SIGMA

Nombre del iniciador	Alberto Hernández	**PROYECTO #**	LSSI - 001
Fecha	06/01/2020	**Fecha inicio**	06/01/2020
Documento #	LSSI - 001 - 001	**Fecha esperada fin**	13/04/2020
		Fecha real fin	

1. CASO DE NEGOCIO

Como compañía, el desempeño de nuestro tiempo de atención al Cliente para el área de ventanillas no está cumpliendo la meta de menos de 6 minutos. Esto está causando problemas de pérdida de Clientes y pago de tiempo extra, los cuales cuestan alrededor de $ 600,000 USD por año.

2. PROPÓSITO (CTQ´s a mejorar)

CTQ´S	Línea base
Tiempo de atención en ventanilla	8 minutos promedio
Tiempo de espera	30 minutos promedio

3. OBJETIVOS DEL PROYECTO

CTQ´S	Línea base	Objetivo	Ahorro
Tiempo de atención en ventanilla	8 minutos	6 minutos	$ 600,000 USD/año
Tiempo de espera	30 minutos	18 minutos	

4. ALCANCE

Todas las sucursales de Banco del Pacífico

5. ROLES Y RESPONSABILIDADES

	Nombre	e-mail	Teléfono/Movil
Campeón:	Emilio Rodríguez	erodriguez@banpac.com	36 90 56 784
Patrocinadores:	Pedro Pérez		
	Cecilia Mayorga		
Líder:	Alberto Hernández		
Miembros del equipo:	Felipe López		
	Verónica Sánchez		
	Gabriel Enríquez		
	Claudia Pérez		

6. RECURSOS

Ninguno

7 METRICOS

No	Métrico	Actual	Objetivo	Comentario
1	Tiempo de atención	8 minutos	6 minutos	
2	Tiempo de espera	30 minutos	18 minutos	

Elaborado por:	Alberto Hernández	**Fecha:**	**Firma:**
Aprobado por:	Emilio Rodríguez	**Fecha:**	**Firma:**

Tabla 1.2.

Ejemplo B: Operadores Logísticos del Golfo

CARTA DE DEFINICIÓN DE PROYECTOS LEAN SIX SIGMA

Nombre del iniciador	Valentín Ortega	**PROYECTO #**	LSSI - 001
Fecha	06/01/2020	**Fecha inicio**	06/01/2020
Documento #	LSSI - 001 - 001	**Fecha esperada fin**	13/04/2020
		Fecha real fin	

1. CASO DE NEGOCIO

Como compañía, el desempeño de nuestro porcentaje de entregas a tiempo para el área de embarques no está cumpliendo la meta de 99 %. Esto está causando problemas de pérdida de contratos y pago de multas y transportes adicionales, los cuales cuestan alrededor de $ 1 millón de dólares por año.

2. PROPÓSITO (CTQ´s a mejorar)

CTQ´S	Línea base
Porcentaje de entregas a tiempo y completas	92%

3. OBJETIVOS DEL PROYECTO

CTQ´S	Línea base	Objetivo	Ahorro
Porcentaje de entregas a tiempo y completas	92%	99%	$ 1'000,000 USD/año

4. ALCANCE

Todos los productos entregados por Operadores Logísticos del Golfo

5. ROLES Y RESPONSABILIDADES

	Nombre	e-mail	Teléfono/Movil
Campeón:	Pablo Márquez	pmarquez@oplogolfo.com	555 87 55 100
Patrocinadores:	Gertrudis Miranda		
	Jorge Hernández		
Líder:	Valentín Ortega		
Miembros del equipo:	Rosa Delgadillo		
	Roberto López		
	Zoila Fernández		

6. RECURSOS

Acceso a la base de datos de registro de entregas de los últimos tres años

7 METRICOS

No	Métrico	Actual	Objetivo	Comentario
1	Porcentaje de entregas a tiempo	92%	99%	
2	Tiempo de entrega	32 horas	24 horas	Pedidos estándar
3	Tiempo de entrega	7 días	5 días	Pedidos especiales

Elaborado por:	Valentín Ortega	**Fecha:**	**Firma:**
Aprobado por:	Pablo Márquez	**Fecha:**	**Firma:**

Tabla 1.3.

Ejemplo C: Manufacturera Química

CARTA DE DEFINICIÓN DE PROYECTOS LEAN SIX SIGMA

Nombre del iniciador	Elsa Alatorre	**PROYECTO #**	LSSI - 001
Fecha	06/01/2020	**Fecha inicio**	06/01/2020
Documento #	LSSI - 001 - 001	**Fecha esperada fin**	13/04/2020
		Fecha real fin	

1. CASO DE NEGOCIO

Como compañía, el desempeño de nuestro peso neto de producto para el área de envasado no está cumpliendo la meta del 100 al 104 % del peso declarado. Esto está causando problemas de quejas de clientes y peso en exceso, los cuales cuestan alrededor de $ 800,000 dólares por año.

2. PROPÓSITO (CTQ´s a mejorar)

CTQ´S	Línea base
Peso de producto envasado	98 al 108 %
Rendimiento del proceso	89%

3. OBJETIVOS DEL PROYECTO

CTQ´S	Línea base	Objetivo	Ahorro
Peso de producto envasado	98 al 108 %	100 al 104 %	$ 800,000 USD/año
Rendimiento del proceso	89%	98%	

4. ALCANCE

Proceso de envasado de la familia de Sulfatos.

5. ROLES Y RESPONSABILIDADES

	Nombre	e-mail	Teléfono/Movil
Campeón:	Rodolfo Vázquez	rvazquez@manufquim.com	36 86 65 109
Patrocinadores:	Gabriela Patiño		
	Jorge Andrade		
Líder:	Elsa Alatorre		
Miembros del equipo:	Rubén Sánchez		
	Betsy Serrano		
	Gerardo Villafuerte		
	Claudia Jiménez		

6. RECURSOS

Acceso a la base de datos de registro de pesos para los lotes de este año

7 METRICOS

No	Métrico	Actual	Objetivo	Comentario
1	Peso de producto envasado	98 al 108 %	100 al 104 %	
2	Rendimiento del proceso	89%	98%	
3	Personal requerido	12	10	
4	Porcentaje de merma	8,50%	0,50%	
5	Distancia recorrida	186 mts	150 mts	

Elaborado por:	Elsa Alatorre	**Fecha:**	**Firma:**
Aprobado por:	Rodolfo Vázquez	**Fecha:**	**Firma:**

Tabla 1.4.

Ejemplo D: Calzado Chelsea

CARTA DE DEFINICIÓN DE PROYECTOS LEAN SIX SIGMA		**PROYECTO #**	LSSI - 001
Nombre del iniciador	Brenda Ávalos	**Fecha inicio**	06/01/2020
Fecha	06/01/2020	**Fecha esperada fin**	13/04/2020
Documento #	LSSI - 001 - 001	**Fecha real fin**	

1. CASO DE NEGOCIO

Como compañía, el desempeño de nuestro cumplimiento del costo objetivo para el área de desarrollo de nuevos productos no está cumpliendo la meta de menor al 100 %. Esto está causando problemas de pérdida pérdida de utilidad, los cuales cuestan alrededor de $ 400,000 USD por año

2. PROPÓSITO (CTQ´s a mejorar)

CTQ´S	Línea base
Cumplimiento del costo objetivo	32 % de los desarrollos cumplen el costo objetivo

3. OBJETIVOS DEL PROYECTO

CTQ´S	Línea base	Objetivo	Ahorro
Cumplimiento del costo objetivo	32%	100%	$ 400,000 USD/año

4. ALCANCE

Todos los nuevos productos desarrollados en Calzado Chelsea

5. ROLES Y RESPONSABILIDADES

	Nombre	e-mail	Teléfono/Movil
Campeón:	Luis Alcaraz	lalcaraz@chelsea.com	33 36 77 14 098
Patrocinadores:	Eduardo Gómez		
	Héctor Robles		
Líder:	Brenda Ávalos		
Miembros del equipo:	Fernando Fuentes		
	Carlos Pérez		
	Salvador Jiménez		
	Alejandro Núñez		

6. RECURSOS

Ninguno

7 METRICOS

No	Métrico	Actual	Objetivo	Comentario
1	Cumplimiento del costo objetivo	32%	100%	

Elaborado por:	Brenda Ávalos	**Fecha:**	**Firma:**
Aprobado por:	Luis Alcaraz	**Fecha:**	**Firma:**

Tabla 1.5.

GANTT DE PROYECTO LEAN SIX SIGMA
PROYECTO # LSSI - 001

	Duración	Inicio	Fin	1	2	3	4	5	6	7	8	9	10	11	12	13	14	15	16	17
DEFINIR	13	06/01/2020	19/01/2020	X																
Definir el proyecto, desarrollo de la carta de proyecto	7	06/01/2020	13/01/2020																	
Definir el proceso y métricos del problema	3	13/01/2020	16/01/2020																	
Formación del equipo	2	16/01/2020	18/01/2020																	
Aprobación del proyecto	1	18/01/2020	19/01/2020																	
MEDIR	16	18/01/2020	03/02/2020			X	X													
Mapear el proceso	2	18/01/2020	20/01/2020																	
Analizar los sistemas de medición	2	20/01/2020	22/01/2020																	
Medir el desempeño del proceso	2	22/01/2020	24/01/2020																	
Definir la línea base	10	24/01/2020	03/02/2020																	
Revisar y actualizar estatus del proyecto	0	03/02/2020	03/02/2020																	
ANALIZAR	28	03/02/2020	02/03/2020																	
Analizar las limitantes de la productividad	8	03/02/2020	11/02/2020																	
Determinar las variables críticas del proceso	10	11/02/2020	21/02/2020																	
Determinar los modos y efectos de falla	10	21/02/2020	02/03/2020																	
Revisar y actualizar estatus del proyecto	0	02/03/2020	02/03/2020																	
MEJORAR	25	02/03/2020	27/03/2020										X	X	X	X	X			
Determinar las mejoras a implementar	10	02/03/2020	12/03/2020																	
Estimar los beneficios para el proceso mejorado	5	12/03/2020	17/03/2020																	
Determinar y ajustar los modos de falla	5	17/03/2020	22/03/2020																	
Implementar y verificar los cambios al proceso	5	22/03/2020	27/03/2020																	
Revisar y actualizar estatus del proyecto	0	27/03/2020	27/03/2020																	
CONTROLAR	17	27/03/2020	13/04/2020															X	X	
Implementar acciones de control	9	27/03/2020	05/04/2020																	
Implementar plan control con el dueño del proceso	2	05/04/2020	07/04/2020																	
Implementar plan de análisis mensual de logros	5	07/04/2020	12/04/2020																	
Documentar las lecciones aprendidas	1	12/04/2020	13/04/2020																	
Terminación formal del proyecto	0	13/04/2020	13/04/2020																	

Tabla 1.6.

4 Definir la voz del cliente

El primer paso para el desarrollo de un proyecto DMAIC es establecer claramente las necesidades de los clientes, ya sean internos o externos. Para lograr esto, existen tres herramientas que pueden desarrollarse en conjunto o independientemente. Lo importante es obtener las denominadas características clave para la calidad o CTQ, que son aquellas que satisfacen un requerimiento clave del cliente. En esta fase es indispensable asegurarse que estas CTQ reflejan realmente la voz del cliente *(voice of the customer* o VOC).

Pero, ¿cómo traducir las necesidades de los clientes? Frecuentemente estos no están seguros de lo que quieren o expresan requerimientos contradictorios. Entonces, necesitamos que nuestras herramientas nos ayuden a entender sus necesidades y traducirlas a requerimientos internos. Posteriormente, debemos ser capaces de medir y determinar la capacidad de nuestro producto, servicio o proceso para cumplir dichas expectativas.

Comenzaremos, entonces, por escuchar la voz del cliente (VOC). Para ello, se pueden utilizar diversos métodos que se recomienda aplicar del siguiente modo:

- **Planificación**
  - Decidir su alcance y sus recursos: establecer los recursos con los que se cuenta para contactar a los clientes (humanos, monetarios y tecnológicos) y con base en ello, tomar decisiones en cuanto al número de clientes que se van a contactar y la técnica que se utilizará.
  - Determinar quiénes son los clientes y cómo contactarlos. Existen diversas formas para escuchar la VOC:

    - *Entrevista:* visitar en persona o contactar telefónicamente para recolectar la información directamente. Tiene la enorme ventaja de que se conversa con el cliente y se pueden extraer más datos. La desventaja es que consume más recursos, tanto económicos como humanos.
    - *Cuestionarios y encuestas:* pueden realizarse en persona o vía correo electrónico.
    - *Paneles* (focus group): seleccionar un grupo representativo de los clientes para realizar la recolección de datos en persona.
    - *Exposiciones:* aprovechar la participación en exposiciones para escuchar a los clientes.
    - *Quejas de cliente:* utilizar un número telefónico, el correo electrónico o cualquier otro método que permita recoger de manera efectiva todas aquellas quejas que los clientes tengan sobre el producto o servicio. Estas son una base primordial cuando se hace referencia a la definición de proyectos DMAIC.
    - *Investigación de mercado:* contratar a un profesional para realizarla. La desventaja obvia es que el costo es mayor, pero esta clase de servicios, por lo general, proporcionan datos muy útiles como punto de partida.

- **Recogida de datos**
  Una vez establecida la técnica que se utilizará para obtener los datos, se ha de iniciar la recolección de los mismos. Hay que revisarlos periódicamente para asegurarse de que se está obteniendo la información que se requiere.

- **Análisis de datos y conclusiones**
  Este es el paso más importante. La información solo será útil si se pueden obtener conclusiones a partir de ella y tomar decisiones acerca de los siguientes pasos en la definición de su proyecto.

A continuación, se presentan tres herramientas para la recolección y clasificación de los datos obtenidos al escuchar la voz del cliente.

4.1 Modelo de Kano

Este modelo fue desarrollado por el profesor Noriaki Kano, de la Universidad de Tokio, afinando el estudio del psicólogo estadounidense Frederick Herzberg sobre la teoría de motivadores higiénicos. Tiene diversos usos:

- Identificar las necesidades de los clientes.
- Obtener información para el desarrollo de nuevos productos y servicios.
- Determinar requerimientos funcionales.
- Realizar un análisis comparativo de productos y servicios de la competencia.

Y se basa en dos dimensiones de la calidad:

- El nivel de desempeño de un producto o servicio: bajo → alto.
- El nivel de satisfacción del usuario: bajo → alto.

El procedimiento es:

1. Recolectar información preliminar de diferentes medios para identificar las necesidades potenciales de los clientes.
2. Listar las necesidades potenciales identificadas.
3. Para cada necesidad potencial, hacer las siguientes preguntas a los clientes:

   - ¿Cuál es su nivel de satisfacción si el producto o servicio tiene este atributo (necesidad potencial)?
   - ¿Cuál es su nivel de satisfacción si el producto o servicio NO tiene este atributo (necesidad potencial)?

4. El cliente o usuario tendrá las siguientes opciones para contestar:

   - *Satisfecho:* esto se interpreta como un alto grado de satisfacción, es decir, se superan las expectativas del cliente.

- *Neutral:* se cumplen las expectativas del cliente (es la manera en la que lo espera).
- *No me preocupa:* no representa un motivo de satisfacción ni de insatisfacción.
- *Insatisfecho:* molestia que, por lo general provocará una queja o devolución.

Una vez obtenidas las respuestas, se clasifican las características como básicas, de desempeño o inesperadas:

- *Las características básicas* responden como «neutral» a la primera pregunta y como «insatisfecho» a la segunda pregunta. Estas son las CTQ, ya que la falta de su cumplimiento originará molestia en el cliente o usuario.
- *Las características de desempeño* generalmente responden a la pregunta «¿Cuánto más estarías dispuesto a pagar por este atributo o por más de este atributo?». Esto quiere decir que el cliente puede elegir entre diversas alternativas y decidir si paga un sobreprecio para obtener un producto o servicio de mejor calidad. Responde como «satisfecho» a la primera pregunta e «insatisfecho» a la segunda.
- *Las características inesperadas* generalmente responden como «satisfecho» a la primera pregunta y como «no me preocupa» a la segunda pregunta. Son también conocidas como características de deleite. El cliente no espera recibirlas, pero al hacerlo se le genera un grado de satisfacción que puede provocar lealtad y buenas recomendaciones. Por lo general, el proveedor deberá pagar por ellas.

Observaciones importantes:

- Para cada pregunta, anotar la combinación de respuestas que más se repita (moda).
- Si no se cumple alguna de las combinaciones de respuestas, revisar posibles inconsistencias.

Ejemplo A: Alberto Hernández, de Banco del Pacífico, llevó a cabo una encuesta entre 1 555 clientes que acudían a sus sucursales y, utilizando el modelo de Kano, obtuvo los resultados que se observan en la tabla 1.7.

Ejemplo B: Valentín Ortega, de Operadores Logísticos del Golfo, llevó a cabo una encuesta entre 237 clientes utilizando el modelo de Kano y obtuvo los resultados que se observan en la tabla 1.8.

Ejemplo C: Elsa Alatorre, de Manufacturera Química, efectuó una encuesta entre 105 clientes y obtuvo los resultados en una matriz de Kano que se observan en la tabla 1.9

Ejemplo D: Brenda Ávalos, del departamento de nuevos productos de Calzado Chelsea, llevó a cabo una encuesta entre sus clientes internos (producción, calidad, ingeniería, finanzas y dirección general) para plasmar sus necesidades en una matriz de Kano, con los resultados que se observan en la tabla 1.10.

Necesidades potenciales	Nivel de satisfacción si el Servicio tiene esta característica	Nivel de satisfacción si el Servicio NO tiene esta característica	Tipo de necesidad
Rapidez de atención en ventanilla	Neutral	Insatisfecho	**Básica**
Amabilidad en el servicio	Neutral	Insatisfecho	**Básica**
Transacciones sin error	Neutral	Insatisfecho	**Básica**
Servicio de café en sucursal	Satisfecho	Insatisfecho	**Desempeño**
Efectuar transacciones por internet	Neutral	Insatisfecho	**Básica**
Regalos por cumpleaños	Satisfecho	No me preocupa	**Deleite**

Tabla 1.7.

Necesidades potenciales	Nivel de satisfacción si el Servicio tiene esta característica	Nivel de satisfacción si el Servicio NO tiene esta característica	Tipo de necesidad
Entregas a tiempo	Neutral	Insatisfecho	**Básica**
Pedidos completos y correctos	Neutral	Insatisfecho	**Básica**
Entrega en el domicilio del usuario final	Satisfecho	Insatisfecho	**Desempeño**
Descuentos por cliente frecuente	Satisfecho	No me preocupa	**Deleite**
Empaquetamiento especial para productos frágiles	Satisfecho	Insatisfecho	**Desempeño**
Facturación en tiempo y correcta	Neutral	Insatisfecho	**Básica**

Tabla 1.8.

Necesidades potenciales	Nivel de satisfacción si el Servicio tiene esta característica	Nivel de satisfacción si el Servicio NO tiene esta característica	Tipo de necesidad
Envase personalizado	Satisfecho	Insatisfecho	**Desempeño**
Peso correcto de producto	Neutral	Insatisfecho	**Básica**
Consistencia en granulometría	Neutral	Insatisfecho	**Básica**
Entregas a tiempo	Neutral	Insatisfecho	**Básica**
Adjuntar certificado de calidad	Neutral	Insatisfecho	**Básica**
Promociones y descuentos	Satisfecho	No me preocupa	**Deleite**
Adjuntar muestras por separado	Satisfecho	Insatisfecho	**Desempeño**

Tabla 1.9.

Necesidades potenciales	Nivel de satisfacción si el Servicio tiene esta característica	Nivel de satisfacción si el Servicio NO tiene esta característica	Tipo de necesidad
Cumple el costo objetivo	Neutral	Insatisfecho	**Básica**
Desarrollado en tiempo	Neutral	Insatisfecho	**Básica**
Sin problemas al manufacturar	Neutral	Insatisfecho	**Básica**
Se entregan instrucciones de proceso	Neutral	Insatisfecho	**Básica**
Se entregan planos y dibujos	Neutral	Insatisfecho	**Básica**
Se entregan diferentes versiones	Satisfecho	Insatisfecho	**Desempeño**

Tabla 1.10.

4.2   Árbol de necesidades

Los árboles de necesidades son útiles cuando es necesario entender lo que impulsa la calidad a los ojos de los clientes, para entregar un producto o servicio con el cual realmente estén satisfechos. Es una herramienta gráfica que nos ayuda a traducir las necesidades generales de los clientes en requisitos de rendimiento específicos, realizables y medibles. También son llamados árboles de elementos claves para la calidad (CTQ *trees)*.

En la figura 1.1, se muestra el formato general del árbol de necesidades. Como se puede observar, partimos de una necesidad básica del cliente y a partir de ella se definen los «impulsores», que son los factores que el cliente utilizará

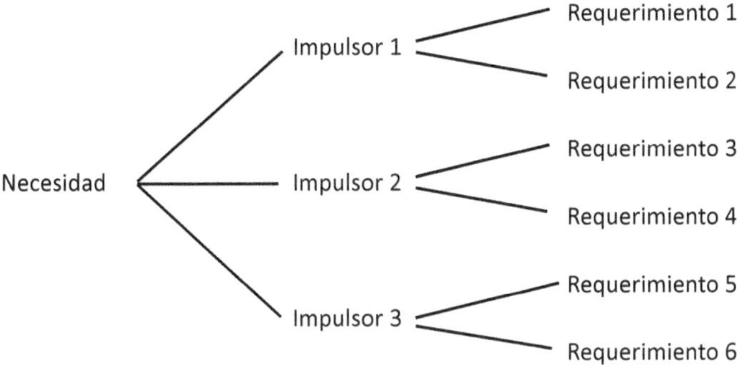

Figura 1.1.

para evaluar la calidad del producto o servicio. Para cada impulsor se deben determinar los requerimientos o requisitos medibles con los que se evaluará si realmente se va a proporcionar un producto o servicio de alta calidad a los clientes.

Se ha de tener en cuenta que:

- La determinación de los requerimientos o requisitos es fundamental, ya que sin ellos no se tiene forma de medir realmente el rendimiento y la calidad del producto o servicio.
- Lo mejor es hacer un árbol CTQ o árbol de necesidades para cada necesidad clave individual que se identifique.

El procedimiento para la elaboración de un árbol de necesidades es el siguiente:

1 Identificar necesidades clave

El primer paso es identificar las necesidades clave que el producto o servicio tiene que cumplir. Hay que realizar un árbol de CTQ para cada necesidad que se identifique. Durante este primer paso, se pregunta esencialmente, «¿Qué es clave para este producto o servicio?». Es mejor definir estas necesidades en términos generales; esto ayudará a garantizar que no se pierda nada importante en los próximos pasos. Para ello se deberá escuchar la voz de los clientes, pero si no es posible preguntarlos directamente, se puede hacer una lluvia de ideas con el personal de ventas y representantes de servicio al cliente, así como con el equipo. Lo importante es pasar de una mentalidad de ingeniería a otra de cliente.

2 Identificar los impulsores de calidad

Hay que identificar los impulsores de calidad específicos para satisfacer las necesidades definidas en el paso anterior. Estos son los factores que deben estar presentes, con el fin de entregar un producto o servicio de calidad. No hay que apresurarse, es importante identificar todos los impulsores importantes. Una vez más, se pregunta a los clientes o se habla con la gente que tiene mayor contacto con ellos. El análisis de Kano será útil aquí, ya que puede ayudar a identificar las características del producto o servicio que deleitarán a los clientes.

3 Identificar los requerimientos de desempeño

Es necesario identificar los requisitos mínimos de rendimiento que debe satisfacer para cada impulsor de calidad, a fin de proporcionar realmente un producto o servicio de calidad. Es importante recordar que la capacidad de entregar los productos se puede ver afectada por muchas cosas. Por ejemplo, ¿se dispone de suficientes recursos o la tecnología adecuada? y ¿qué se necesitará hacer en otras partes de la organización para cumplir con estos requisitos? Una vez que se haya completado un árbol CTQ o de necesidades para cada necesidad clave, se dispondrá de una lista de requisitos medibles que hay cumplir para entregar un producto o servicio de alta calidad.

Ejemplo A: Alberto Hernández, de Banco del Pacífico, elaboró el árbol de necesidades para sus clientes en sucursales que se observa en la figura 1.2.

Ejemplo B: Valentín Ortega realizó, para los clientes de Operadores Logísticos del Golfo, el siguiente árbol de necesidades que se observa en la figura 1.3.

Ejemplo C: Para Elsa Alatorre, de Manufacturera Química, el árbol que se observa en la figura 1.4 resume la necesidad clave de sus clientes.

Ejemplo D: Brenda Ávalos, de Calzado Chelsea, obtuvo, para sus clientes internos, el siguiente árbol de necesidades que se observa en la figura 1.5.

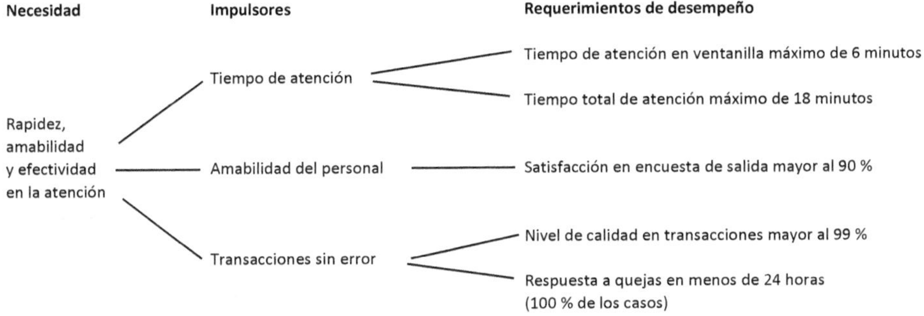

Figura 1.2.

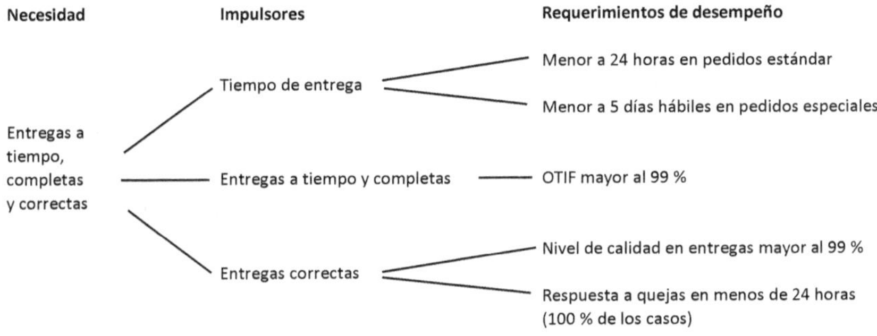

Figura 1.3.

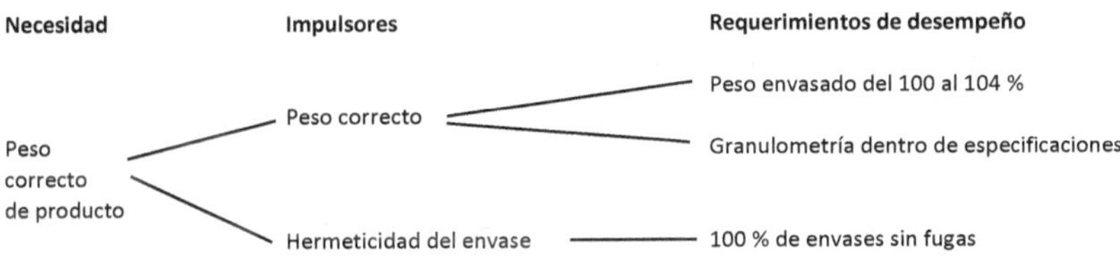

Figura 1.4.

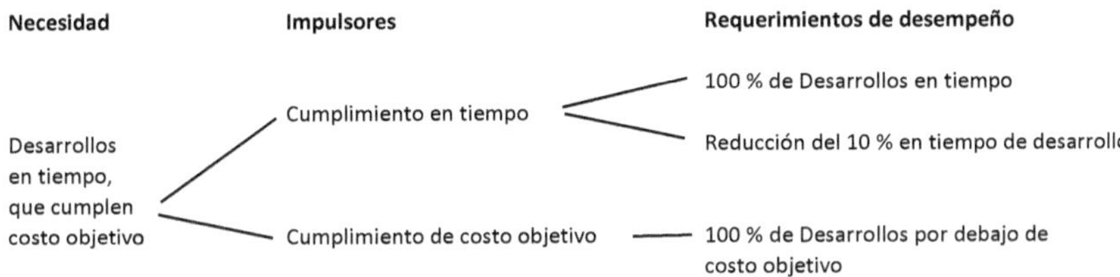

Figura 1.5. Árbol de necesidades.

4.3 Despliegue de la función de calidad

También se conoce como QFD (siglas de *quality function deployment)*. Es una herramienta muy poderosa para entender bien todos los factores que deben llevarse a cabo para realizar un diseño de calidad.

Este concepto fue introducido en Japón por Yoji Akao en 1966. Se aplicó por primera vez en Mitsubishi Heavy Industries Ltd. en 1972, pero no se introdujo en empresas occidentales hasta mediados de la década de 1980. Los primeros en implementar esta técnica en su proceso de desarrollo de nuevos productos fueron Rank, Xerox y Ford (en 1986).

Básicamente, se inicia con los requerimientos del cliente, que son los «QUÉ». Ahora hay que explicar los «CÓMO» y desplegarlos hasta entender completamente el diseño, la ejecución y el control. De esta manera, el proceso completo consiste en la elaboración de cuatro matrices de QFD, cada una de las cuales (de la segunda a la cuarta) utiliza como entradas las salidas de la matriz anterior. El diagrama de la figura 1.6 muestra el esquema a seguir.

Cada una de estas cuatro matrices tiene la forma que se observa en la figura 1.7. El procedimiento es:

1. En el apartado «Requerimientos del cliente» se escriben las necesidades del cliente por categoría, con su nivel de importancia (1 al 5). Se recogen los datos, solicitando al cliente que conteste dos preguntas:

   – ¿Qué características desea usted recibir de nuestros productos o servicios?
   – ¿Cuál es el nivel de importancia que otorga usted a cada característica?

   En la segunda pregunta el cliente o usuario tendrá las siguientes opciones para contestar:

   – 5 puntos: Característica clave.
   – 4 puntos: Importante.
   – 3 puntos: Sería bueno tenerlo.
   – 2 puntos: No muy importante.
   – 1 punto: No importa.

2. En el apartado «Requerimientos técnicos» se describen los requisitos técnicos que serán necesarios para cumplir con los requerimientos de los

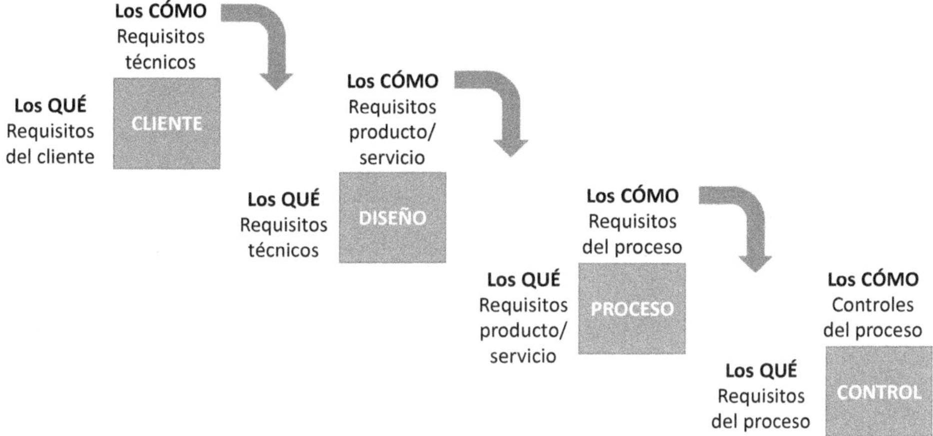

Figura 1.6.

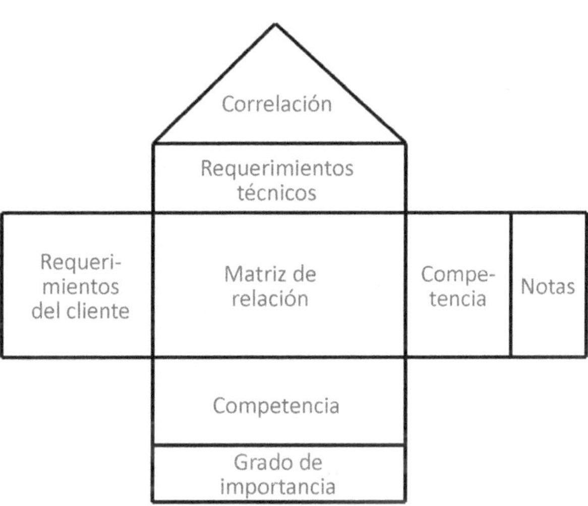

Figura 1.7.

clientes (pueden ser sugerencias o elementos ya existentes en el proceso, producto o servicio).

3. En la «Matriz de relación», se establece un grado de relación entre las necesidades de los clientes (QUÉ) y los requisitos técnicos (CÓMO). Este grado de relación califica en qué medida influye cada requisito técnico sobre cada una de las necesidades del cliente (es decir, la influencia

que tiene para cumplir dicha característica) y se asigna de acuerdo con la siguiente puntuación:

- 0 puntos: No existe relación entre la necesidad y el requisito técnico.
- 1 punto: Existe una relación débil entre la necesidad y el requisito técnico.
- 3 puntos: Existe una relación moderada entre la necesidad y el requisito técnico.
- 9 puntos: Existe una relación fuerte entre la necesidad y el requisito técnico.

4. Se obtiene el «Grado de importancia» para cada requerimiento técnico, multiplicando el valor de la relación por el nivel de importancia de la correspondiente característica y se suman los valores por columna.
5. En el apartado «Competencia» (situado a la derecha de la matriz de relación), mediante una encuesta a los clientes o usuarios, se efectúa la prueba de rendimiento o comparativa *(benchmark)* del cumplimiento de las necesidades con respecto a los competidores más importantes.
6. En el apartado «Competencia» (situado bajo la matriz de relación), se efectúa la prueba de rendimiento o comparativa de los requisitos técnicos con respecto a los competidores más importantes. Por lo general se compara nuestro producto o servicio con los de la competencia.
7. En la pirámide superior, se evalúa (mediante símbolos) la correlación entre los requisitos técnicos. Esta correlación puede ser:

- *Fuertemente positiva:* al aumentar o mejorar el requerimiento técnico en cuestión, aumenta o mejora también el requerimiento con el que se le está comparando (o disminuye si el primero disminuye), en un grado fuerte. Por ejemplo, al aumentar el grosor de la pared de una botella plástica, también aumentará proporcionalmente su peso.
- *Positiva:* al aumentar o mejorar el primer requerimiento técnico, también aumenta o mejora el segundo (con el que se está comparando), en un grado menor. Lo mismo sucede en sentido inverso (si el primero disminuye, el segundo también lo hace). Por ejemplo, si el tiempo de proceso disminuye, el tiempo de entrega también será menor, aunque no necesariamente en la misma proporción, ya que aún deben considerarse otros tiempos (almacenamiento, embarque, etc.).

    – *Negativa:* la correlación es contraria, es decir, si el primer requerimiento aumenta, el segundo disminuirá y viceversa. Por ejemplo, al aumentar el grosor de la pared de la botella de plástico, disminuirá la transparencia del mismo.
    – *Fuertemente negativa:* similar al anterior, pero en un grado más fuerte de relación. Por ejemplo, al aumentar el tamaño de las cajas de empaquetado de un producto, disminuye el número de cajas que pueden ser transportadas en un contenedor de 20 pies.
    – *Nula:* no existe correlación entre los requerimientos comparados.

8. Para la segunda matriz («matriz de diseño») se repite el procedimiento, utilizando como entradas los requisitos técnicos (los «CÓMO» se transforman en «QUÉ») y asignando los requerimientos del producto o servicio que cumplirán dichos requisitos técnicos.
9. Se continúa de igual manera para obtener la tercera matriz («matriz de proceso») y la cuarta («matriz de control»).

El grado de importancia obtenido en el paso 4 será el que determine los aspectos en los que debemos enfocarnos para mejorar nuestro producto, servicio o proceso. Los apartados de competencia servirán para establecer puntos comparativos.

Ejemplo A: Después de realizar una encuesta entre sus clientes, Alberto Hernández, de Banco del Pacífico, desarrolló el QFD que se puede observar en la figura 1.8.

Conclusiones:

1. Los requerimientos técnicos más importantes (tienen una importancia absoluta) son contar con un proceso estandarizado y personal capacitado. A continuación, que el proceso sea ágil y confiable y que los sistemas computarizados y de comunicación sean confiables.
2. Con relación al competidor principal, existen oportunidades en la rapidez en la atención y la amabilidad del personal.
3. Asimismo, comparado con el principal competidor, hay oportunidades en agilizar el proceso y estandarizarlo. A pesar de que la capacitación del personal es mejor que la del competidor, aún existen muchas posibilidades de mejorarla.

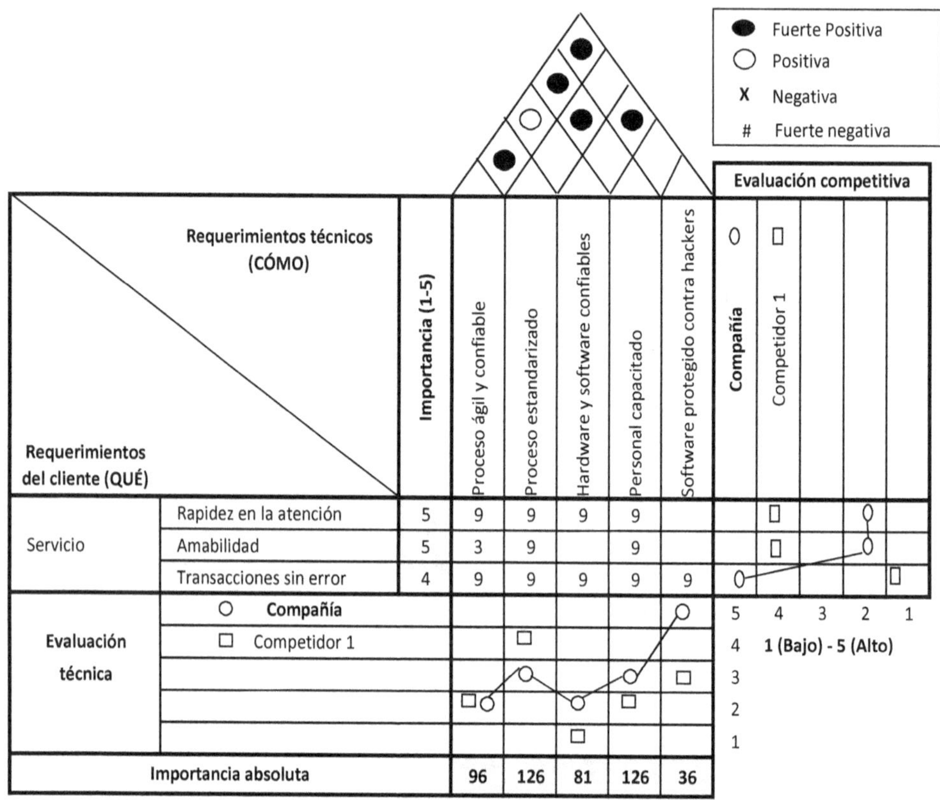

Figura 1.8.

4. La mayoría de los requerimientos técnicos tienen una influencia positiva sobre la agilidad y confiabilidad del proceso, como se puede ver en la parte alta de la pirámide.

Ejemplo B: En Operadores Logísticos del Golfo, Valentín Ortega entrevistó a sus clientes y, tras conocer sus necesidades clave e importantes, elaboró el QFD que se puede observar en la figura 1.9.

Conclusiones:

1. Los requerimientos técnicos más importantes son contar con un proceso estandarizado y personal capacitado (muy similar al caso anterior). A continuación, que el proceso en preparación de pedidos *(picking)* sea ágil y contar con los niveles adecuados de inventario.

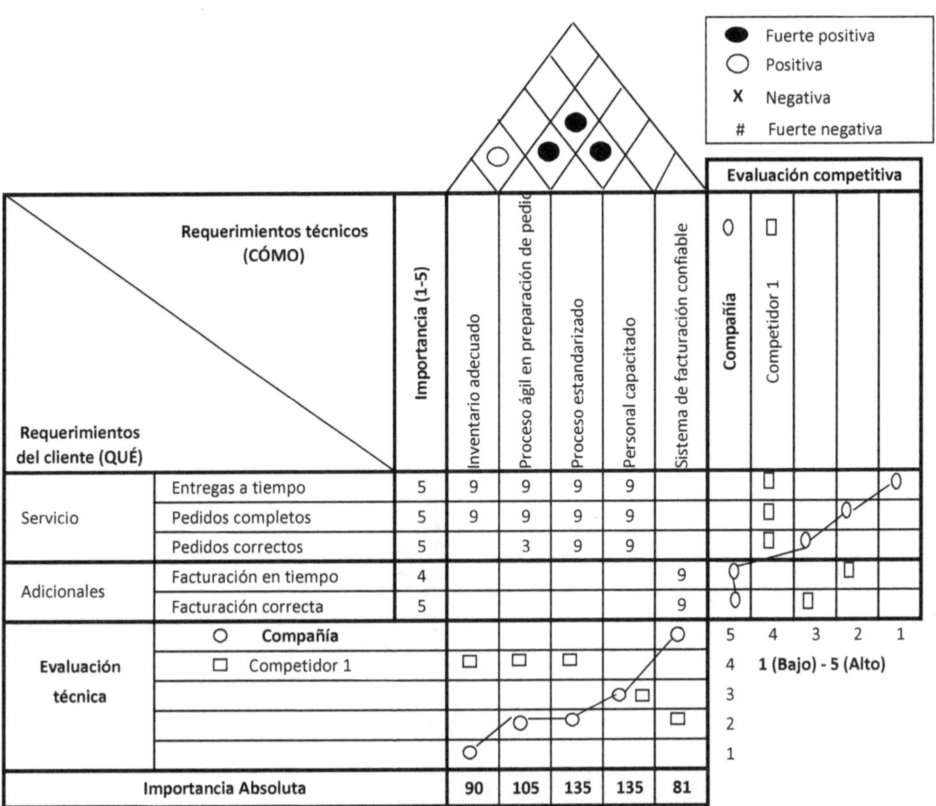

Figura 1.9.

2. Con relación al principal competidor, existen grandes oportunidades en las entregas (que se realicen a tiempo, completas y correctas). El sistema de facturación resulta mejor que el de aquel.

3. Otras oportunidades en comparación con el competidor son mejorar los inventarios, así como agilizar el proceso y estandarizarlo. A pesar de que la capacitación del personal es igual que la del competidor, también es posible mejorarla.

4. Contar con personal capacitado tiene una influencia positiva sobre la agilidad y la estandarización del proceso, como se puede ver en la parte alta de la pirámide.

Ejemplo C: Al iniciar su trabajo, Elsa Alatorre, de Manufacturera Química, realizó una encuesta entre sus clientes para establecer el QFD que se puede observar en la figura 1.10.

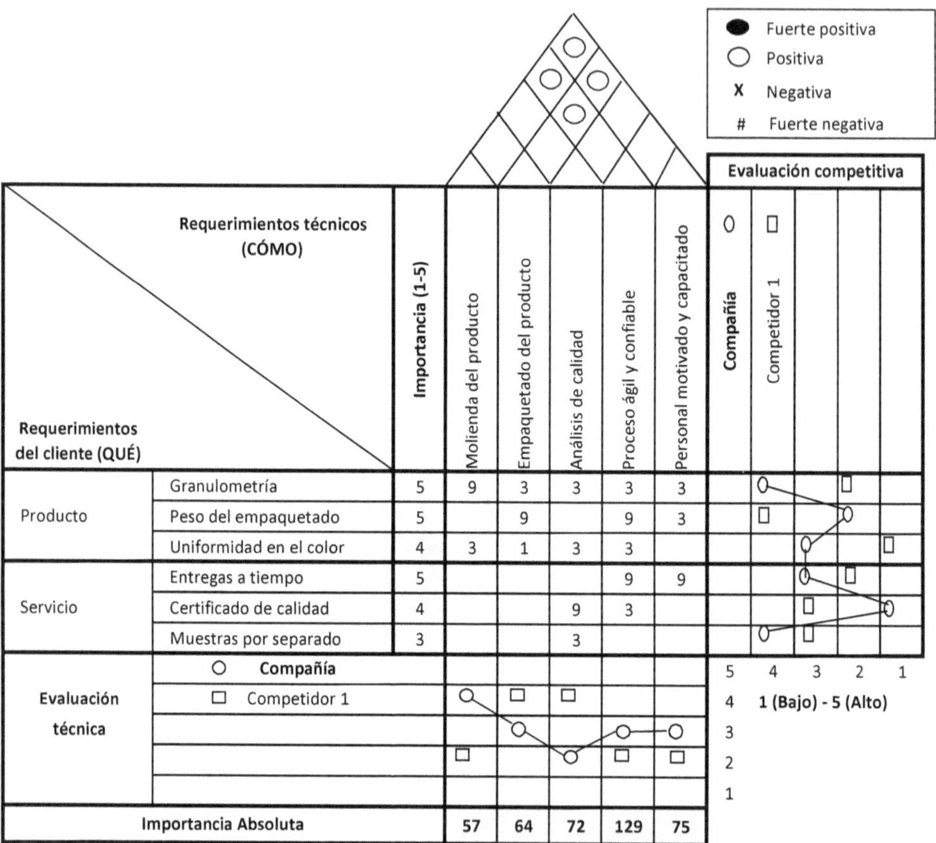

Figura 1.10.

Conclusiones:

1. Los requerimientos técnicos más importantes son contar con un proceso ágil y confiable, disponer de personal capacitado y realizar correctos análisis de calidad.

2. En comparación con el principal competidor, existen oportunidades en el peso del producto y contar con certificados de calidad.

3. Asimismo, en comparación con el principal competidor, hay la posibilidad de mejorar el empaquetado y los análisis de calidad.

4. Mejorar la capacitación del personal y contar con un proceso ágil y confiable tienen una influencia positiva sobre la mejora en el empaquetado y los análisis de calidad.

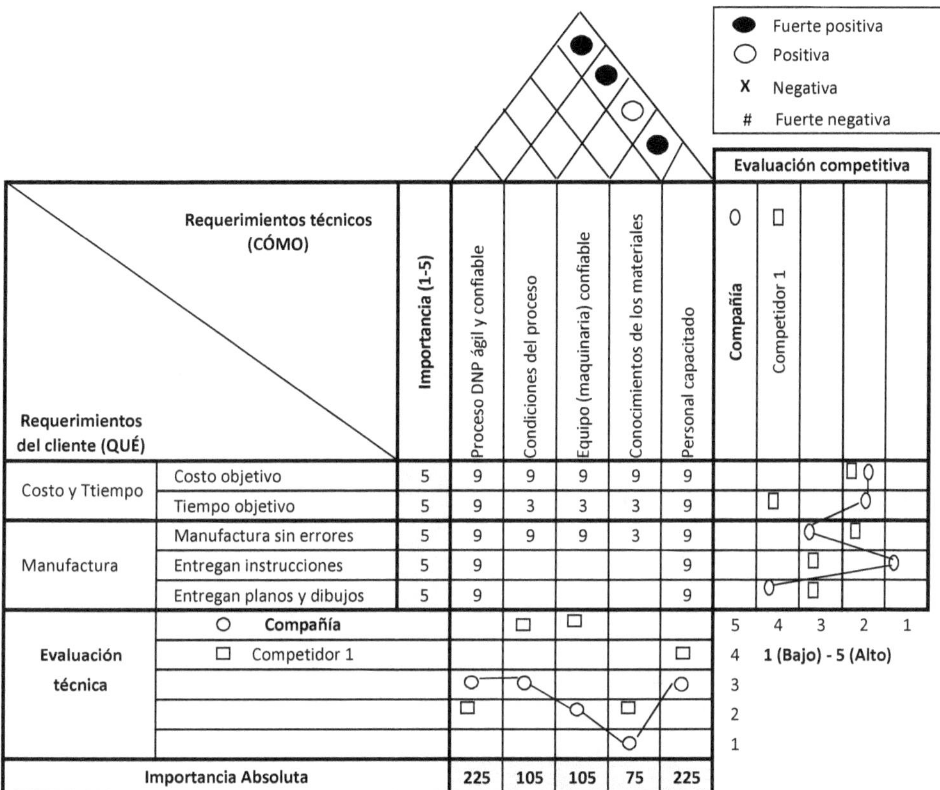

Figura 1.11.

Ejemplo D: Brenda Ávalos, del departamento de nuevos productos de Calzado Chelsea, llevó a cabo una encuesta entre sus clientes internos (producción, calidad, ingeniería, finanzas y dirección general) para establecer el QFD que se puede observar en la figura 1.11.

Conclusiones:

1. Los requerimientos técnicos más importantes son contar con un proceso de desarrollo de nuevos productos ágil y confiable y con personal capacitado. A continuación, que se establezcan adecuadamente las condiciones del proceso de manufactura y que el equipo sea confiable.
2. Con relación al principal competidor, existen oportunidades de mejorar el tiempo de desarrollo y entregar instrucciones de proceso, a pesar de estar en el mismo nivel en cuanto a costo objetivo.

3. Asimismo, en comparación con el competidor, hay la posibilidad de mejorar la estandarización de las condiciones del proceso y la confiablidad del equipo.
4. La capacitación del personal influye positivamente en el resto de los requerimientos técnicos.

5   Verificación

Al concluir la fase Definir, el equipo verificará, mediante la siguiente lista, que todos los objetivos de esta fase han sido cubiertos y se puede avanzar a la fase de medir.

Revisión de la etapa de definición

Proyecto: ____   Fecha: ________

	Sí	No
1. Se ha confirmado que el proyecto pretende resolver un área de oportunidad lo suficientemente importante para contar con el apoyo de la administración de la empresa.	☐	☐
2. Se ha definido el caso de negocio, explicando el impacto potencial que tiene en los resultados de la organización y su relación con el plan estratégico.	☐	☐
3. Se ha definido el área de oportunidad, enfocando la definición solo en los síntomas del problema (no en las causas ni en las soluciones).	☐	☐
4. Se han definido los resultados esperados del proyecto: objetivo y fecha de finalización.	☐	☐
5. Se han definido los elementos clave del proceso DMAIC como son: plan preliminar, equipo de trabajo, roles de los miembros del equipo, alcance del proyecto, etc.	☐	☐
6. Se ha revisado la hoja de definición del proyecto con el facilitador y se ha confirmado su soporte al mismo.	☐	☐
7. Se identificaron los clientes y sus requerimientos criticos (CTQ) para el proceso que ha de ser mejorado.	☐	☐

Capítulo 2

Fase 2: Medir

1 Objetivos

Los objetivos de la fase Medir son:

- Describir el proceso detalladamente para comprender los puntos de decisión y la funcionalidad de las operaciones.
- Evaluar el sistema de medición para cuantificar los errores asociados con las métricas.
- Obtener datos del proceso.
- Clasificar los datos y realizar mediciones iniciales para verificar el desempeño del proceso, estimar la línea base y facilitar el análisis en la siguiente fase.

2 Describir el proceso

Un proceso consiste en tareas repetibles, llevadas a cabo en un orden específico, que toman una o más clases de entrada y crean una o varias salidas que son de valor para el cliente (véase la figura 2.1).

Es necesario conocer al detalle estas actividades a fin de:

- Establecer los puntos en que serán necesarias las mediciones.
- Administrar el proceso de la mejora y tener un nivel elevado de conciencia sobre todas las actividades de una compañía.

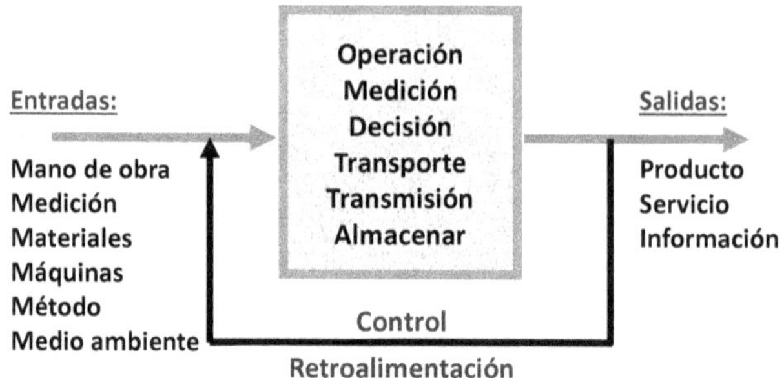

Figura 2.1.

- Buscar oportunidades para:

  - Eliminar pasos.
  - Realizarlos más rápido.
  - Hacer pasos en paralelo.
  - Reacomodarlos o simplificarlos.

- Identificar todas las actividades y tareas principales.
- Determinar todas las variables de entrada del proceso; todas son fuentes potenciales de variación.
- Identificar las salidas esperadas en cada paso del proceso; todas son modos de fallo potenciales.
- Localizar puntos en el proceso donde se utilizan sistemas de medición; ¿dónde tomar decisiones?
- Definir las fuentes de ruido en el proceso; ¿dónde hay factores que interactúan con el proceso de manera incontrolable?
- Sacar a la luz posibles actividades no documentadas en el proceso (procesos ocultos).
- Interpretar las variables del proceso y sus parámetros, tolerancias, especificaciones.
- Determinar los cuellos de botella.
- Comprender todas las posibles fuentes de variación que puedan hacer que las salidas no cumplan con las expectativas del cliente.

Asimismo, mapeamos los procesos para empezar a identificar la estructura «causal» que incluye entradas, salidas y pasos. Conceptualmente, esta estructura puede representarse matemáticamente como:

$$\overset{\text{Salida}}{\overbrace{}} \quad \overset{\text{Entradas}}{\overbrace{}}$$

$$Y = f(X_1) + f(X_2) + \ldots + f(X_n)$$

Si una salida no cumple con las expectativas del cliente, se necesita una $Y = f(x)$ totalmente entendida para manejar las entradas adecuadas que permitirán resolver el problema. Las herramientas que se recomiendan para ello son:

- **Mapa de proceso:** se utiliza de manera generalizada para describir un proceso y puede ser una buena opción cuando se desea ver de manera sencilla la secuencia de actividades.
- **Diagrama SIPOC** (siglas de *Supplier, Inputs, Process, Outputs, Customers,* es decir, proveedores, entradas, procesos (subprocesos), salidas y clientes.): describe al detalle cada etapa del proceso, los proveedores, las entradas, las salidas y los clientes.
- **Diagrama *cross-functional:*** describe la secuencia de procesos en el tiempo y además los actores que intervienen en cada una de esas etapas.
- **Mapa de la cadena de valor o VSM *(value stream map):*** describe las relaciones de procesos, información y demanda de clientes, y permite visualizar las actividades que agregan valor.

2.1 Mapa de proceso (PMAP)

El mapa de proceso o PMAP (por sus siglas en inglés *process map)* es una herramienta gráfica que sirve para documentar el flujo de un proceso. En su estructura es muy similar a un diagrama de flujo, pero en este caso se incluyen las variables de entrada *(X)* y salidas *(Y)* de cada operación. Además, clasificamos las variables de entrada como de ruido, controlables, estándar y clave. El mapa de proceso se utiliza para:

- Conocer a detalle el proceso.
- Definir los factores clave de calidad (CTQ) mediante las entradas y salidas del proceso.
- Definir el estado actual del proceso.
- Identificar problemas potenciales y causas raíz en el proceso y posteriormente generar alternativas de solución.

El procedimiento para elaborarlo es el siguiente:

1. Identificar todas las etapas del proceso.
2. Para cada etapa, listar las entradas y salidas.
3. Caracterizar las entradas.
4. Determinar los requerimientos para las variables de entrada y de salida.
5. Validar el mapa de proceso.

Ejemplo: Analizaremos paso a paso la elaboración del mapa de proceso del equipo de Elsa Alatorre para el proceso de envasado en Manufacturera Química (ejemplo C). Al final, se mostrarán los mapas de proceso para el resto de los equipos.

1. *Identificar todas las etapas del proceso.* Para ello, se utilizan los símbolos tradicionales de un diagrama de flujo, es decir:

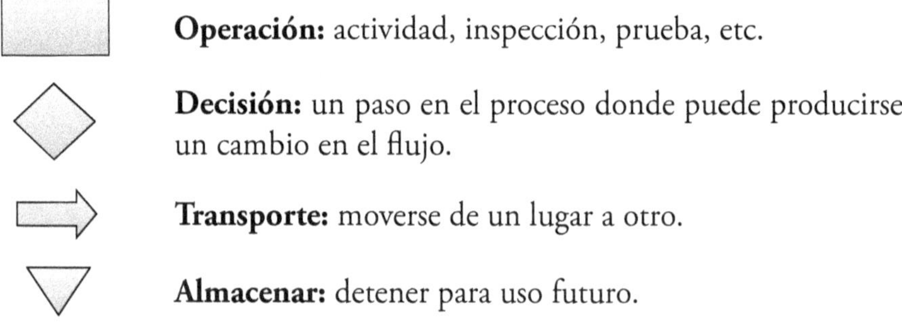

Operación: actividad, inspección, prueba, etc.

Decisión: un paso en el proceso donde puede producirse un cambio en el flujo.

Transporte: moverse de un lugar a otro.

Almacenar: detener para uso futuro.

El resultado es el que se puede ver en la figura 2.2.

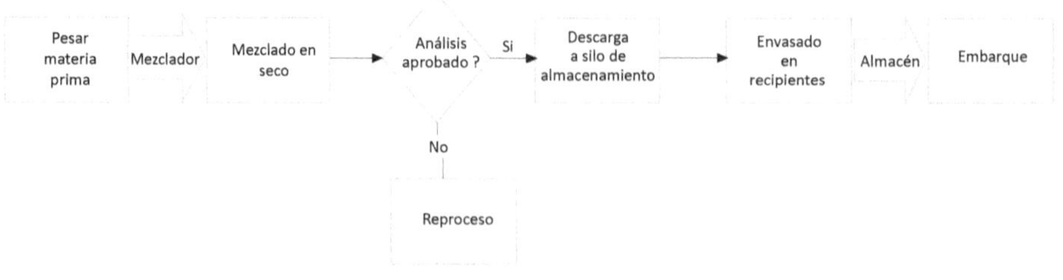

Figura 2.2.

2. *Para cada etapa, listar las entradas y salidas.* Con objeto de listar correctamente las entradas, se observa al detalle cada operación y se toman en cuenta las «6M»: mano de obra, materiales, máquinas, métodos, mediciones y medio ambiente. Para las salidas, se pueden tener en cuenta: producto, servicio, información y salidas no deseadas (por ejemplo, un desperdicio). El resultado puede verse en la figura 2.3.

3. *Caracterizar las entradas.* Las entradas se clasifican en cuatro categorías:

- Entradas de ruido *(N)*: son aquellas difíciles o imposibles de controlar; por ejemplo, el medio ambiente (humedad, temperatura ambiental, etc.). Es útil identificarlas pues pueden afectar al proceso y hay que tratar de minimizar su impacto.
- Entradas controlables *(C):* son aquellas que se pueden cambiar para ver los efectos en las variables de salida, a veces llamadas «variables de perilla»; por ejemplo, la temperatura, el número de analistas, etc.
- Operación estándar *(S):* un procedimiento, instrumento o material estándar para correr el proceso.
- Entradas clave *(X):* son aquellas que se ha mostrado estadísticamente que tienen un impacto significativo sobre las variables de salida.

El resultado se muestra en la figura 2.4. Se ha de tener en cuenta que el equipo de Elsa Alatorre caracterizó a los operadores como «ruido», debido principalmente a que, al mapear el proceso, se detectó una falta de estandarización y pobre o nulo entrenamiento, por lo que pueden causar variaciones en el proceso. En el caso del almacenista, se observó un alto grado de entrenamiento y apego a procesos estandarizados, por lo que fue caracterizado como «*S*».

4. *Determinar los requerimientos para las variables de entrada y de salida.* Se aplica en el caso de variables de entrada (controlables y clave) y de salida para las cuales ya se tengan requerimientos o especificaciones. El resultado puede observarse en la figura 2.5.

Este es el mapa de proceso final, que deberá ser validado recorriendo el proceso en diferentes horas y turnos, e incluyendo a aquellos que trabajan todo el día en el mismo (los expertos del proceso). A continuación se muestran los mapas del resto de los equipos (véanse las figuras 2.6, 2.7 y 2.8).

SALIDAS
ENTRADAS
Pesar materia prima
Mezclador
Mezclado en seco
Análisis aprobado ?
Sí
No
Reproceso
Descarga a silo de almacenamiento
Envasado en recipientes
Almacén
Embarque
Materia prima pesada
1.- Producto intermedio
2.- Merma
Producto en silo
1.- Producto envasado
2.- Merma
Producto Embarcado
• Operador
• Báscula
• Bolsas plásticas
• Cucharones
• Orden de fabricación
• Etiquetas
• Materias primas
• Operador
• Mezclador
• Materias primas
• Temperatura
• Velocidad de agitador
• Tiempo
• Orden de fabricación
• Operador
• Mezclador
• Producto intermedio
• Silo
• Orden de fabricación
• Operador
• Silo
• Producto en silo
• Envases
• Equipo de envasado
• Velocidad de agitación
• Diámetro de boquilla
• Báscula
• Orden de fabricación
• Almacenista
• Producto empacado
• Orden de embarque

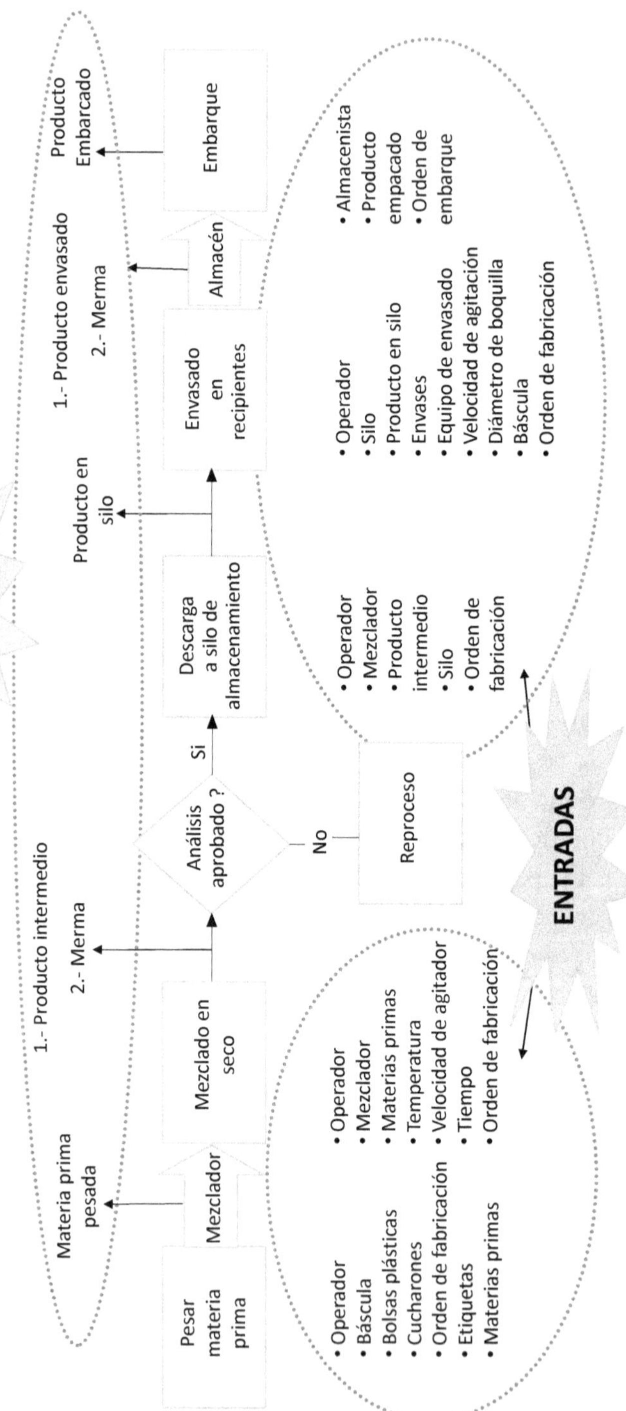

Figura 2.3.

Pesar materia prima
Mezclador
Materia prima pesada
Mezclado en seco
1.- Producto intermedio
2.- Merma
Análisis aprobado?
Si
No
Reproceso
Descarga a silo de almacenamiento
Producto en silo
Envasado en recipientes
Almacén
1.- Producto envasado
2.- Merma
Embarque
Producto Embarcado
N - Operador
S - Báscula
S - Bolsas plásticas
S - Cucharones
S - Orden de fabricación
S - Etiquetas
C - Materias primas
N - Operador
S - Mezclador
C - Materias primas
C - Temperatura
C - Velocidad de agitador
C - Tiempo
S - Orden de fabricación
N - Operador
S - Mezclador
S - Producto intermedio
S - Silo
S - Orden de fabricación
N - Operador
S - Silo
S - Producto en silo
S - Envases
S - Equipo de envasado
C - Velocidad de agitación
C - Diámetro de boquilla
S - Báscula
S - Orden de fabricación
S - Almacenista
S - Producto empacado
S - Orden de embarque

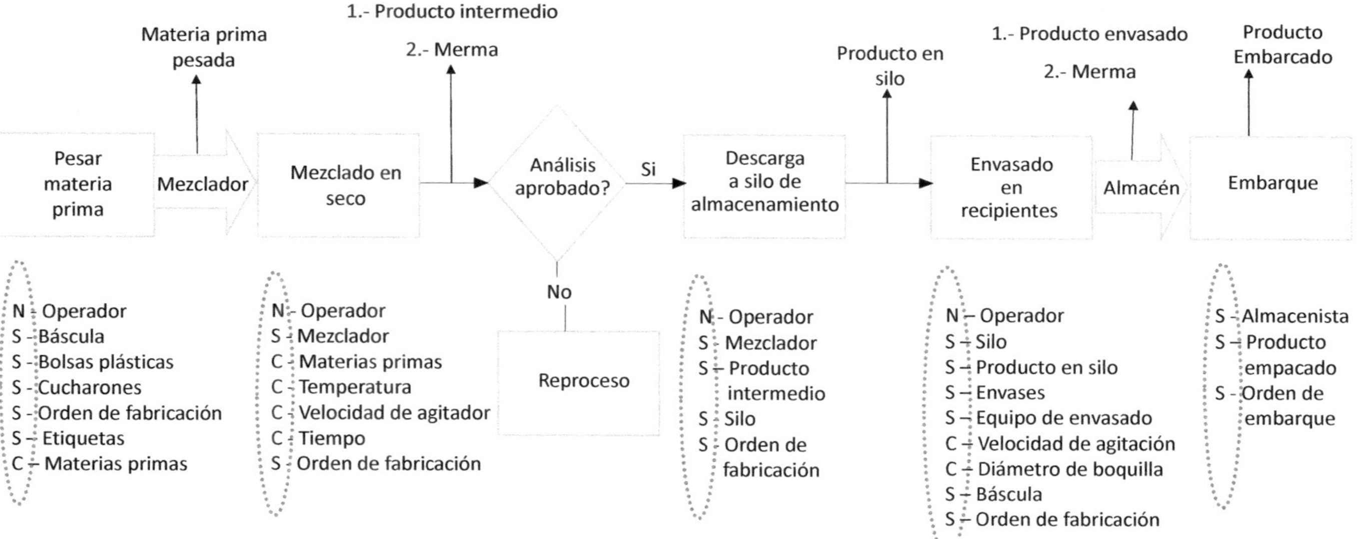

Figura 2.4.

Materia prima pesada
En las cantidades especificadas

1.- Producto Intermedio
Aprobado por control calidad
2.- Merma

Producto en Silo
Aprobado por control calidad

1.- Producto envasado
Cantidad correcta
(100 – 104 %)
2.- Merma

Producto embarcado
Documentación completa

Pesar materia prima
Mezclador
Mezclado en seco
Análisis Aprobado ?
Si
No
Reproceso
Descarga a silo de almacenamiento
Envasado en recipientes
Almacén
Embarque

N - Operador
S - Báscula
S - Bolsas plásticas
S - Cucharones
S - Orden de fabricación
S – Etiquetas
C – Materias Primas
Aprobadas por control de calidad

N - Operador
S - Mezclador
C - Materias primas
Aprobadas por control de calidad
C – Temperatura
85 ± 5 °C
C - Velocidad de agitador
60 rpm
C – Tiempo
18 min
S - Orden de fabricación

N - Operador
S - Mezclador
S – Producto intermedio
S - Silo
S - Orden de fabricación

N – Operador
S – Silo
S – Producto en silo
S – Envases
S – Equipo de envasado
C – Velocidad de agitación
35 rpm
C – Diámetro de boquilla
25 mm
S – Báscula
S – Orden de fabricación

S - Almacenista
S – Producto empacado
S - Orden de embarque

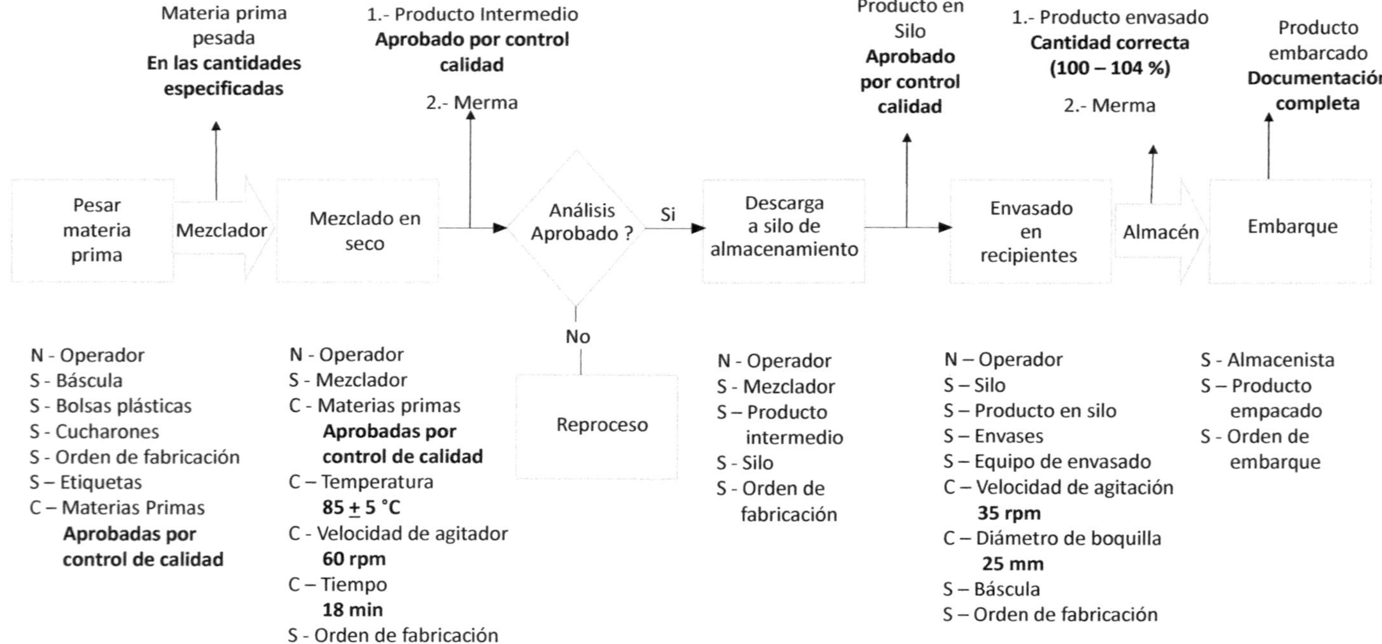

Figura 2.5.

Ejemplo A: Mapa de proceso para Banco del Pacífico

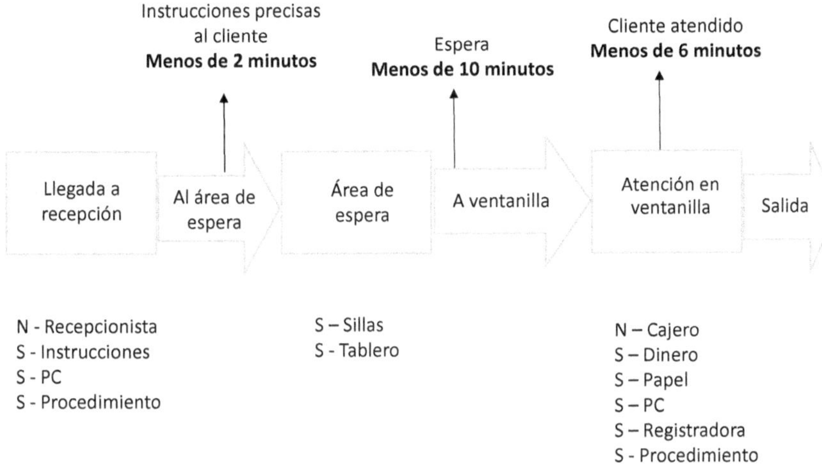

Figura 2.6.

Ejemplo B: Mapa de proceso para Operadores Logísticos del Golfo

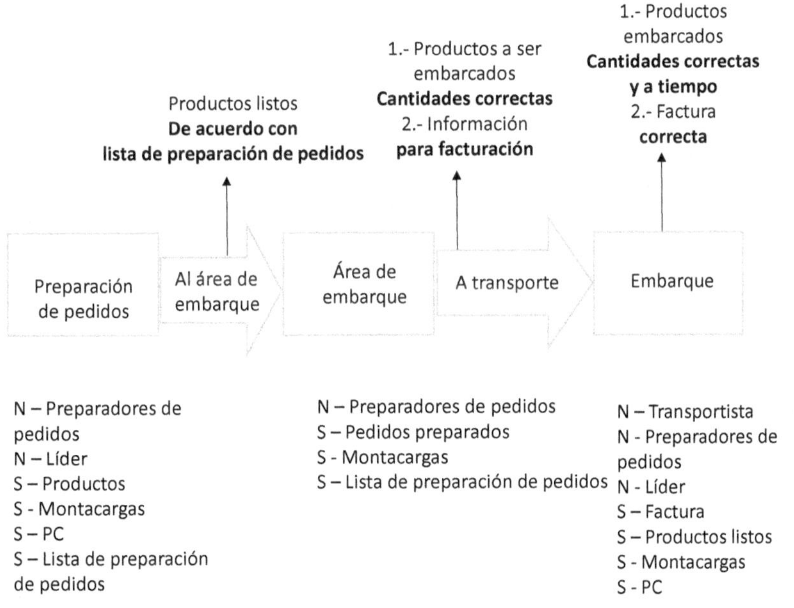

Figura 2.7.

Ejemplo D: Mapa de proceso para Calzado Chelsea

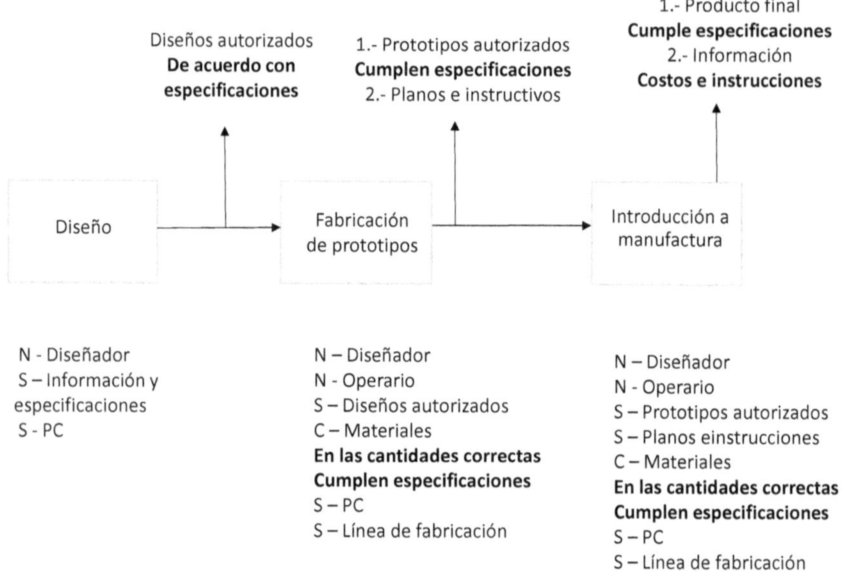

Figura 2.8.

2.2 Diagrama SIPOC

Este diagrama proporciona una perspectiva gráfica de las etapas del proceso en conjunto con proveedores clave, entradas, salidas y usuarios. Se trata de una herramienta que nos permite analizar un proceso relativo a sus parámetros para conocer completamente su impacto en la cadena de valor. El concepto general aparece representado en la figura 2.9.

Los elementos clave de un diagrama SIPOC son:

- Proveedores: proporcionan las entradas al proceso.
- Entradas: recursos que el proceso requiere.
- Requerimientos de las entradas: lo que el proceso requiere de las entradas (por lo general, deben ser medibles, cuantificables).
- Proceso: la actividad que transforma las entradas en salidas.
- Salidas: productos o servicios proporcionados por el proceso.
- Clientes: receptores de las salidas y quienes establecen los requerimientos de las mismas.

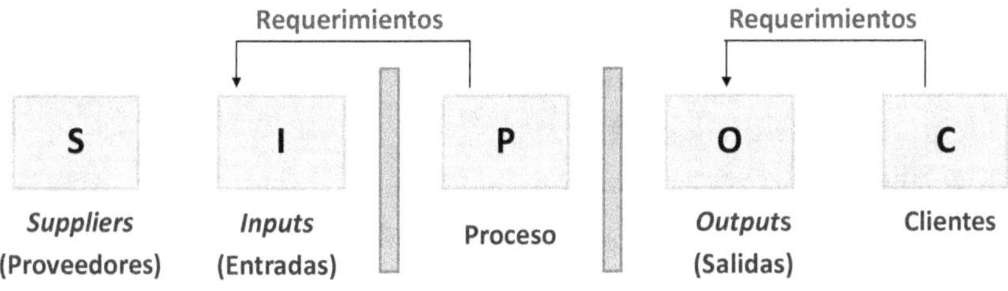

Figura 2.9.

- Requerimientos de las salidas: lo que el cliente requiere de las salidas (por lo general, deben ser medibles, cuantificables).

El diagrama SIPOC se utiliza cuando se requiere:

- Conocer las entradas y salidas de los procesos, incluyendo materiales y producto final.
- Documentar un proceso a un nivel macro, analizar sus transiciones e identificar los involucrados o dueños de los procesos.

El procedimiento para elaborarlo es el siguiente (véase la figura 2.10):

1. Identificar procesos y sus límites.
2. Identificar las salidas.

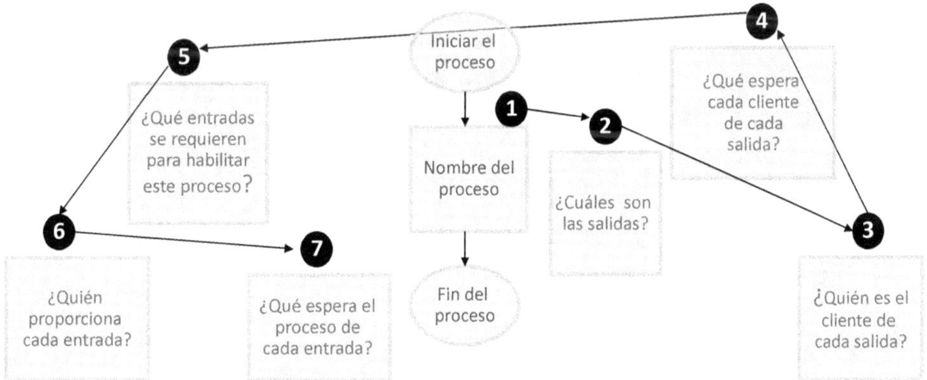

Figura 2.10.

3. Identificar los clientes para cada salida.
4. Hacer una lista de los requerimientos para cada salida.
5. Identificar las entradas.
6. Identificar al proveedor para cada entrada.
7. Hacer una lista de los requerimientos para cada entrada.

1. *Identificar procesos y sus límites.* Dar un nombre al proceso que sea corto pero descriptivo. Este nombre debe declarar una acción y abarcar todo el proceso en cuestión. Es necesario asegurarse de que el patrocinador del proyecto tiene control sobre todo el proceso y de que el problema se encuentra dentro de los límites, los cuales definen el alcance de la oportunidad de la mejora.

2. *Listar lo que el proceso provee (salidas).* Estas pueden ser:

   - Producto.
   - Servicio.
   - Documentación.
   - Información.
   - Desperdicio (salida indeseable).

   En este punto, deben listarse las salidas actuales, no las deseadas o futuras. Estas son las grandes Y del proceso.

3. *Identificar los clientes para cada salida.* Se han de listar los receptores de las salidas definidas en el paso 2. Pueden ser clientes externos o internos, y en este último caso puede tratarse de diferentes departamentos o incluso ser la gerencia. Los clientes y las salidas se deben alinear horizontalmente.

4. *Listar los requerimientos de cada cliente para cada salida.* Estos requerimientos, por lo general, deben ser:

   - Numéricos.
   - Específicos.
   - Cuantitativos.

Se ha de subrayar o señalar un requerimiento en el diagrama cuando:

- No se esté cumpliendo actualmente.
- No exista.

Para identificar correctamente los requerimientos de las salidas:

- Observar cómo se usa el producto o se proporciona el servicio.
- Participar, usar el producto o recibir el servicio uno mismo.
- Encuestar a los clientes o utilizar grupos de enfoque *(focus group)*.
- Observar qué dicen los clientes, qué están haciendo.
- Preguntar también cuáles son las necesidades futuras del cliente.
- Conocer a los clientes, los mercados, las oportunidades actuales y futuras.

5. *Listar las entradas,* es decir, lo que el proceso necesita para generar las salidas:

    - Deben ser sustantivos (no deben usarse adjetivos).
    - Se han de utilizar las 6M para encontrar todas las entradas de alto nivel.
    - Se han de clasificar las entradas según las categorías expuestas anteriormente: ruido, controlables, estándar o clave.

6. *Listar los proveedores,* o sea, las entidades que proporcionan las entradas al proceso. Estos pueden ser internos o externos, de diferentes áreas e incluso de la gerencia. Se deben alinear horizontalmente con las entradas. Hay que asegurarse de que cada entrada tenga al menos un proveedor.

7. *Hacer una lista de los requerimientos para cada entrada.* Estos requerimientos, por lo general, deben ser:

    - Numéricos.
    - Específicos.
    - Cuantitativos.

Se ha de subrayar o señalar un requerimiento en el diagrama cuando:

- No se esté cumpliendo actualmente.
- No exista.

Ejemplo A: El equipo de Alberto Hernández, en el Banco del Pacífico, efectuó el diagrama SIPOC de atención al cliente en sucursal que aparece en la tabla 2.1.

Ejemplo B: En Operadores Logísticos del Golfo, Valentín Ortega desarrolló el diagrama SIPOC para los procesos de preparación de pedidos y embarque contenido en la tabla 2.2.

Ejemplo C: Elsa Alatorre realizó el diagrama SIPOC para el proceso de envasado en Manufacturera Química que se puede ver en la tabla 2.3.

Ejemplo D: Para el proceso de desarrollo de nuevos productos en Calzado Chelsea, Brenda Ávalos presentó el diagrama SIPOC que se puede ver en la tabla 2.4.

Hay que recordar que la elaboración del diagrama SIPOC debe convertirse también en una oportunidad para detectar posibles anomalías, tales como:

- Requerimientos faltantes de entradas o salidas.
- Clientes o proveedores faltantes.
- Requerimientos de entradas o salidas no cumplidas. Esto incluye requerimientos no medidos actualmente.
- Entradas o salidas faltantes.
- Proveedores o clientes afectados.
- Conexión no clara entre:

    - Entradas y salidas.
    - Salidas y clientes.
    - Proveedores y entradas.

Finalmente, se pueden declarar las deficiencias que tratará la oportunidad de mejora, aquellas que no se tratarán (y el por qué) y las métricas de éxito.

DIAGRAMA SIPOC
Proceso: Atención al Cliente en Sucursal

PROVEEDOR	ENTRADAS									PROCESO	SALIDAS	REQUERIMIENTOS DE LAS SALIDAS	CLIENTE
	Mano de obra	Material	Máquina	Método	Medición	Medio ambiente	Tipo de entrada (N, C, S o X)	Cantidad	Requerimientos				
Recursos humanos	Recepcionista						N	1	Experiencia de 2 años	Orientación al cliente a su llegada	Instrucciones hacia dónde dirigirse para su atención	Instrucciones precisas. Menos de 2 minutos	Cliente externo
Área de procesos		Instructivo					S	1	Actualizado				
Informática			PC				S	1	Marca HP				
Área de procesos				Procedi-miento			S	1	Actualizado				
Recursos humanos	Cajero						N	1	Experiencia de 2 años	Atención	Servicio prestado	Menos de 6 minutos	Cliente externo
Caja fuerte		Dinero					S	Suficiente	Reposición continua				
Insumos		Papel					S	Suficiente	Reposición continua				
Informática			PC				S	1	Marca HP				
Informática			Registradora				S	1	Marca HP				
Área de procesos				Procedi-miento			S	1	Actualizado				

Tabla 2.1.

DIAGRAMA SIPOC
Proceso: Picking y Embarque

PROVEEDOR	ENTRADAS									PROCESO	SALIDAS	REQUERIMIENTOS DE LAS SALIDAS	CLIENTE
	Mano de obra	Material	Máquina	Método	Medición	Medio ambiente	Tipo de entrada (N, C, S o X)	Cantidad	Requerimientos				
Recursos humanos	Pickeadores						N	6	Experiencia de 2 años	Preparación de pedidos	Productos listos para embarque	Aprobados Correctos Completos	Proceso de embarque
Recursos humanos	Líder						N	1	Experiencia de 5 años				
Almacén		Productos					S	1	Aprobados				
Mantenimiento			Montacargas				S	1	Marca Crown		Información para facturación	Datos Correctos Completos	Proceso de facturación
Informática			PC				S	1	Con *software* WMS				
Área de pedidos				Lista de preparación de pedidos			S	1	Revisada y autorizada				
Recursos humanos	Transportista						N	1	Experiencia de 2 años	Embarque	Productos embarcados	Aprobados Correctos Completos	Cliente externo
Recursos humanos	Pickeadores						N	6	Experiencia de 2 años				
Recursos humanos	Líder						N	1	Experiencia de 5 años				
Área de pedidos		Información					S	1	Aprobada				
Proceso de preparación de pedidos		Productos listos					S	1	De acuerdo con lista de *picking*		Factura	Correcta	
Mantenimiento			Montacargas				S	1	Marca Crown				
Informática			PC				S	1	Con *software* WMS				

Tabla 2.2.

DIAGRAMA SIPOC

Proceso: Envasado

PROVEEDOR	ENTRADAS									PROCESO	SALIDAS	REQUERIMIENTOS DE LAS SALIDAS	CLIENTE
	Mano de obra	Material	Máquina	Método	Medición	Medio ambiente	Tipo de entrada (N, C, S o X)	Cant.	Requerimientos				
Recursos humanos	Operadores						N	11	Experiencia de 2 años	Envasado	Producto envasado	Cumple especificaciones de peso y calidad	Proceso de embarque
Recursos humanos	Líder						N	1	Experiencia de 5 años				
Área de calidad				Especifi-caciones			S	1	Actualizadas				
Área de calidad			Báscula				S	1	Validada				
Proceso de mezclado		Producto					C	1 lote	Aprobado por CC				
Almacén		Envases					S	1 lote	Aprobados				
Almacén		Tapas					S	1 lote	Aprobadas				
Ingeniería			Envasadora				S	1	Marca Gunen				
Área de procesos				Procedi-miento			S	1	Actualizado				

Tabla 2.3.

DIAGRAMA SIPOC
Proceso: Desarrollo de Nuevos Productos

PROVEEDOR	ENTRADAS									PROCESO	SALIDAS	REQUERIMIENTOS DE LAS SALIDAS	CLIENTE
	Mano de obra	Material	Máquina	Método	Medición	Medio ambiente	Tipo de entrada (N, C, S o X)	Cantidad	Requerimientos				
Recursos humanos	Diseñador						N	1	Experiencia de 5 años	Diseño	Diseños autorizados	Basados en moda actual	Dirección general
Área de Mkt		Información					S	1	Actualizada				
Área de procesos			PC				S	1	*Software* de Diseño				
Recursos humanos	Diseñador						N	1	Experiencia de 5 años	Prototipos	Prototipos autorizados	Cumplen con especificaciones	Dirección general
Recursos humanos	Operario						N	1	Experiencia de 5 años				
Dirección general		Diseños autorizados					S	Variable	Autorizados por dirección				
Compras		Materiales					C	Variable	Aprobados por CC		Información para costos y manufactura	Completa y actualizada	Costos y manufactura
Informática			PC				S	1	*Software* de diseño				
Producción			Línea de producción				S	1	Con todo lo necesario				
Recursos humanos	Diseñador						N	1	Experiencia de 5 años	Introducción a manufactura	Producto final	Cumple con especificaciones	Cliente externo
Recursos humanos	Operario						N	1	Experiencia de 5 años				
Dirección general		Prototipos autorizados					S	Variable	Autorizados por dirección				
Diseño		Planos e instrucciones					S	Variable	Cumplen especificaciones				
Compras		Materiales					C	Variable	Aprobados por CC		Información para costos y manufactura	Completa y actualizada	Costos y manufactura
Informática			PC				S	1	*Software* de diseño				
Producción			Línea de Ppoducción				S	1	Con todo lo necesario				

Tabla 2.4.

2.3   Diagrama cross-functional

Este tipo de diagrama proporciona una perspectiva gráfica de las etapas del proceso, con un énfasis especial en las responsabilidades y relaciones interdepartamentales. Se utiliza cuando se desea:

- Conocer las relaciones y responsabilidades existentes entre los departamentos a lo largo de un proceso.
- Identificar las posibles causas de un problema existente entre departamentos o actores.
- Delimitar y delegar responsabilidades de las áreas involucradas en un proceso.

El procedimiento es el siguiente:

1. Identificar las etapas o actividades del proceso.
2. Definir los actores o responsables del proceso.
3. Acomodar la secuencia o actividades del proceso según el actor respecto al tiempo.
4. Validar el mapa.

Ejemplo A: En Banco del Pacífico, el equipo de Alberto Hernández efectuó el diagrama *cross-functional* de atención al cliente en sucursal que puede observarse en la figura 2.11.

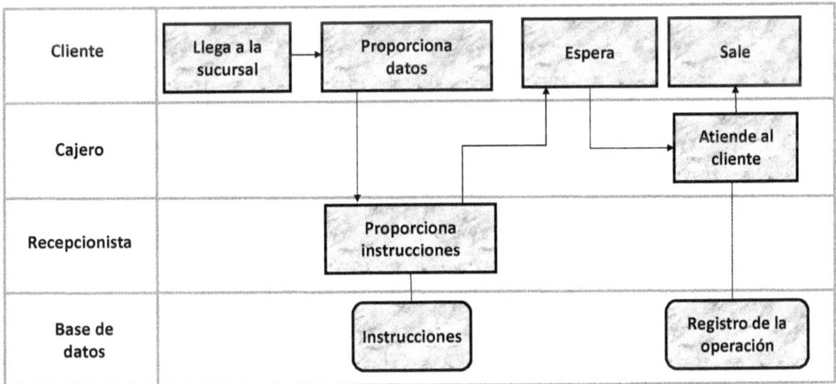

Figura 2.11.

Ejemplo B: En Operadores Logísticos del Golfo, Valentín Ortega desarrolló el diagrama *cross-functional* para los procesos de preparación de pedidos y embarque que puede observarse en la figura 2.12:

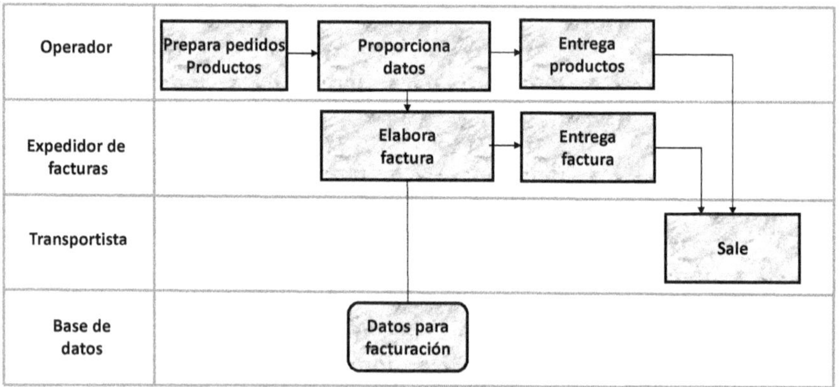

Figura 2.12.

Ejemplo C: En Manufacturera Química, Elsa Alatorre realizó el diagrama *cross-functional* para el proceso de envasado que puede observarse en la figura 2.13.

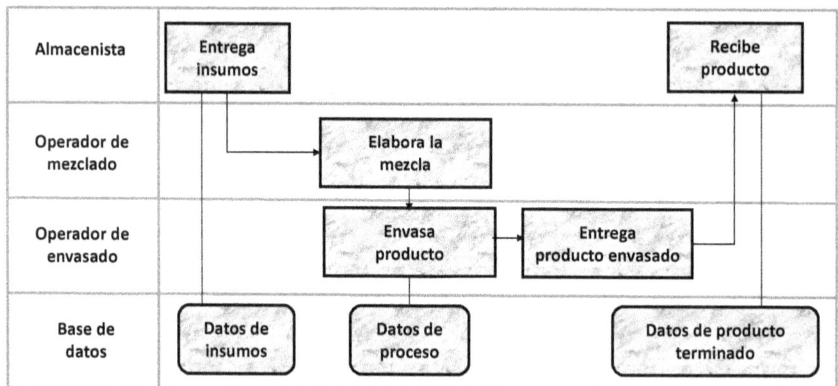

Figura 2.13.

Ejemplo D: En Calzado Chelsea, Brenda Ávalos presenta el diagrama *cross-functional* para el proceso de desarrollo de nuevos productos que puede observarse en la figura 2.14.

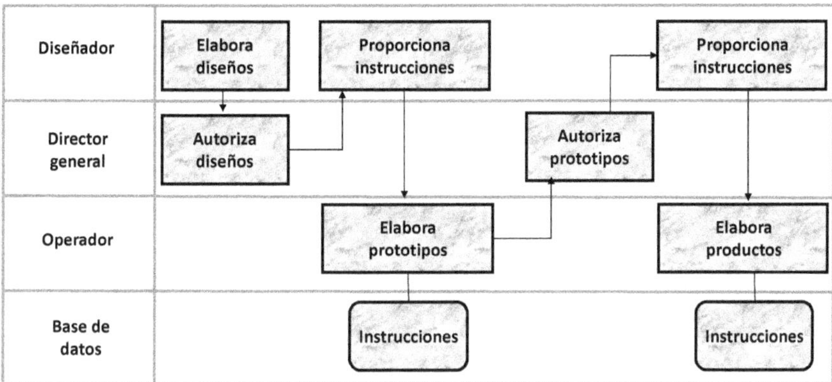

Figura 2.14.

2.4   Mapa de la cadena de valor (*value stream map* o *VSM*)

Aunque, como ya se mencionó, en este libro no describiremos al detalle el método para la elaboración de un mapa de cadena de valor, es necesario subrayar la gran importancia que este tiene para detectar oportunidades en un proceso, específicamente para identificar grandes desperdicios tales como inventarios, esperas, cuellos de botella, operaciones que se están efectuando de manera aislada, defectos, movimientos, transportes y procesos innecesarios.

2.5   Conclusiones

Los errores más comunes que se cometen al elaborar los mapas de un proceso son:

- No capturar completamente las fuentes de variación.
- Procesos ocultos no identificados: los pasos no documentados del proceso pueden ser los puntos clave de entrada de variación.
- Salidas esperadas de los pasos del proceso que no están identificadas o no están claramente definidas.

Para evitar estos errores, es conveniente:

- Recorrer el proceso varias veces, en diferentes días y turnos.

- Considerar todas las variables de entrada (utilizar la guía de las 6M).
- Tener en cuenta que lo que uno piensa que el proceso es puede ser muy diferente a lo que el proceso realmente es.

Asimismo, se ha de adjuntar al mapa toda la información adicional que pueda ser útil en las siguientes etapas del proyecto. Esta información puede ser:

- Observaciones del proceso, propias, del equipo, los operadores o los dueños del proceso.
- Fotos o diagramas para ilustrar pasos del proceso.
- Datos de salida o de entrada.
- Datos para procesar.
- Si un paso del proceso necesita detallarse más, desarrollar un mapa detallado de ese paso (desglosarlo).

Finalmente, se ha de tener en cuenta la clase de oportunidades que se desea detectar en el proceso para seleccionar el o los mapas a realizar. No todos los mapas se aplican en todos los tipos de proyecto Six Sigma.

3   Evaluar el sistema de medición

Teniendo en cuenta que ya se han determinado las métricas que definirán el éxito de nuestro proyecto (en la carta de definición), y previo a la obtención de datos, es necesario evaluar el sistema con el que vamos a obtener dichos datos, a fin de asegurarnos de que estos serán confiables y se encuentran consistentemente libres de errores debidos a:

- Factores humanos, por ejemplo, por entrenamiento pobre.
- Procedimientos inadecuados.
- Sistema con fallos de diseño.

Un sistema de medición está formado por las operaciones, procedimientos, calibradores o instrumentos de medición, equipo adicional o de soporte, *software* y personal definido para obtener una medición (véase la figura 2.15).

Un adecuado análisis del sistema de medición *(measurement system analysis* o MSA) identifica y cuantifica las diferentes fuentes de variación que afectan al sistema provo-

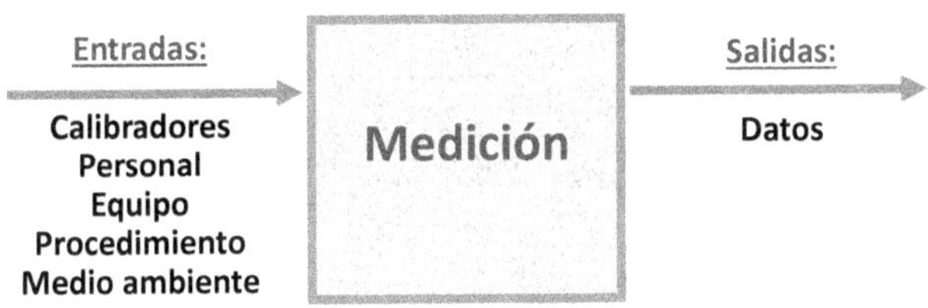

Figura 2.15.

cando un error de medición, es decir, una variación en las mediciones atribuidas a la variación en la parte que está siendo medida y al sistema de medición mismo.

Los sistemas de medición se evalúan a través de los estudios de repetibilidad y reproducibilidad (R&R), exactitud y estabilidad, que se utilizan en los siguientes casos:

- Al aceptar un equipo de medición nuevo.
- Para comparar dos equipos entre sí.
- Para evaluar un equipo sospechoso.
- En la evaluación de un equipo antes y después de repararlo.
- Antes de implantar gráficas de control.
- Cuando disminuya la variación del proceso.
- De manera continua, de acuerdo a la frecuencia de validación recomendada en los estudios.

Las características de un adecuado sistema de medición son:

- Exactitud.
- Precisión.
- Discriminación (resolución).
- Estabilidad (consistencia).
- Repetibilidad y reproducibilidad.

3.1 Exactitud

Se define con respecto a su proximidad (sesgo) a un objetivo: mayor cercanía implica un buen grado de exactitud. Es la diferencia entre el promedio de las mediciones y un valor de referencia, conocido como un estándar de medición (véase la figura 2.16).

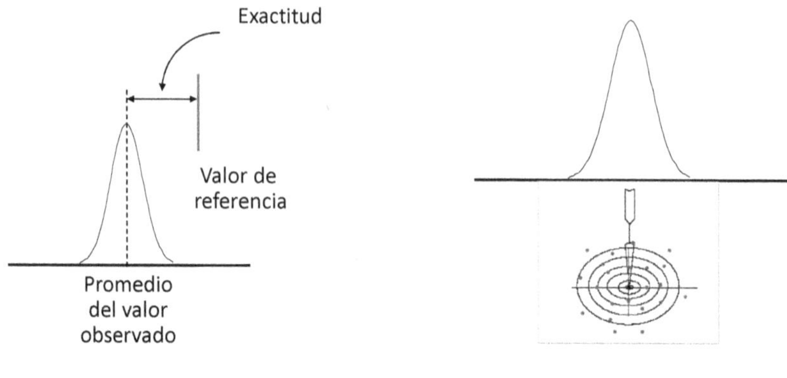

Figura 2.16.

Figura 2.17.

3.2　Precisión

Es la habilidad de un sistema de medición para obtener los mismos resultados cuando una parte es medida varias veces. La precisión es expresada en términos de la desviación estándar, es decir, la variación o dispersión de las lecturas obtenidas (véase la figura 2.17).

3.3　Discriminación o resolución

Es la habilidad tecnológica del sistema de medición para diferenciar adecuadamente entre los valores de una medida. La resolución debe ser 1/10 del límite de tolerancia. Por ejemplo, si la tolerancia está expresada como +/− 1 cm (números enteros), el instrumento debe ser capaz de medir al menos en unidades de +/− 0.1 cm (véase la figura 2.18).

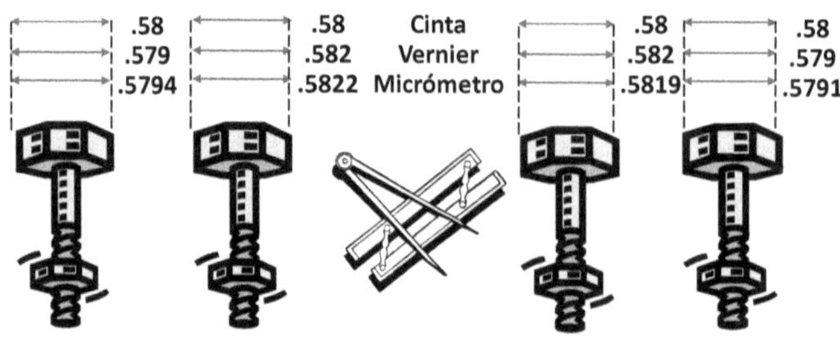

Figura 2.18.

3.4 Estabilidad

Es la habilidad del sistema para mostrar consistencia en las mediciones a través del tiempo (véase la figura 2.19).

3.5 Repetibilidad

Es la variación en las mediciones obtenidas por un usuario único utilizando el mismo instrumento de medición para medir características idénticas en las mismas partes. Esta variación, entonces, es debida al instrumento de medición (véase la figura 2.20).

3.6 Reproducibilidad

Es la variación en el promedio de las mediciones realizadas por diferentes usuarios utilizando el mismo instrumento de medición cuando miden características

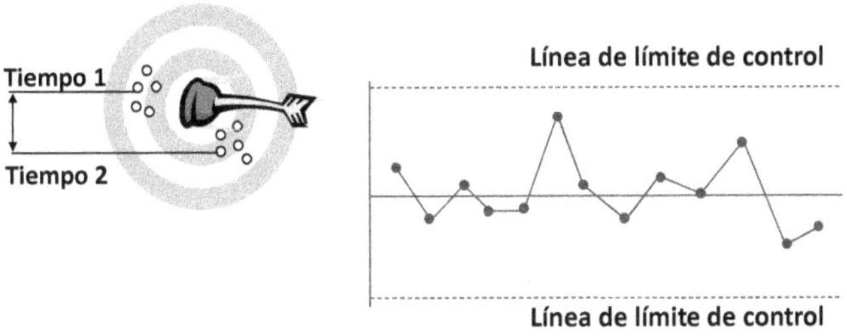

Figura 2.19.

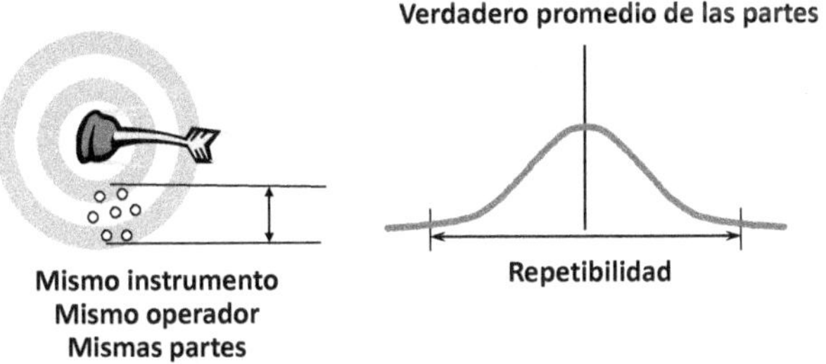

Figura 2.20.

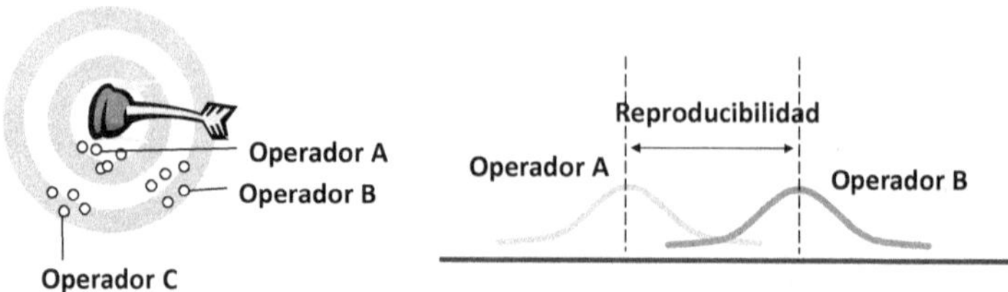

Figura 2.21.

idénticas en las mismas partes. Esta variación es atribuible a los operadores o al procedimiento de medición (véase la figura 2.21).

3.7   Estudios de repetibilidad y reproducibilidad (R&R)

Es una metodología estadística para evaluar un sistema de medición. Asigna valores a la repetibilidad y a la reproducibilidad, los cuales se comparan con un estándar para determinar si el sistema es capaz de proporcionar mediciones confiables. Se pueden realizar estudios R&R para atributos y para variables.

No en todos los casos y proyectos Lean Six Sigma es necesario realizar un estudio de evaluación del sistema de medición. En los ejemplos siguientes, los líderes detectaron que no se requería un estudio del sistema de medición:

- **Caso A:** Alberto Hernández (de Banco del Pacífico) tiene como métrico principal el tiempo de atención. Dado que el propio Alberto realizará las mediciones de tiempo con un cronómetro estándar, no se hace necesario un estudio de análisis del sistema de medición.
- **Caso B:** En Operadores Logísticos del Golfo, el indicador clave es el OTIF (*on time in full*), el cual se mide por los informes de entrega a los clientes. En este caso, Valentín Ortega determinó que tampoco es necesario un análisis del sistema de medición.

a) R&R para atributos

Aplicable para determinar si el criterio de diferentes operadores es el mismo al inspeccionar una parte, un producto o un documento. El procedimiento es el siguiente:

1. Seleccionar de 5 a 10 piezas «marginales», dictaminadas por un experto como aprobadas o rechazadas (debe incluir ambos tipos). El concepto marginal significa que las piezas deben encontrarse en el límite del criterio entre aprobación y rechazo, no ser rechazos obvios. Por ejemplo, si lo que se está juzgando es la ausencia de manchas en una toalla, no se elige una toalla que tenga una mancha demasiado grande (obvio rechazo), sino una pequeña, que solo un inspector calificado pueda rechazar (muestra marginal).
2. Seleccionar otras 5 a 10 piezas evidentemente malas (rechazadas).
3. Seleccionar el resto de piezas buenas (aprobadas) hasta completar de 30 a 50 piezas totales.
4. Numerar las piezas de manera que para los inspectores no sea evidente el número de pieza que están evaluando (de este modo se elimina el sesgo).
5. Seleccionar dos o tres usuarios comunes del sistema que evalúen por lo menos dos veces las mismas piezas, en orden aleatorio.
6. Llenar el formato R&R o utilizar algún *software*.
7. Decidir si el sistema es capaz.

Criterio para evaluar el resultado:

- Los valores del grado de concordancia varían de -1 a $+1$. Mientras más alto sea el resultado obtenido, más fuerte será la concordancia. Cuando el grado de concordancia es igual a 1 (100 %), existe concordancia perfecta.
- El manual de soporte Minitab, con base en el Automotive Industry Action Group, sugiere que un valor de al menos 0.75 (75 %) indica una concordancia adecuada. Sin embargo, idealmente se prefieren valores mayores a 0.90 (90 %).

Ejemplo (CASO D): Brenda Ávalos, de Calzado Chelsea, realizó un estudio R&R para determinar si el criterio de los inspectores Francisco y Edgar era el adecuado para aprobar o rechazar los zapatos al final de la línea de producción. Para ello, seleccionó 10 muestras, dictaminadas por Carlos, su inspector certificado, 4 de ellas como aprobadas (sin ningún defecto) y 6 con defectos marginales (una pequeña mancha de pegamento, un hilo descosido, una hebilla mal colocada, etc.). Por cuestiones de tiempo, Brenda Ávalos decidió hacer el estudio solo con 10 muestras, en lugar de las 30 a 50 que se deben elegir normalmente. A cada muestra le colocó un número en la suela, de manera que no fuera evidente para los inspectores la muestra que estaban analizando. La prueba se realizó en las condiciones normales de operación (tiempo de inspección, iluminación, ruido, etc.). Brenda proporcionó tanto a Francisco como a Edgar cada muestra en dos ocasiones (la primera por la mañana, al iniciar la jornada laboral, y la segunda por la tarde, cerca del final del turno) y anotó los resultados proporcionados por ambos. Posteriormente, utilizó un archivo de Excel para registrar los resultados de la prueba y hacer un análisis de la misma, lo cual se muestra en las tablas 2.5 y 2.6.

Resultados de la prueba:

Población conocida		Francisco		Edgar	
Muestra	Atributo	Prueba # 1	Prueba # 2	Prueba # 1	Prueba # 2
1	Aprobado	Rechazado	Rechazado	Aprobado	Aprobado
2	Aprobado	Aprobado	Aprobado	Aprobado	Aprobado
3	Aprobado	Aprobado	Aprobado	Aprobado	Aprobado
4	Aprobado	Aprobado	Aprobado	Aprobado	Aprobado
5	Rechazado	Rechazado	Rechazado	Rechazado	Rechazado
6	Rechazado	Aprobado	Aprobado	Rechazado	Rechazado
7	Rechazado	Rechazado	Rechazado	Rechazado	Rechazado
8	Rechazado	Rechazado	Rechazado	Rechazado	Rechazado
9	Rechazado	Rechazado	Aprobado	Rechazado	Rechazado
10	Rechazado	Rechazado	Rechazado	Rechazado	Rechazado

Tabla 2.5.

Análisis de los resultados:

	% Contra sí mismos		% Contra el Estándar	
Fuente	Francisco	Edgar	Francisco	Edgar
Muestras Inspeccionadas	10	10	10	10
Correctas	9	10	7	10
Falsos negativos (el operador tiende a rechazar las buenas)			1	0
Falsos positivos (el operador tiende a aprobar las malas)			1	0
Mezclados (el operador no concuerda consigo mismo)			1	0
95 % Límite superior	99.7%	100.0%	93.3%	100.0%
Calificación	90.0%	100.0%	70.0%	100.0%
95 % Límite inferior	55.5%	69.2%	34.8%	69.2%

Tabla 2.6.

Este análisis muestra que Francisco tuvo una inconsistencia contra sí mismo (9 correctas, calificación 90 %): En la muestra 9, la primera ocasión la calificó como rechazada y la segunda vez como aprobada. Asimismo, tuvo 3 inconsistencias contra el estándar (7 correctas, calificación 70 %):

- La muestra 1 fue calificada por el experto como aprobada, y Francisco la rechazó en ambas ocasiones (falso negativo).
- La muestra 6 fue calificada como rechazada, y él la aprobó en ambas ocasiones (falso positivo).
- Para la muestra 9, como ya se anotó, tuvo una inconsistencia contra sí mismo (primero la rechazó y después la aprobó).

Por su parte, Edgar mostró un criterio aceptable, tanto contra sí mismo como contra el estándar, obteniendo en ambos casos calificaciones de 100 % (10 correctas).

Con base en estos resultados, Brenda y su equipo impartieron capacitación a Francisco hasta asegurarse de que manejaba un criterio aceptable y lo sometieron nuevamente a la prueba de R&R, en la que obtuvo una calificación aprobatoria (mayor al 90 %).

b) R&R para variables

Aplicable para determinar si el instrumento de medición, los operadores y el procedimiento son adecuados al medir las mismas partes. El procedimiento es el siguiente:

1. Calibrar el instrumento de medición a menos que esto ya haya sido realizado recientemente (no vale la pena realizar un estudio, invirtiendo tiempo y esfuerzo, para un instrumento cuya calibración está vencida).
2. Seleccionar de 5 a 10 piezas representativas que cubran todo el rango de variación de la especificación. Por ejemplo, si la especificación es un peso de 25 a 26 kg (como para Manufacturera Química), seleccionar muestras con un peso de 25.0, 25.1, 25.2… hasta 26.0 kg. Incluso pueden elegirse muestras con pesos ligeramente por debajo o por encima de los límites de especificación (24.9, 26.1 kg).
3. Numerar las piezas de manera que para los inspectores no sea evidente el número de pieza que están evaluando (de este modo se elimina el sesgo).

4. Seleccionar dos o tres usuarios comunes del sistema que midan por lo menos dos veces las mismas piezas en orden aleatorio.
5. Llenar el formato R&R o utilizar algún *software*.
6. Decidir si el sistema es capaz.

Existen dos métodos para analizar los resultados de un estudio R&R para variables:

- **Método de promedios y rangos:** se calculan los promedios y los rangos (la diferencia entre el valor mayor y el menor) para las diferentes observaciones, y con base en ellos se determinan el R&R total, la repetibilidad y la reproducibilidad.
- **Método de Anova:** se utiliza un análisis de varianza (herramienta estadística que se analizará en detalle más adelante) para determinar el R&R total, la repetibilidad y la reproducibilidad. Por lo general, este es el método más aceptado.

Procedimiento para evaluar el resultado:

1. Inicialmente se analiza el valor del R&R total, utilizando el criterio mencionado a continuación. Si el resultado es aceptable, no es necesario analizar por separado la repetibilidad y la reproducibilidad.
2. En caso de un resultado marginal o inaceptable para el R&R total, se analizan separadamente la repetibilidad y la reproducibilidad, utilizando el mismo criterio. Con ello, se podrán determinar las acciones a seguir:

   - Si la repetibilidad resulta marginal o inaceptable, es debido al instrumento, por lo que habrá que definir si se requiere repararlo, calibrarlo o reemplazarlo.
   - Si la reproducibilidad resulta marginal o inaceptable, es debido a los procedimientos o a los operadores, por lo que se deberán revisar las instrucciones de trabajo y capacitar a los operadores para el uso del instrumento, siguiendo el instructivo revisado.

3. Una vez corregido el problema, se realizará nuevamente el estudio R&R para asegurarse que el sistema de medición es confiable.

Criterio para evaluar el resultado:

- **Menor o igual a 10 %:** buen sistema de medición. La contribución a la variación del sistema de medición es suficientemente pequeña para permitir buenas decisiones.
- **Entre 10 % y 30 %:** sistema de medición marginal. La variación atribuible al sistema de medición está empezando a nublar los resultados, y existe un riesgo significativo de una mala decisión. Se debe mejorar el sistema, entrenando operadores, estandarizando procedimientos o investigando el equipo de medición.
- **Mayor a 30 %:** sistema de medición inaceptable. No se pueden tomar decisiones importantes acerca de las mediciones. El sistema de medición debe ser corregido, investigando las causas de las inconsistencias.

Ejemplo (CASO C): Elsa Alatorre dirige un estudio R&R en Manufacturera Química para determinar la confiabilidad del sistema de medición utilizado para el pesado de los recipientes vacíos que se emplean en el envasado de sus productos, los cuales tienen una especificación de 0.60 a 1.00 kg. Para ello, eligió 10 recipientes con pesos variados (dentro de la especificación y ligeramente fuera) y los numeró por la parte inferior. Posteriormente, proporcionó a los tres inspectores que normalmente realizan la prueba (Arturo, Gerardo y Alejandro) los recipientes, en orden aleatorio, en tres diferentes ocasiones (al principio, a la mitad y a final del turno) y registró los pesos obtenidos por cada uno de ellos en la tabla 2.7.

Finalmente, utilizó un formato en Excel (y lo comprobó mediante Minitab) para determinar los valores del R&R total, repetibilidad y reproducibilidad, obteniendo los resultados de la tabla 2.8.

Con estos datos, Elsa determinó las siguientes conclusiones:

- El sistema de medición es marginal (R&R total entre 10 y 30 %, muy cerca del valor medio), por lo que continuará utilizándolo con las debidas precauciones.
- El procedimiento de operación es adecuado y los operadores están correctamente capacitados (reproducibilidad menor al 10 %).
- Elsa programó brevemente la calibración del instrumento (báscula), ya que la repetibilidad se encuentra en categoría marginal (entre 10 y 30 %), lo cual significa que puede seguir usándose, pero requiere revisión. Una

	Arturo			Gerardo			Alejandro		
Muestra	Prueba 1	Prueba 2	Prueba 3	Prueba 1	Prueba 2	Prueba 3	Prueba 1	Prueba 2	Prueba 3
1	0.650	0.600	0.650	0.650	0.600	0.650	0.650	0.600	0.650
2	1.000	1.000	0.950	1.050	0.950	1.000	1.050	1.000	0.950
3	0.850	0.800	0.850	0.800	0.750	0.800	0.800	0.800	0.850
4	0.850	0.950	0.900	0.850	0.950	0.900	0.850	0.950	0.900
5	0.550	0.450	0.500	0.550	0.450	0.500	0.550	0.450	0.500
6	1.000	1.000	0.950	1.000	1.050	1.000	1.000	1.000	1.050
7	0.950	0.950	0.950	0.950	0.900	0.900	0.950	0.950	0.900
8	0.850	0.800	0.850	0.850	0.800	0.850	0.850	0.800	0.900
9	1.000	1.000	1.000	1.000	0.950	1.000	1.000	1.000	0.950
10	0.600	0.700	0.650	0.600	0.650	0.550	0.700	0.700	0.650

Tabla 2.7.

	Promedios y rangos	Anova
Repetibilidad	23.52%	20.66%
Reproducibilidad	2.16%	2.92%
R&R total	23.62%	20.87%

Tabla 2.8.

vez calibrada la báscula, Elsa repitió la prueba, obteniendo valores aceptables (menores al 10 %) para los tres factores.

4   Estadística básica

Una vez aprobados los sistemas de medición, el siguiente paso de la etapa medir es la obtención de datos, que constituyen la base para la toma de decisiones en los proyectos Lean Six Sigma, por lo que también resulta conveniente agruparlos y realizar algunos cálculos iniciales, como la capacidad y el desempeño del proceso. Por ello, a partir de esta etapa, se hace muy necesario el uso de herramientas estadísticas. La estadística es la rama de las matemáticas que se refiere a la recolección, el estudio y la interpretación de los datos obtenidos, y tiene aplicaciones en campos tan diversos como:

- Física.
- Ciencias sociales.
- Negocios.
- Calidad.
- Administración pública.

La estadística es casi tan antigua como nuestra civilización: hacia el año 3000 a.C., los babilonios ya usaban pequeñas tablillas de arcilla para recopilar datos sobre la producción agrícola y los géneros vendidos o cambiados mediante trueque. Los egipcios analizaban los datos de su población mucho antes de construir las pirámides en el siglo XI a.C., y los libros bíblicos de *Números* y *Crónicas* incluyen trabajos de estadística. El primero contiene dos censos de la población de Israel y el segundo describe el bienestar material de las diversas tribus judías. Asimismo, en China existían registros numéricos similares con anterioridad al año 2000 a.C., y los griegos clásicos realizaban censos cuya información se utilizaba hacia el 594 a.C. para cobrar impuestos.

La palabra «estadística» procede del latín *statisticum collegium* (consejo de estado) y de su derivado italiano *statista* (hombre de estado o político). El término alemán *statistik,* que fue primeramente introducido por Gottfried Achenwall (1749), designaba originalmente el análisis de datos del Estado y finalmente en el siglo XIX, el término estadística adquirió el significado de recolectar y clasificar datos. Este concepto fue introducido por el inglés John Sinclair.

Hoy el uso de la estadística se ha extendido más allá de sus orígenes como un servicio al Estado o al gobierno. Personas y organizaciones usan estadística para entender datos y tomar decisiones en ciencias naturales y sociales, medicina, negocios y otras áreas. La estadística es pensada generalmente no como una subárea de las matemáticas sino como una ciencia diferente y «aliada».

En Six Sigma, la estadística se utiliza para:

- Desarrollar proyectos de mejora.
- Entender mejor lo que los datos quieren decirnos y tomar decisiones acertadas.
- Saber cuándo emprender acciones para ajustar un proceso que se ha salido de control.
- Saber cuándo dejar solo un proceso controlado.

- Establecer una forma de análisis y síntesis de un proceso para conocerlo al detalle.
- Conocer de manera continua el nivel de variación del proceso para actuar oportunamente.
- Utilizar métodos y herramientas para determinar eficazmente $Y = f(x)$ y la cantidad de variación esperada alrededor de dicha Y.
- Transformar los datos de un estado aleatorio y diverso en un conocimiento ordenado y acumulativo.
- Cuantificar las Y.
- Cuantificar las relaciones de causa-efecto.
- Cuantificar el efecto de las X en las Y.
- Usar una herramienta de medición inferencial.
- Ganar confianza en la influencia de las X con el paso del tiempo.

La estadística se divide en dos categorías:

- **La estadística descriptiva,** que consiste en la recolección, descripción, visualización y resumen de datos originados (numéricos o gráficos).
- **La estadística inferencial,** que se ocupa de la generación de modelos, inferencias y predicciones, es decir, es una combinación de estadística descriptiva y probabilidad.

A continuación, revisaremos dos importantes propiedades de cualquier serie de datos.

4.1   Localización o tendencia central

Estos indicadores señalan la posición en la que los datos tienden a concentrarse. Los más usuales son:

- **Media:** promedio aritmético.
- **Mediana:** una vez ordenados los datos de menor a mayor, es el dato que los divide a la mitad (50 % de los datos están por debajo de este valor y 50 % están por arriba).
- **Moda:** dato que se repite en un mayor número de ocasiones.

4.2 Dispersión o variabilidad

Estos indicadores señalan la amplitud de la serie alrededor del valor central. Los más usuales son:

- **Rango:** medición de la variabilidad de un conjunto de datos que es resultado de la diferencia entre el mayor dato de la muestra y el menor.
- **Desviación estándar:** es la medida más usual de variabilidad y mide lo esparcidos qué están los datos respecto a la media. La formula es:

$$s = \sqrt{\frac{1}{(n-1)} \sum_{i=1}^{n} (x_i - \overline{x})^2}$$

- **Varianza:** desviación estándar al cuadrado.

4.3 Ejemplos de cálculos (caso A)

Alberto Hernández realizó un muestreo en una de sus sucursales y obtuvo los tiempos de atención en ventanilla para 15 clientes (en minutos y redondeado a números enteros, sin decimales) que se pueden observar en la tabla 2.9.

10	5	9	3	12
5	2	10	10	10
17	6	10	6	5

Tabla 2.9.

Medidas de tendencia central:

Media = $(10 + 5 + 9 + 3 + 12 + 5 + 2 + 10 + 10 + 10 + 17 + 6 + 10 + 6 + 5) / 15 = 8.00$

Mediana: 2 | 3 | 5 | 5 | 5 | 6 | 6 | 9 | 10 | 10 | 10 | 10 | 10 | 12 | 17

Moda: 10 (se repite 5 veces).

Medidas de dispersión:

Rango: valor mayor menos valor menor = $17 - 2 = 15$

Desviación Estándar: $\sqrt{\dfrac{(2-8)^2 + (3-8)^2 + (5-8)^2 + \ldots + (17-8)^2}{14}} = 3.91$

Varianza: $(3.91)^2 = 15.29$

4.4 La variación

Las medidas de tendencia central y de dispersión son útiles para visualizar el concepto de «variación», fundamental en los estudios de Six Sigma.

Como principio básico, debemos aceptar que la variación está en todas partes, existe en todos los sistemas y es imposible eliminarla (solo es factible reducirla tanto como sea posible). Por ello, para controlar y reducir la variación primero debemos entender, cuantificar e interpretar la variación en un conjunto de datos de un proceso.

La variación existe en dos estados de control (véase tabla 2.10):

- **Controlada:** conocida como causa común, es un patrón de variación estable o consistente a través del tiempo (predecible).
- **Descontrolada:** conocida como causa especial, es un patrón que cambia con el tiempo (impredecible).

Variación esperada (causa común)	Variación inesperada (causa especial)
Normal	Anormal
Aleatoria	No aleatoria
Sistemática	Local
Probable	Causa asignable
Esperada	Inesperada
Estable	Inestable
Predecible	Impredecible
En control estadístico	Fuera de control estadístico

Tabla 2.10.

El primer paso para tomar decisiones efectivas es reconocer que todos nuestros sistemas y procesos presentan variación de causa común, y que la mayoría sufre la variación de causa especial y de los efectos de «arreglos», que son reacciones exageradas ante la variación. Minimizar la reacción exagerada ante la variación ya es un progreso. Sin embargo, esto, por sí solo, no conducirá a una mejora rápida y sostenida.

¿Cómo debemos reaccionar ante la variación y reducirla para mejorar nuestros procesos?

- Medir y analizar las fuentes de variación.
- Hacer mejoras apropiadas en los sistemas/procesos.
- Controlar y mantener las mejoras en el proceso desde la fuente.

Por lo general, las fuentes de variación hay que buscarlas en las entradas al proceso, es decir, en las 6M: mano de obra, máquinas, materiales, métodos, mediciones y medio ambiente. En los siguientes pasos de la metodología DMAIC, utilizaremos herramientas estadísticas para discernir entre las entradas que afectan al proceso (le aportan variación) y las que no lo hacen. Además, es muy útil enfocar los esfuerzos:

- La meta inmediata debe ser eliminar la variación inesperada (causas especiales).
- La meta a largo plazo será reducir la variación continuamente (causas comunes).

Asimismo, es importante visualizar desde el principio que existen tres importantes estrategias para reducir la variación:

- **Estratificar:** clasificar y analizar los datos de acuerdo a las distintas fuentes de donde provienen; por ejemplo, máquinas, lotes, proveedores, turnos, sucursales, puntos de venta, días de la semana, etc.
- **Experimentar:** ejecutar cambios cuidadosamente planeados, anotando los resultados. Este proceso se sigue realizando hasta llegar a un nivel óptimo. Esta técnica se analizará con detalle en la fase 4 (Mejorar).
- **Disgregar:** dividir el proceso en los subprocesos que lo conforman, procediendo a un análisis más profundo y detallado, y analizando la relación sistémica entre ellos.

4.5   La distribución

Todos los procesos producen resultados que tienen una distribución, la cual presenta tres propiedades básicas:

- Forma.
- Centro.
- Dispersión.

La distribución que se observa con mayor frecuencia en los procesos de cualquier tipo, así como en la naturaleza, es la **distribución normal**, caracterizada por su famosa forma de campana (véase la figura 2.22).

Debido a que la distribución normal se produce comúnmente en la naturaleza, el negocio y la industria, muchas herramientas estadísticas se basan en la suposición de una distribución normal.

Una de las propiedades clave de la distribución normal es la relación entre la forma de la curva y la desviación estándar: el 99.7 % del área de la distribución normal está contenida entre −3 sigma y +3 sigma a partir de la media (véase la figura 2.23).

A partir de esta propiedad se puede observar cómo influye la dimensión de la desviación estándar en la cantidad de defectos esperados de un proceso, y, con ello, en el nivel sigma. Por ejemplo, un proceso en el que la diferencia entre la

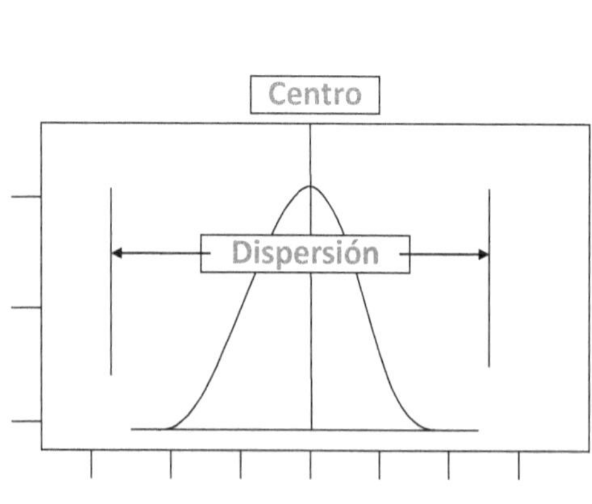

Figura 2.22.

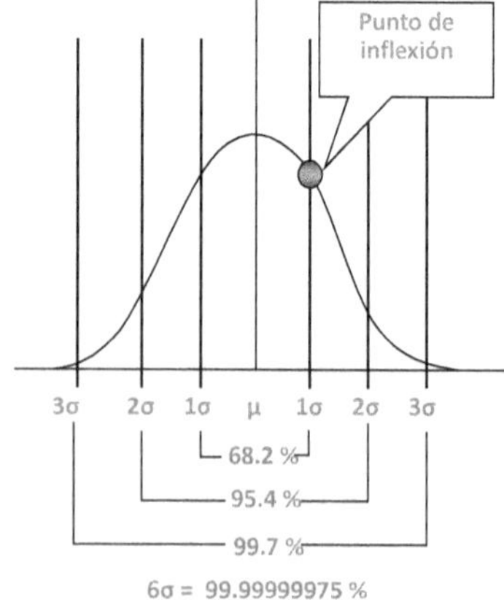

Figura 2.23.

media del proceso y el límite de especificación sea de 3 desviaciones estándar, es un proceso «3 sigma», con una probabilidad de 66 807 defectos por millón de oportunidades, tal como puede observarse en la figura 2.24.

En cambio, al disminuir la variación, podríamos lograr que la diferencia entre la media del proceso y el límite de especificación sea de 6 desviaciones estándar, obteniendo con ello un proceso «6 sigma», con una probabilidad de solo 3.4 defectos por millón de oportunidades (véase la figura 2.25).

5   Obtener datos

Como se ha dicho anteriormente, los datos son la base para la toma de decisiones en los proyectos Lean Six Sigma, por lo que su recolección debe ser

Figura 2.24.

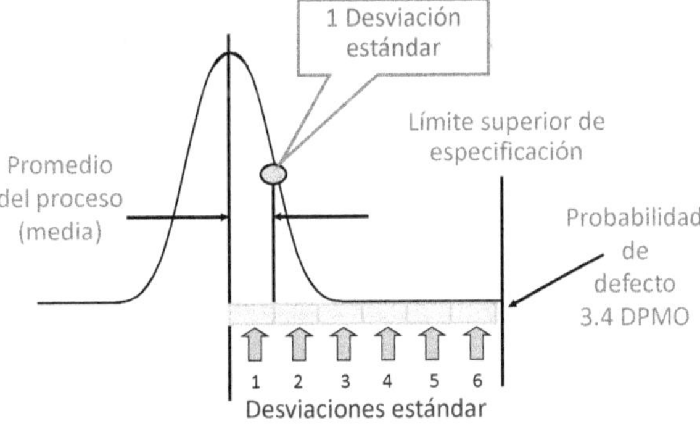

Figura 2.25.

tan clara y simple como sea posible con el fin de evitar errores. Los errores más comunes se producen en los siguientes momentos de la recolección de datos:

- Medición: procedimiento, operadores, calibración del instrumento.
- Operacional: falta de seguimiento de las instrucciones, pobre capacitación, datos faltantes, errores deliberados.
- Influencia por interacción: el estar midiendo puede impactar el desempeño de la operación.
- Percepción: la persona que registra los datos tiende a ver lo que quiere ver.
- Muestreo: los datos recolectados no representan el proceso en su totalidad.

El procedimiento para la recolección de datos incluye:

1. Seleccionar qué medir.
2. Identificar las fuentes de información.
3. Decidir el tipo de muestreo.
4. Preparar el plan de muestreo.
5. Seleccionar y diseñar la hoja de recolección de datos.
6. Registrar el plan.

5.1   Seleccionar qué medir

Al definir las métricas se establecieron los indicadores clave que se medirán para determinar el éxito del proyecto. Antes de comenzar a recabar los datos, se deberá establecer hasta qué nivel o punto se desea llevar a cabo las mediciones, si existen factores de estratificación a considerar y cuáles son los datos importantes (y cuáles no lo son).

a) Árbol de CTQ *(CTQ tree)*

Es una herramienta útil para determinar hasta qué nivel o punto llevar las mediciones. Con ella se desglosa el CTQ seleccionado para elegir posteriormente los datos que se recabarán. Los puntos a considerar son:

- Identificar una salida importante para el cliente.
- Identificar características de la salida que son clave para la calidad.
- Hacer una lluvia de ideas de datos específicos asociados con las características clave de calidad.
- Verificar que los datos seleccionados se puedan recolectar.

Ejemplo A: Para el equipo de Alberto Hernández, en Banco del Pacífico, el CTQ más importante es el tiempo de atención al cliente en las sucursales. Diseñó el árbol para la medición de este CTQ que se puede observar en la figura 2.26.

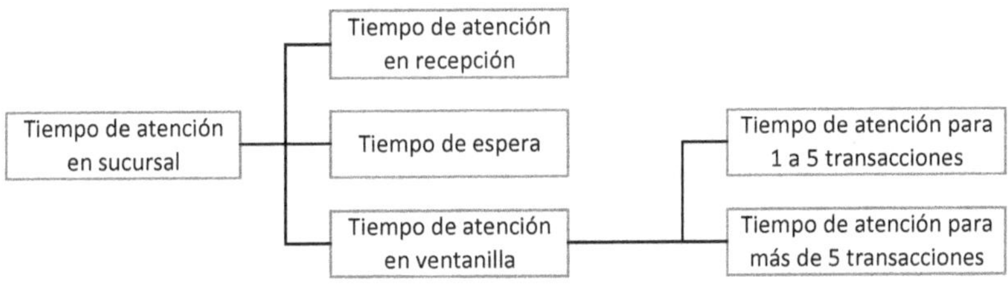

Figura 2.26.

Ejemplo B: En Operadores Logísticos del Golfo, Valentín Ortega definió el árbol para la medición de su CTQ más importante (entregas a tiempo y completas) que se puede ver en la figura 2.27.

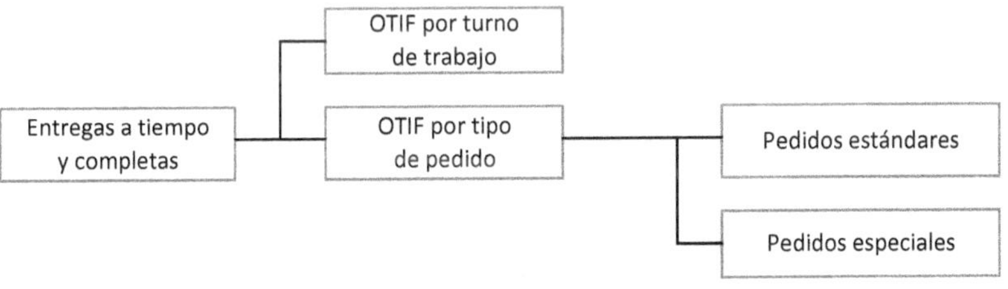

Figura 2.27.

Ejemplo C: En Manufacturera Química, Elsa Alatorre y su equipo definieron un árbol para la medición del CTQ de peso de producto envasado que se puede observar en la figura 2.28.

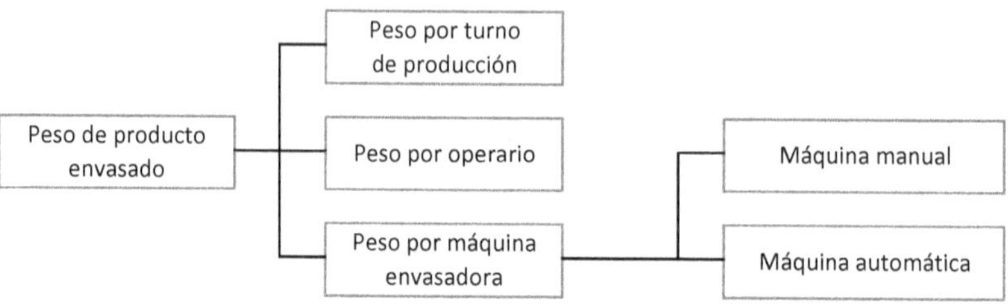

Figura 2.28.

Ejemplo D: En Calzado Chelsea, Brenda Ávalos diseñó el árbol para la medición del cumplimiento del costo objetivo que se puede observar en la figura 2.29.

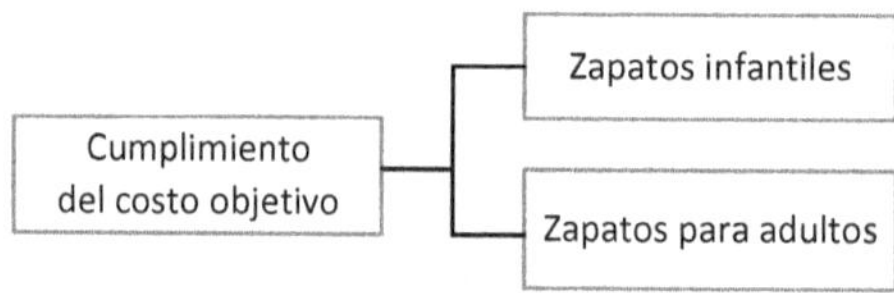

Figura 2.29.

b) Factores de estratificación

Es posible que, al recabar los datos, sea conveniente estratificarlos (separarlos) para que su análisis arroje conclusiones más acertadas. En la tabla 2.11 se presentan algunos factores de estratificación que pueden considerarse.

Para decidir los factores de estratificación, se ha de:

- Identificar posibles preguntas que probablemente se querrán responder una vez que se tengan los datos en la mano.

Factores	Ejemplos
¿Quién?	Departamento, persona, cliente, etc.
¿Qué?	Tipo de queja, categoría de defecto, etc.
¿Cuándo?	Trimestre, mes, día, turno, hora, etc.
¿Dónde?	Región, ciudad, localización especial (esquina superior derecha), etc.

Tabla 2.11.

- Incorporar los datos requeridos para responder a las preguntas en la hoja de recolección de información.
- Con todo ello, establecer qué factores de estratificación son los más importantes.

c) Árbol de decisión para las mediciones *(measurement assessment tree)*

Una vez elaborado el árbol de CTQ y establecidos los factores de estratificación, se ha de decidir qué mediciones son importantes y cuáles no, de manera que los datos recabados sean suficientes sin caer en excesos innecesarios que solo consumen tiempo y recursos. Para ello, hay que plantearse las preguntas que se quieren responder una vez que se tengan los datos.

Ejemplo A: En Banco del Pacífico es muy importante conocer el tiempo total de atención al cliente. Por ello, Alberto Hernández y su equipo definieron en conjunto las preguntas que desean responder una vez que tengan los datos:

- ¿Cuánto tiempo pasa el cliente en recepción?
- ¿Cuánto tiempo espera el cliente?
- ¿Cuánto tiempo permanece el cliente en ventanilla?

Como se observó anteriormente, el factor de estratificación considerado para el tiempo en ventanilla fue el número de transacciones efectuadas. Sin embargo, el equipo observó que en el mes anterior, los tiempos de atención

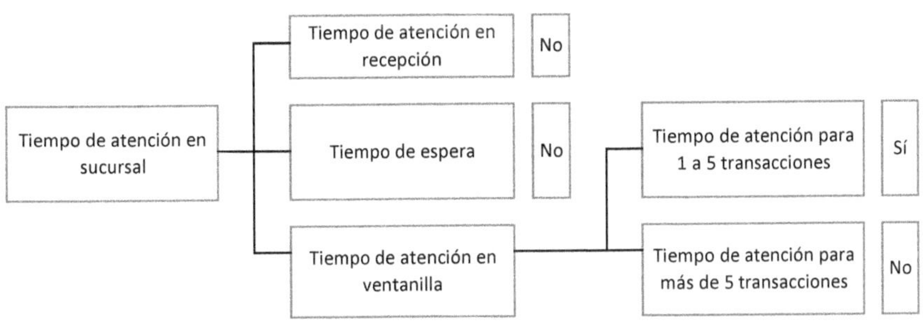

Figura 2.30.

en recepción no rebasaron nunca los 2 minutos que se tienen como límite máximo, mientras que en los últimos tres meses, menos del 1 % de los clientes realizaron más de 5 transacciones. Con todo ello, se concluye que el tiempo de espera es totalmente dependiente del tiempo de atención en ventanilla, por lo que el árbol de decisión para las mediciones quedó como puede verse en la figura 2.30.

Ejemplo B: Para Valentín Ortega, de Operadores Logísticos del Golfo, el CTQ más importante es el porcentaje de entregas a tiempo. Su equipo preparó un árbol de decisión para las mediciones, con objeto de establecer los datos que serían recabados. En primer lugar, definieron en conjunto las preguntas que deseaban responder una vez se tuvieran los datos:

- ¿Cuántos pedidos se entregan tarde o incompletos?
- ¿Qué patrones o tendencias se manifiestan?

Los factores de estratificación considerados fueron:

- *Turno de trabajo:* finalmente no se consideró relevante, ya que no se observaban diferencias significativas entre el primero y el segundo turno.
- *Tipo de pedido estándar o especial:* con objeto de enfocar los esfuerzos, no se realizaron mediciones a pedidos especiales, ya que el equipo determinó que las mejoras que se implementen para pedidos estándar podrán replicarse para pedidos especiales.

El árbol de decisión final fue el que se puede observar en la figura 2.31.

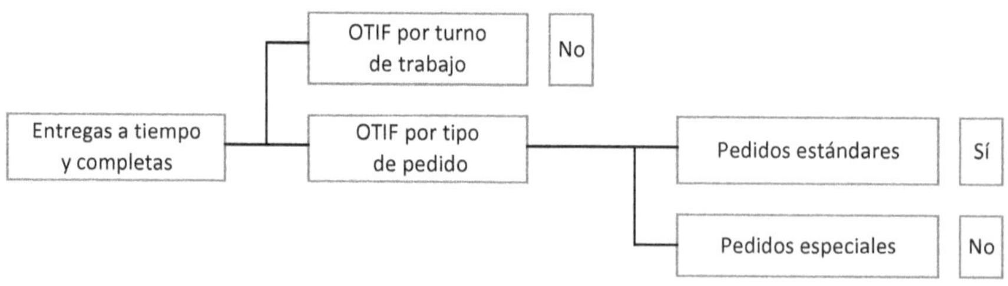

Figura 2.31.

Ejemplo C: En Manufacturera Química, como se observó en el árbol de CTQ, el equipo de Elsa Alatorre planteó inicialmente estratificar las mediciones de peso de producto envasado por tipo de producto y tipo de máquina. Sin embargo, al realizar un estudio más detallado y recabar más datos, encontraron que el producto de 25 kg es el de mayor demanda y que la máquina manual está a punto de ser puesta fuera de operación. Por lo tanto, el árbol de decisión para las mediciones quedó como se puede observar en la figura 2.32.

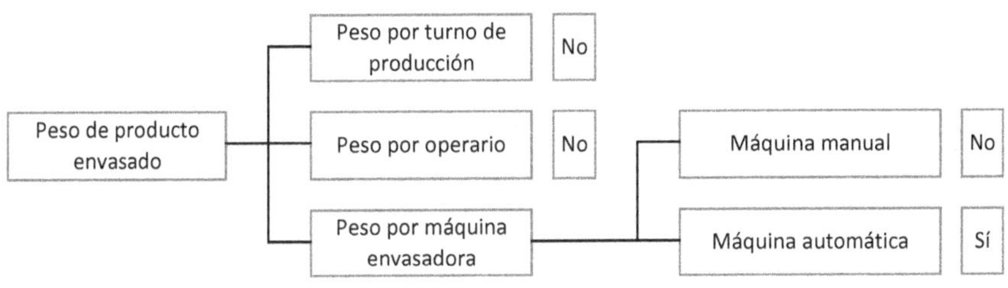

Figura 2.32.

Ejemplo D: En Calzado Chelsea, Brenda Ávalos y su equipo se propusieron inicialmente estratificar las mediciones de cumplimiento al costo objetivo por tipo de zapato (infantil o para adulto). Al analizar los datos del último año se percataron de que los zapatos infantiles cumplieron al 100 % con el costo objetivo (representan gran parte del 32 % del total que sí cumple), por lo que descartaron medir este tipo de producto. El árbol de decisión para las mediciones es el que se puede observar en la figura 2.33.

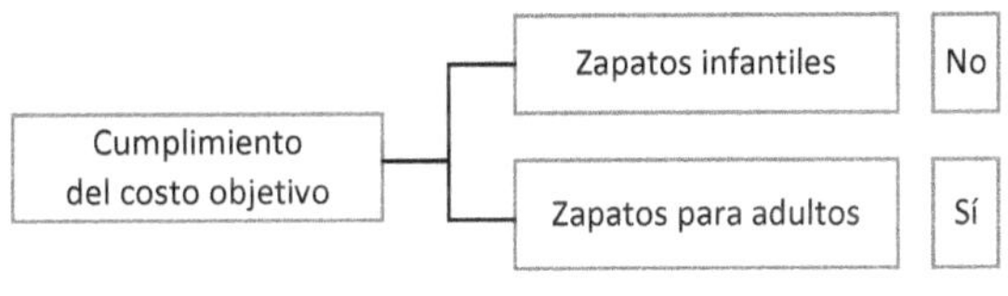

Figura 2.33.

5.2 Identificar las fuentes de información

Los datos pueden recabarse de dos fuentes principales:

- Fuentes existentes, es decir, tomar datos históricos.
- Nuevas fuentes de información.

La clave es que los datos sean confiables, pues con base en ellos se tomarán las decisiones. Si existen dudas sobre la confiabilidad de los datos históricos, forzosamente deberán recabarse datos nuevos (aun cuando esto represente más tiempo y utilización de recursos).

5.3   Decidir el tipo de muestreo

El equipo decidirá si recabará la totalidad de los datos en un periodo determinado o realizará un muestreo. Las ventajas de este último es que es más barato y más rápido, pero presenta el inconveniente de que al muestrear pueden cometerse errores y la muestra no ser representativa de la población. Vale la pena recordar algunos conceptos (véase la figura 2.34):

- **Población:** total de elementos con una característica común, del cual queremos obtener información.
- **Unidad:** cualquier miembro individual de la población.
- **Campo muestral:** lista de unidades de las cuales se toma la muestra.
- **Muestra:** porción representativa de la población tomada para obtener información del todo.

Existen cuatro tipos de muestreo:

- Aleatorio.
- Sistemático.
- Estratificado.
- Conglomerados.

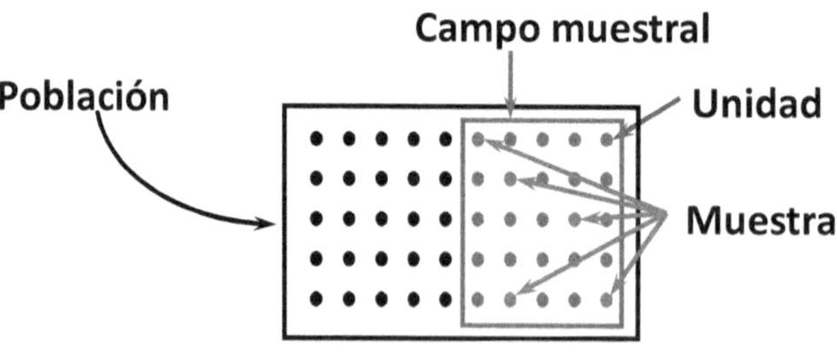

Figura 2.34.

- **Muestreo aleatorio:** se utiliza cuando la variación es igual a lo largo de todas las muestras de *n* unidades experimentales. Presenta las siguientes características:

  - Selección imparcial: cada unidad tiene la misma oportunidad de ser seleccionada.
  - Selección independiente: la selección de una unidad experimental no es dependiente de la selección de ninguna otra unidad.

  Por ejemplo, en Manufacturera Química se utilizará el muestreo aleatorio para seleccionar un número de envases a lo largo del turno, con objeto de verificar el peso de los mismos.

- **Muestreo sistemático:** El muestreo sistemático empieza con una unidad tomada al azar y después se muestrea cada *n* unidades de ahí en adelante. Por ejemplo, en Banco del Pacífico se medirá el tiempo de atención para el primer cliente que llegue a la sucursal en el día y después se hará lo mismo cada cierto número de clientes.

- **Muestreo estratificado:** inicialmente se divide la población en estratos homogéneos y se selecciona aleatoriamente dentro de cada estrato. Esto sucede cuando existe más variación entre estratos que dentro del estrato. Por ejemplo, en el desarrollo de nuevos productos de Calzado Chelsea, se medirán independientemente los sobrecostos de los productos de la colección primavera-verano y de la colección otoño-invierno, a fin de estimar los efectos que cada tipo de diseño presenta en el sobrecosto.

- **Muestreo por conglomerados:** en este tipo de muestreo se divide la población en subgrupos muy similares entre sí, con la característica de que existe más variación dentro de cada subgrupo que entre los subgrupos, es decir, que la variabilidad dentro del subgrupo es muy similar a la de toda la población. Se recomienda tomar un conglomerado o subgrupo y chequear todos los elementos de dicho subgrupo o hacerlo aleatoriamente. Por ejemplo, en Operadores Logísticos del Golfo se escogerá solo a los clientes más representativos para analizar las entregas tarde y sus causas raíz.

5.4   Preparar el plan de muestreo

El plan de muestreo debe incluir el tamaño de la muestra y la frecuencia de muestreo. Para determinar el tamaño de muestra en primer lugar se identifica si los datos a recolectar son discretos o continuos.

- **Datos discretos:** son los que solo se pueden contar, por lo que toman valores enteros. Por ejemplo, cantidad de piezas defectuosas, número de entregas tarde, etc.
- **Datos continuos:** son los que pueden medirse, por lo que toman cualquier valor dentro de una escala. Por ejemplo, peso de envases, tiempo de atención, etc.

Para los datos discretos es necesario contar con los siguientes valores:

- Tamaño de la población.
- Proporción estimada de la característica a medir para la población (por ejemplo, proporción de entregas tardías).
- Precisión de la estimación: es el rango (en +/−) que se tiene para la proporción estimada. Estos valores se pueden asignar a partir de datos históricos o de un estudio piloto. Una vez que se comiencen a tomar las mediciones, pueden actualizarse para ajustar el tamaño de la muestra.
- Nivel de confianza con el que se desean los resultados: por lo general, se asigna un nivel del 90 o del 95 %.

Para los datos continuos es necesario contar con los siguientes valores:

- Tamaño de la población.
- Desviación estándar estimada de la característica a medir para la población (por ejemplo, desviación estándar del peso de los envases).
- Precisión de la estimación: es el rango (en +/−) que se tiene para la desviación estándar estimada. Como ocurre con los datos discretos, estos valores se pueden asignar a partir de datos históricos o de un estudio piloto, y una vez que se comiencen a tomar las mediciones, pueden actualizarse para ajustar el tamaño de la muestra.
- Nivel de confianza con el que se desean los resultados: igualmente se asigna un nivel del 90 o del 95 %.

Estos valores se tratan en un formato de Excel o en un *software* como Minitab para determinar el tamaño de muestra.

Ejemplo A: muestra continua. En Banco del Pacífico, el equipo de Alberto Hernández determina el número de clientes a muestrear en la sucursal 2035 de la ciudad de Guadalajara, durante una semana, para definir si el tiempo de atención en ventanilla supera la especificación y sus causas raíz. Por datos históricos se estima que en dicha sucursal, durante una semana, se atienden aproximadamente 7 000 clientes y se tiene una desviación estándar de 3.91 +/– 0.50 minutos de tiempo de atención en ventanilla. Se elige una confianza del 95 % para la medición. Los datos se tratan en formato de Excel, dando el resultado que aparece en la tabla 2.12.

Se deben muestrear 235 clientes por semana en la mencionada sucursal.

Plan de muestreo. Datos continuos	
1. Información inicial:	
a) Qué es lo que se va a medir.	Unidades = **Clientes**
b) Cuál es el tamaño de la población.	N = **7 000**
c) Cuál es la caracteristica a medir (p. ej. espesor).	Característica = **Tiempo de atención**
d) Cuál es la desviación estándar estimada de la población.	s = **3.91**
e) Cuál es la precisión de esta estimación (mismas unidades).	+/- d = **0.5**
f) Seleccionar el nivel de confianza: (z = 1.64 para un 90 %) (z = 1.96 para un 95 %)	z = **1.96**
2. Selección de la estrategia de muestreo: ☐ Aleatorio ☐ Sistematico	
3.- Determinar el tamaño de muestra: $n = (zs/d)^2$	n = **235**

Tabla 2.12.

Ejemplo B: muestra discreta. En Operadores Logísticos del Golfo, el equipo de Valentín Ortega determina el número de entregas a muestrear en el centro de distribución de la Ciudad de México, durante un mes, para definir la proporción de entregas tardías o incompletas. Por datos históricos, se estima que en un mes se entregan aproximadamente 400 pedidos y se tiene una proporción de entregas tardías de 0.08 +/– 0.01. Se elige una confianza del 90 % para la medición. Los datos se tratan en formato de Excel, dando el resultado que aparece en la tabla 2.13.

<table>
<tr><td colspan="2" align="center">Plan de Muestreo, Datos Discretos</td></tr>
<tr><td colspan="2">1.- Información inicial</td></tr>
<tr>
<td>a) Qué es lo que se va a contar</td>
<td>Unidades = Pedidos</td>
</tr>
<tr>
<td>b) Cuál es el tamaño de la población</td>
<td>N = 400</td>
</tr>
<tr>
<td>c) Cuál es la caracteristica a medir
(ejem. defectos)</td>
<td>Caracteristica = Entregas tarde</td>
</tr>
<tr>
<td>d) Qué proporción de la población estima que contiene esta caracteristica (defectos)</td>
<td>p = 0,08</td>
</tr>
<tr>
<td>e) Cuál es la precisión de esta estimación (proporción en decimales)</td>
<td>+/- d = 0,01</td>
</tr>
<tr>
<td>f) Seleccione el nivel de confianza
(z = 1.64 para un 90%)
(z = 1.96 para un 95%)</td>
<td>z = 1,64</td>
</tr>
<tr><td colspan="2">2.- Selección de la estrategia de muestreo</td></tr>
<tr>
<td>☐ Aleatorio</td>
<td>☐ Sistematico</td>
</tr>
<tr><td colspan="2">3.- Determinar el tamaño de muestra</td></tr>
<tr>
<td>$n = p(1-p) / (d/z)^2$</td>
<td>n = 1980   Tome el valor del apartado 5</td>
</tr>
<tr><td colspan="2">4.- Determinar la frecuencia de muestreo</td></tr>
<tr>
<td></td>
<td>Frecuencia =</td>
</tr>
<tr><td colspan="2">5.- Ajuste para población finita</td></tr>
<tr>
<td>a) Determina la proporción de la muestra con respecto a la población</td>
<td>n / N = 4,948864</td>
</tr>
<tr>
<td>b) Si n/N es mayor a 0.05, ajuste con la siguiente formula</td>
<td>n / (1+ n/N) = 333   Este es el correcto</td>
</tr>
</table>

Tabla 2.13.

Se observa que al ser muy pequeña la proporción de entregas tardías, el tamaño de la muestra es elevado. Incluso el cálculo inicial arroja un tamaño mayor que el de la población. El cálculo ajustado indica que se deben muestrear 333 de los 400 pedidos mensuales.

Ejemplo C: muestra continua. En Manufacturera Química, el equipo de Elsa Alatorre determina el número de envases a muestrear en un lote para definir si el peso está fuera de especificación y las causas raíz. Por datos históricos, se estima que en un lote se envasan aproximadamente 3 200 piezas y se tiene una desviación estándar de 0.458 +/− 0.100 kg. Se elige una confianza del 95 % para la medición. Los datos se tratan en formato de Excel, el resultado que aparece en la tabla 2.14.

Plan de Muestreo, Datos Continuos

1.- Información inicial

a) Qué es lo que se va a medir — Unidades = **Envases**

b) Cuál es el tamaño de la población — N = **3200**

c) Cuál es la caracteristica a medir
(ejm. espesor) — Caracteristica = **Peso del contenido**

d) Cuál es la desviación estándar estimada
de la población — s = **0,458**

e) Cuál es la precisión de esta estimación
(mismas unidades) — +/- d = **0,1**

f) Seleccione el nivel de confianza
(z = 1.64 para un 90%)
(z = 1.96 para un 95%) — z = **1,96**

2.- Selección de la estrategia de muestreo

☐ Aleatorio   ☐ Sistematico

3.- Determinar el tamaño de muestra

$$n = (zs/d)^2$$ n = **81**

4.- Determinar la frecuencia de muestreo

Frecuencia = _______

5.- Ajuste para población finita

a) Determina la proporción de la muestra
con respecto a la población — n / N = **0,02518217**

b) Si n/N es mayor a 0.05, ajuste con la
siguiente formula — n / (1+ n/N) = **79**

Tabla 2.14.

Se observa que el equipo deberá muestrear 81 envases por lote para determinar la desviación estándar real como base para la definición de las causas raíz de la misma (en la etapa Analizar) y las posteriores acciones correctivas (en la etapa Mejorar).

Ejemplo D: muestra discreta. En Calzado Chelsea, el equipo de Brenda Ávalos determina el número de diseños a muestrear durante una temporada para definir si cumplieron con el costo objetivo. Por datos históricos se estima que en una temporada se elaboran aproximadamente 50 diseños y se tiene una proporción de cumplimiento del costo objetivo de 0.32 +/– 0.07. Se elige una confianza del 90 % para la medición. Los datos se tratan en formato de Excel, dando el resultado que aparece en la tabla 2.15.

Plan de Muestreo, Datos Discretos	
1.- Información inicial	
a) Qué es lo que se va a contar	Unidades = **Diseños**
b) Cuál es el tamaño de la población	N = **50**
c) Cuál es la caracteristica a medir (ejem. defectos)	Caracteristica = **En tiempo**
d) Qué proporción de la población estima que contiene esta caracteristica (defectos)	p = **0,32**
e) Cuál es la precisión de esta estimación (proporción en decimales)	+/- d = **0,07**
f) Seleccione el nivel de confianza (z = 1.64 para un 90%) (z = 1.96 para un 95%)	z = **1,64**
2.- Selección de la estrategia de muestreo	
☐ Aleatorio	☐ Sistematico
3.- Determinar el tamaño de muestra	
$n = p(1-p) / (d/z)^2$	n = **119** Tome el valor del apartado 5
4.- Determinar la frecuencia de muestreo	
	Frecuencia =
5.- Ajuste para población finita	
a) Determina la proporción de la muestra con respecto a la población	n / N = **2,38880392**
b) Si n/N es mayor a 0.05, ajuste con la siguiente formula	n / (1+ n/N) = **35** Este es el correcto

Tabla 2.15.

Se deberán muestrear 35 de los 50 diseños de la temporada para determinar si cumplen con el costo objetivo. Una vez determinado el tamaño de muestra, se define la frecuencia de muestreo. Esto se hace con cálculos sencillos. Por ejemplo, el lote de 3 200 envases en Manufacturera Química se procesa en un tiempo de 8 horas (480 minutos). Se tomarán muestras aproximadamente cada 6 minutos (480/81 = 5.926) hasta completar las 81 muestras.

5.5   *Seleccionar y diseñar la hoja de recolección de datos*

La hoja de datos permite, en sus diferentes formas, manejar la recolección de la información de una manera segura y de modo que sirva para utilizar herramientas más sofisticadas, con objeto de definir posteriormente una acción. Existen diferentes tipos de hojas de recolección:

- Hoja para recolección de datos continuos.
- Hoja para recolección de datos discretos.
- Hoja de localización de datos.

En todas ellas los datos generales que deben registrarse son:

- Fecha de elaboración.
- Nombre de la persona que obtiene la información.
- Equipo de medición utilizado (en su caso).

a) Hoja para recolección de datos:

En el caso de datos continuos, se utiliza para llevar el registro de aspectos como tiempos de operación, pesos, diámetros, longitudes, temperaturas, etc. También puede utilizarse para datos discretos, en cuyo caso se establece un conteo, por lo que los valores de medición serán enteros; por ejemplo, entregas con retraso, quejas de cliente, etc.

Ejemplo A: Banco del Pacífico registra los tiempos de atención en ventanilla (datos continuos) de la manera que puede observarse en la tabla 2.16.

Fecha: <u>5 de Febrero 2020</u>
Sucursal: <u>2035 Guadalajara</u>   Responsable: <u>Alberto Hernández</u>

Hora	Ventanilla	N.° de transacciones	Tiempo de atención (min.)
8:30	1	1	3.45
8:32	5	1	2.17
8:34	3	3	10.5
8:36	5	5	17.1
8:38	1	1	7.55
8:40	7	5	15.00

Tabla 2.16.

Ejemplo B: Operadores Logísticos del Golfo registra los pedidos entregados a tiempo y completos (datos discretos) de la manera que puede observarse en la tabla 2.17.

Fecha: <u>5 de Febrero 2020</u>   Responsable: <u>Valentín Ortega</u>

No. pedido	A Tiempo y completo	A Tiempo, incompleto	Fuera de tiempo, completo	Fuera de tiempo, incompleto
5055	X			
5072			X	
5080	X			
5082	X			
5085				X
5090	X			

Tabla 2.17.

Ejemplo C: Manufacturera Química registra los pesos de producto envasado (datos continuos) de la manera que puede observarse en la tabla 2.18.

Fecha: <u>5 de Febrero 2020</u>   Turno: <u>1er</u>
Tipo de Envase: <u>25 kgs</u>   Responsable: <u>Elsa Alatorre</u>
Instrumento: <u>Báscula 608-5</u>

Hora	Boquila	Peso neto (kgs)
8:00	1	24.7
8:35	2	25.4
8:40	3	26.8
8:45	4	25.9
8:50	5	27.0
8:55	1	24.9

Tabla 2.18.

Ejemplo D: Calzado Chelsea registra los diseños entregados a tiempo y que cumplen el costo objetivo (datos discretos) de la manera que puede observarse en la tabla 2.19.

Fecha: <u>5 de Febrero 2020</u>   Responsable: <u>Brenda Ávalos</u>

No. diseño	A Tiempo y en costo	A tiempo, no cumple costo	Fuera de tiempo, en costo	Fuera de tiempo, no cumple costo
505		X		
507			X	
509				X
510				X
515				X
517	X			

Tabla 2.19.

b) Hoja de localización de datos

Este es un tipo de hoja especial, en el que se incluye un dibujo de la parte, pieza o proceso para identificar los sitios en que los se producen los problemas o defectos, con objeto de ayudar a identificar su fuente.

Ejemplo: En Calzado Chelsea se lleva un registro de los defectos descubiertos en los zapatos (véase la figura 2.35).

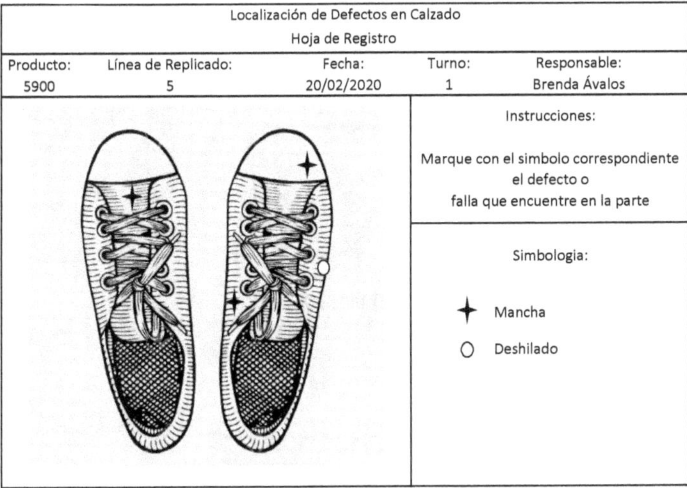

Figura 2.35.

5.6   Registrar el plan

Como paso final, se debe registrar el plan de muestreo en un formato similar al mostrado en la tabla 2.20.

6   Histograma

Una vez que comienzan a obtenerse datos del proceso, es muy conveniente utilizar un método gráfico para agruparlos y observar tres características básicas en la distribución de los mismos (en especial para datos continuos):

Ejemplo	Medición	Factores de estratificación	Definición operacional	Tamaño de muestra	Fuente de información	Método de recogida	Quién recoge los datos
A - Banco del Pacífico	Tiempo de atención en ventanilla	Sólo de 1 a 5 transacciones	Tiempo de atención en minutos	1 Cliente cada 25 que ingresen a la sucursal (235 en total por semana)	Cronómetro	Hoja de recogida de datos	Ingeniero de mejora continua
B - Operadores Logísticos del Golfo	Pedido completo y a tiempo	Solo pedidos estándar	Pedido completo y a tiempo	15 Pedidos por día (333 por mes)	Hoja de entrega	Hoja de recogida de datos	Facturista
C - Manufacturera Química	Peso neto envasado	Ninguno	Peso en kilogramos del contenido de cada envase	1 Envase cada 6 minutos (81 muestras por lote)	Báscula (resolución gramos)	Hoja de recolección de datos	Inspector de envasado
D - Calzado Chelsea	Diseños a tiempo y en costo	Sólo diseños para adulto	Diseños a tiempo y en costo	35 Diseños por temporada	Dirección general	Hoja de recolección de datos	Director general

Tabla 2.20.

- Forma.
- Centro.
- Dispersión.

La herramienta estadística ideal para ello son los histogramas, que fueron desarrollados por Karl Pearson (1857-1936), un influyente matemático y bioestadístico inglés. En 1911 fundó el primer departamento de estadísticas universitarias del mundo en el University College de Londres y a lo largo de su carrera hizo contribuciones significativas en los campos de la biometría, la meteorología y las teorías del darwinismo social.

El histograma es una representación gráfica (mediante barras) de la distribución de frecuencias de un conjunto de datos, en la que pueden observarse más fácilmente tres propiedades:

- Forma en que se distribuyen los datos.
- Acumulación o tendencia central.
- Dispersión o variabilidad.

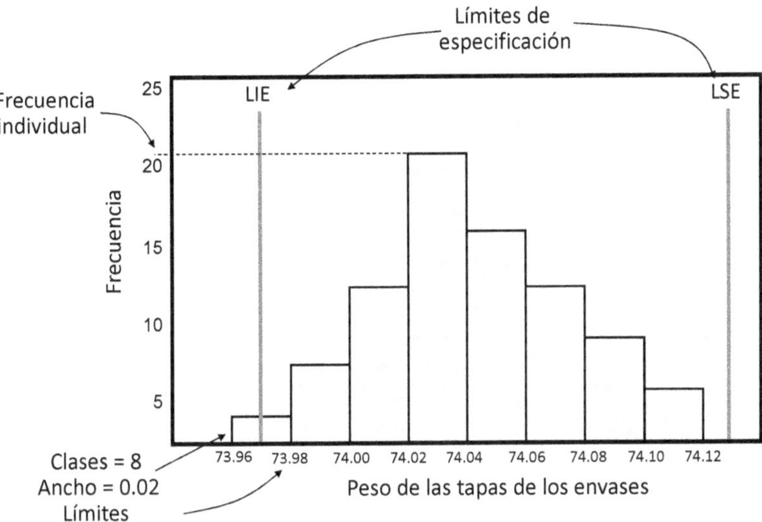

Figura 2.36.

Se utiliza cuando se quiere comprender mejor una variable, específicamente:

- El desempeño actual del proceso.
- La distribución de los datos.
- La comparación contra las especificaciones.
- La obtención de cálculos básicos de probabilidad.

Los componentes de un histograma se pueden ver en la figura 2.36.

Ejemplo A: El equipo de Alberto Hernández (Banco del Pacífico) utilizará Minitab para construir el histograma de la serie de 235 datos que aparece en la tabla 2.21, correspondientes a los tiempos de atención en ventanilla (en minutos) para la sucursal 2035 de Guadalajara, durante una semana (235 clientes fue el tamaño de muestra que se determinó según el plan de muestreo). Como ya se estableció también, el equipo ha definido una especificación de 6 minutos como máximo.

El histograma resultante se puede ver en la figura 2.37.

El equipo de Alberto Hernández llega a las siguientes conclusiones iniciales:

- El tiempo de atención en ventanilla sigue una distribución normal.
- Esta distribución tiene una media de 5.506 y una desviación estándar de 1.860.

7.45	5.02	7.83	2.13	6.26	5.41	3.92	4.31	6.86	4.64	5.25	7.31	2.99	7.88	6.87
9.20	6.85	2.98	3.51	5.80	3.06	6.48	5.81	8.67	3.43	5.06	3.27	7.30	5.59	8.05
6.11	3.42	5.34	3.78	6.37	4.43	4.14	8.27	3.28	3.72	3.79	3.71	5.26	4.92	5.49
6.12	9.47	8.08	7.08	8.05	3.58	9.74	6.47	6.64	6.17	6.36	9.03	4.72	1.75	7.63
6.55	3.31	7.92	5.83	9.20	2.76	4.67	5.08	6.08	5.51	5.30	6.56	3.22	6.01	5.38
3.33	3.79	3.37	6.99	4.83	3.63	5.69	6.78	5.39	4.40	4.42	4.05	6.76	3.58	3.92
5.06	4.82	7.44	7.07	2.45	4.47	6.55	5.72	8.18	9.78	3.49	3.29	3.43	6.14	4.95
4.04	6.28	7.48	5.47	3.33	6.10	4.37	5.22	7.40	4.98	3.63	6.14	8.30	7.19	5.23
5.17	9.69	3.44	4.15	4.27	7.17	3.28	8.57	4.16	4.60	5.40	6.86	2.31	8.04	5.36
5.70	3.20	5.11	2.33	5.73	6.57	7.76	8.34	4.53	5.05	3.03	9.16	4.38	4.22	4.95
3.55	4.45	8.25	7.19	6.53	10.25	3.28	5.23	5.51	4.83	4.27	5.96	5.94	6.13	6.09
1.42	5.51	4.42	5.19	7.37	6.50	5.50	3.91	7.81	4.80	2.45	4.26	6.23	3.23	9.53
3.46	7.67	7.56	5.52	4.99	5.00	6.41	7.84	4.12	2.49	7.67	6.37	8.12	6.84	5.59
7.56	3.02	5.86	8.65	5.38	2.27	2.34	3.51	7.02	4.85	4.23	6.72	8.22	5.97	5.66
3.49	2.21	6.58	5.98	6.59	6.23	6.26	4.20	6.43	4.75	1.54	7.42	3.93	6.82	8.37
6.91	2.63	3.71	6.86	5.81	3.83	5.84	1.90	5.76	6.54					

Tabla 2.21.

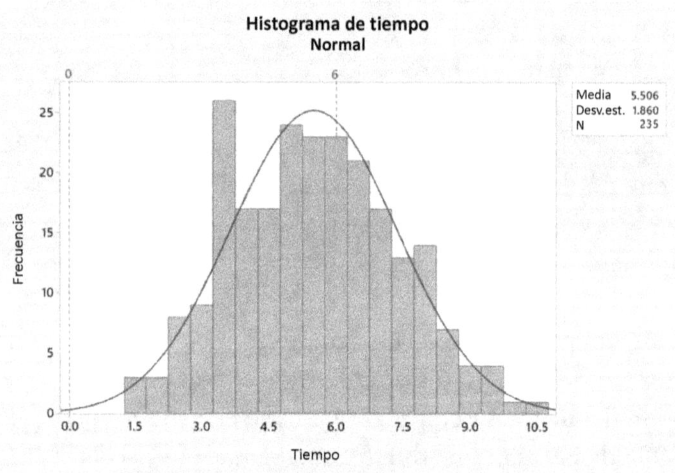

Figura 2.37.

- Se confirma que inicialmente el tiempo de atención en ventanilla no cumple con la especificación. La media del proceso está situada muy cerca del límite superior, lo que hace pensar que prácticamente la mitad de los clientes son atendidos en tiempos superiores a 6 minutos.

Ejemplo B: El equipo de Valentín Ortega en Operadores Logísticos del Golfo se percata de que no es posible representar gráficamente en un histograma los pedidos entregados fuera de tiempo, ya que se trata de una variable discreta. Sin embargo, a fin de detectar posibles oportunidades, decide representar los tiempos de entrega (en horas) para pedidos estándar, cuya especificación se encuentra en 24 horas como máximo. De acuerdo con el plan de muestreo, recolecta la información de 333 pedidos entregados en el mes anterior (véase tabla 2.22).

El histograma resultante puede verse en la figura 2.38.

El equipo llega a las siguientes conclusiones iniciales:

- El tiempo de entrega para pedidos estándar sigue una distribución normal.
- Esta distribución tiene una media de 19.96 y una desviación estándar de 4.244.

13.69	19.65	18.75	18.60	13.38	18.31	15.85	25.53	13.20	21.12	22.15	22.81	12.38	19.28	21.92
17.47	21.60	17.37	24.78	23.56	23.10	16.76	16.69	12.35	16.44	21.61	18.50	16.98	13.83	20.33
19.39	14.57	18.47	20.56	20.39	19.56	22.02	25.85	22.36	22.05	17.14	21.37	26.76	19.35	18.32
20.25	19.51	18.36	25.81	20.25	18.96	17.48	15.07	23.70	9.97	15.32	20.48	20.94	23.75	17.88
19.28	8.77	17.47	15.22	26.47	19.91	22.36	20.26	24.60	20.73	20.96	17.44	24.90	10.05	19.95
19.20	13.09	9.96	12.92	23.89	21.53	17.04	21.13	20.27	20.15	22.76	22.16	18.16	22.19	23.44
22.60	18.92	23.27	29.40	13.77	22.58	10.81	20.81	20.61	16.85	26.65	20.56	23.13	22.35	20.43
19.64	19.34	11.51	18.45	25.63	23.77	28.16	22.94	25.56	22.30	21.43	23.30	13.86	22.96	25.72
21.06	23.04	24.91	17.13	17.89	26.86	21.13	22.45	24.54	21.94	30.13	20.06	17.72	23.15	23.39
24.76	12.86	11.45	22.26	23.42	16.56	21.09	17.39	20.67	17.97	20.25	18.63	17.02	21.43	17.27
12.04	20.03	18.35	22.55	24.63	25.56	19.02	26.48	22.70	25.69	25.84	25.32	20.28	12.53	24.53
17.75	21.11	14.48	17.17	25.30	26.73	25.64	16.83	28.22	16.61	17.00	20.20	26.95	17.85	20.95
22.24	16.14	18.19	22.02	13.57	21.86	23.24	12.96	9.90	18.63	21.27	18.85	20.74	18.65	19.56
17.15	21.54	12.18	19.22	21.60	20.53	18.18	21.74	23.67	17.87	19.47	26.48	13.53	14.52	26.90
22.24	24.55	26.14	26.15	16.22	21.17	13.68	10.85	21.33	22.95	14.31	15.97	16.28	17.28	14.74
25.10	21.00	15.88	26.48	17.89	11.28	18.30	25.79	19.67	17.14	24.27	24.96	13.91	19.81	22.40
21.37	15.23	25.17	23.33	15.31	16.23	24.13	23.43	15.49	14.68	17.49	19.37	14.94	23.53	17.02
9.57	23.97	23.86	24.52	26.22	12.63	20.64	13.83	23.53	17.80	17.52	22.16	11.75	25.11	24.55
14.69	21.62	25.55	17.17	29.16	24.97	17.95	18.53	17.04	15.95	22.31	20.52	25.46	25.60	17.11
20.35	18.71	18.64	17.22	25.49	16.23	24.84	14.22	20.72	22.91	20.45	25.79	19.76	13.50	24.65
23.54	23.19	19.10	25.87	16.83	21.32	25.60	19.36	20.67	17.58	30.66	23.78	24.15	15.45	25.57
21.56	23.46	14.66	19.76	19.13	18.23	19.03	21.08	19.05	16.09	16.32	16.66	16.22	18.46	15.22
17.94	19.96	13.86												

Tabla 2.22.

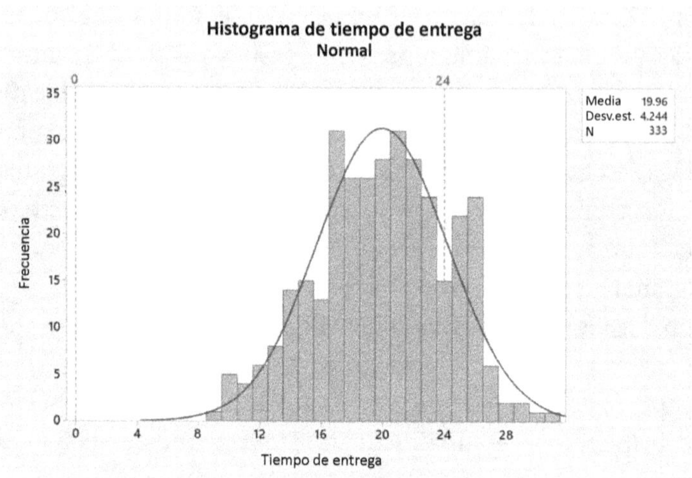

Figura 2.38.

- Se confirma que inicialmente los tiempos de entrega no cumplen con la especificación, ya que un gran porcentaje de los mismos se encuentran por encima del límite superior (24 horas).

Ejemplo C: El equipo de Elsa Alatorre (Manufacturera Química) utilizará Minitab para construir el histograma de la serie de 81 datos (tamaño de muestra de acuerdo con el plan de muestreo) que aparece en la tabla 2.23, correspondientes a los pesos (en kilogramos) de producto neto envasado para la presentación de 25 kg, con una especificación de 25 a 26 kg (100 a 104 %):

El histograma resultante puede verse en la figura 2.39.

El equipo llega a las siguientes conclusiones iniciales:

- El peso neto envasado sigue una distribución normal.
- Esta distribución tiene una media de 25.70 y una desviación estándar de 0.4555.
- Se confirma que inicialmente los pesos envasados no cumplen con la especificación, con datos por debajo del límite inferior de especificación (el dato menor es 24.55, es decir 98.20 % del peso declarado), así como un porcentaje, incluso mayor, de datos por encima del límite superior de especificación (el dato mayor es 27.02, es decir, 108.08 % del peso declarado). Lo anterior también confirma los datos asentados en nuestra carta de definición (línea base del 98 al 108 %).

25.35	25.71	26.54	25.79	25.99	25.17	25.48	25.90	25.90
25.88	25.82	25.88	26.24	25.35	25.81	26.06	25.22	26.09
26.47	25.80	25.99	25.54	25.77	27.02	24.73	25.85	25.44
26.27	25.79	25.65	25.48	25.37	26.07	25.13	25.72	26.34
25.16	26.37	25.85	26.45	25.87	26.39	25.53	25.94	25.45
26.11	25.48	24.62	25.06	25.74	25.96	26.10	25.36	25.26
25.17	26.31	25.15	25.32	25.83	25.19	25.40	26.29	25.13
25.52	25.60	26.02	25.96	25.73	25.65	24.55	25.20	25.80
25.93	25.40	25.25	25.84	26.08	26.26	25.29	25.37	25.49

Tabla 2.23.

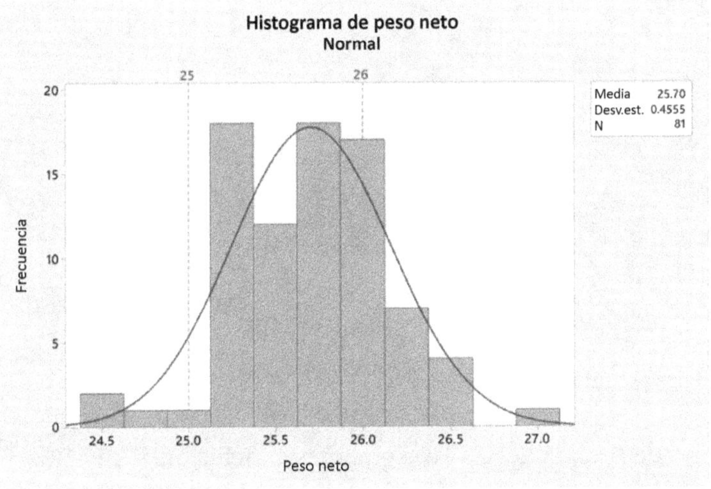

Figura 2.39.

Ejemplo D: El equipo de Brenda Ávalos, de Calzado Chelsea, observa que los diseños que no cumplen con el costo objetivo no pueden ser representados gráficamente en un histograma, pues se trata de un dato discreto. Sin embargo, se representarán los costos finales de 35 de los 50 diseños de la temporada anterior (indicado por el plan de muestreo), medidos en porcentaje contra el costo objetivo, con el fin de observar tendencias y detectar causas raíz de las desviaciones. Los datos aparecen en la tabla 2.24.

El histograma que resulta puede verse en la figura 2.40.

103.44	110.75	104.52	104.96	115.42	116.06	107.27
102.99	99.64	103.96	105.75	106.67	102.69	98.80
106.84	102.98	106.21	101.76	103.50	104.73	107.43
104.94	105.38	100.57	108.86	97.50	104.44	104.89
98.26	102.10	99.93	100.71	110.48	103.74	102.37

Tabla 2.24.

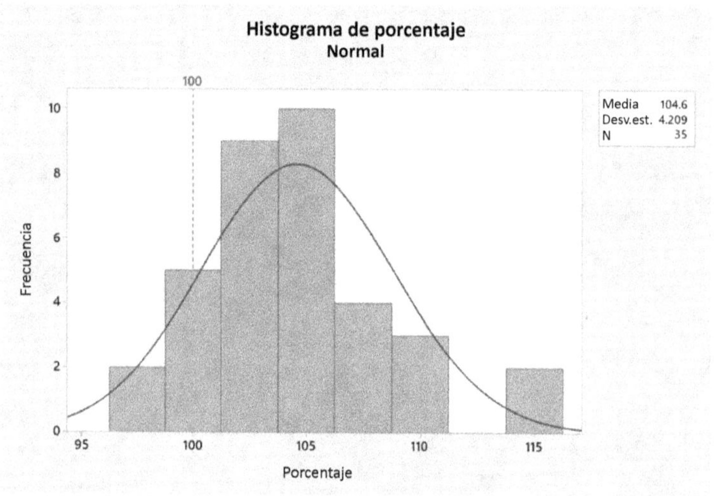

Figura 2.40.

El equipo de Brenda llega a las siguientes conclusiones iniciales:

- El porcentaje de costo real versus costo objetivo sigue una distribución normal.
- Esta distribución tiene una media de 104.6 y una desviación estándar de 4.209.
- Se confirma que inicialmente los costos reales no cumplen con la especificación, ya que la mayoría de ellos se encuentran por encima del costo objetivo.

En este punto, hay que señalar que el histograma también nos ayuda a interpretar la relación existente entre el proceso y sus especificaciones, que puede ser de cuatro tipos (véase la figura 2.41):

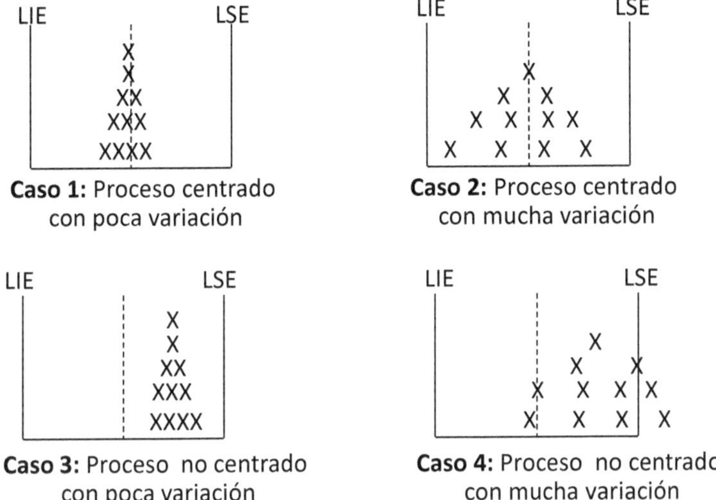

Caso 1: Proceso centrado con poca variación

Caso 2: Proceso centrado con mucha variación

Caso 3: Proceso no centrado con poca variación

Caso 4: Proceso no centrado con mucha variación

Figura 2.41.

- Proceso centrado con poca variación.
- Proceso centrado con mucha variación.
- Proceso no centrado con poca variación.
- Proceso no centrado con mucha variación.

Nuestros equipos llegan a las siguientes conclusiones:

- **Ejemplo A:** Alberto Hernández y su equipo (Banco del Pacífico) observan que tienen un proceso no centrado con mucha variación (caso 4). Deberán trabajar para disminuir considerablemente la variación y centrar el proceso entre las especificaciones.
- **Ejemplo B:** En Operadores Logísticos del Golfo, Valentín Ortega y su equipo observan un proceso no centrado aunque con una variación no excesiva (caso 3). Deberán trabajar especialmente para centrar el proceso entre las especificaciones, así como para disminuir (al menos un poco) la variación.
- **Ejemplo C:** Elsa Alatorre y su equipo (Manufacturera Química) tienen un proceso aproximadamente centrado pero con excesiva variación (caso 2). Deberán trabajar para disminuir considerablemente dicha variación.
- **Ejemplo D:** De manera similar al ejemplo B, Brenda Ávalos y su equipo

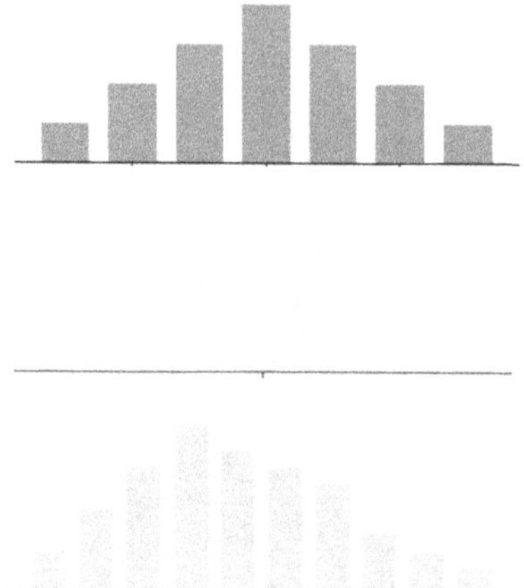

- Distribución normal: datos simétricos ordenados alrededor del centro. Valores medios con alta frecuencia. mientras que los extremos muestran poca frecuencia. Forma de campana.

- Distribución bimodal: histograma con dos picos. Usualmente indica que hay dos poblaciones distintas en el proceso.

- Distribución sesgada: los datos se concentran en los valores superiores (sesgo positivo) o inferiores (sesgo negativo). Los valores no están simétricamente distribuidos.

Figura 2.42.

(Calzado Chelsea) observan que tienen un proceso no centrado aunque con poca variación (caso 3). Sus esfuerzos deberán estar enfocados especialmente en centrar el proceso entre las especificaciones.

Finalmente, con esta herramienta gráfica, podemos obtener también conclusiones acerca de la distribución que siguen nuestros datos, que comúnmente se clasifican en distribución normal, bimodal y sesgada (véase la figura 2.42).

Como ya se indicó anteriormente, todos nuestros líderes concluyeron que sus datos siguen una distribución normal.

7   Capacidad del proceso

Hasta el momento se han logrado avances significativos, pues los equipos ya han efectuado lo siguiente:

- Definir su proyecto, basándose en la voz del cliente.
- Definir su plan de proyecto.
- Mapear sus procesos a detalle.
- Evaluar sus sistemas de medición (donde se aplica).
- Determinar sus planes de muestreo y, con base en ellos, obtener sus datos iniciales.

- Representar gráficamente con dichos datos los histogramas de inicio y comprobar que los proyectos tendrán un impacto sobre variables clave del negocio.

Antes de concluir la fase Medir, con los datos iniciales se deberán calcular dos importantes indicadores:

- Capacidad del proceso.
- Desempeño del proceso.

Es muy importante comparar la «voz del proceso», es decir, la variabilidad natural del mismo, con las especificaciones del cliente, que expresan sus necesidades y se denominan la «voz del cliente». A esto se le llama medir la capacidad del proceso. Esta medición nos permite cuantificar la naturaleza del problema que atacaremos, que podría ser uno (o varios) de los siguientes:

- ¿Las especificaciones para el parámetro *(Y)* de interés (salida del proceso o variable de desempeño) son correctas?
- ¿La ubicación de la tendencia central del parámetro *(Y)* está centrada dentro de las especificaciones apropiadas?
- ¿La variación del proceso o del parámetro es mayor que la permitida por las especificaciones?

También ayuda a la organización a predecir niveles de defecto que se escaparán en el proceso y justifica las mejoras si el producto o servicio no está cumpliendo con las especificaciones.

Existen dos índices principales para evaluar la capacidad de un proceso:

- Capacidad potencial: *Cp* o *Pp*.
- Capacidad real: *Cpk* o *Ppk*.

7.1   *Índice de capacidad potencial* (Cp o Pp)

El índice de capacidad potencial es una comparación entre los límites de especificación (tolerancia) y los límites del proceso, sin tomar en cuenta la ubicación o centralidad del mismo. El ancho de la especificación es la diferencia entre los límites superior e inferior, mientras que el ancho del proceso es 6 veces su desvia-

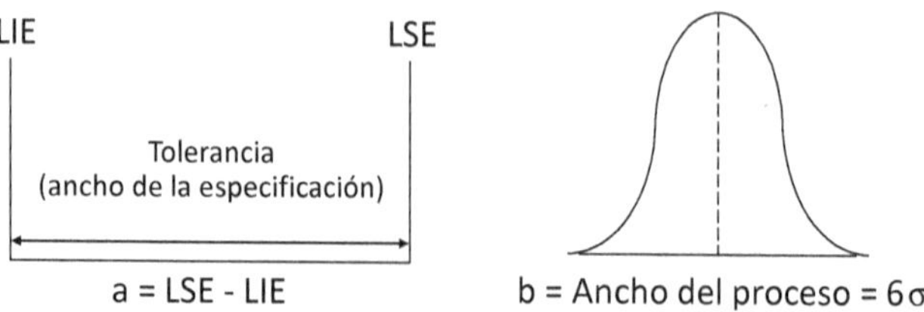

Figura 2.43.

ción estándar, ya que, como se anotó con anterioridad, aproximadamente 99.7 % de las observaciones estarán dentro de + / − 3 σ de la media (véase la figura 2.43).

Así, podemos definir el índice de capacidad potencial como:

$$Cp = \frac{a}{b} = \frac{LSE - LIE}{6s} \qquad s = \hat{\sigma}$$

7.2 *Índice de capacidad real* (Cpk *o* Ppk)

Ya que el *Cp* no toma en cuenta la ubicación (centrado) del proceso, es necesario definir otro índice que sí la considere. Obsérvese la figura 2.44.

Al comparar *c*/*d* se puede ver el centrado del proceso en relación con la mitad de la variación del mismo, donde:

- *c* = La distancia entre el centro del proceso (media) y el límite de especificación más cercano.
- *d* = La mitad del ancho del proceso, que será igual a 3 veces la desviación estándar.

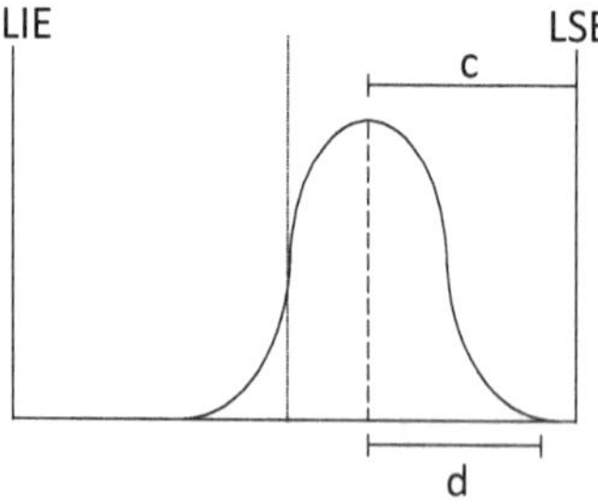

Figura 2.44.

El índice de capacidad real queda definido como:

$$Cpk = \frac{\overline{x} - LIE}{3s}$$

$$Cpk = \frac{LSE - \overline{x}}{3s}$$

El *cpk* es el valor que resulte menor (incluyendo valores negativos)

En el caso de tolerancia unilateral, donde LE es el único límite de especificación:

$$Cpk = \frac{\left| LE - \overline{x} \right|}{3s}$$

7.3   Interpretación de los índices de capacidad

Por lo general, el índice Cp o Pp se usará solo para evaluar la capacidad potencial del proceso, ya que separa variación de centrado, mientras que el índice Cpk o Ppk se utiliza para dar seguimiento al proceso con respecto al tiempo, pues evalúa variación y centrado con base en un solo número.

Ahora bien, para comprender la utilidad de estos índices, comparamos los dos procesos que se representan en la figura 2.45.

Se observa que el proceso para el cual a/b es mayor a 1 es mejor que el otro. Por analogía, cuanto mayor sean el Cp y el Cpk de un proceso, mejor será su

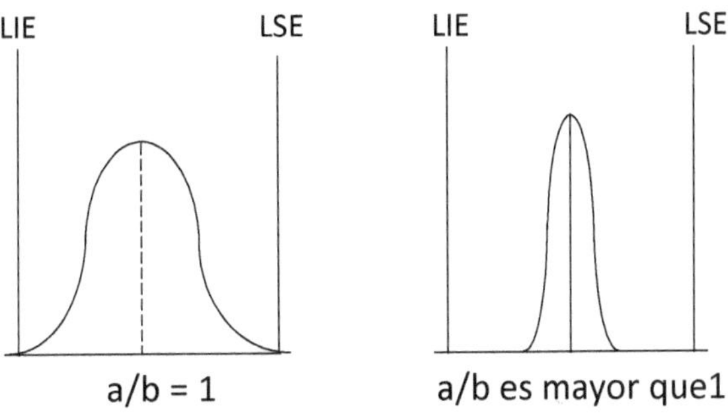

Figura 2.45.

capacidad para cumplir con las especificaciones del cliente. Esto se puede apreciar en las gráficas de las figuras 2.46 y 2.47.

Por lo tanto, para interpretar los índices se aplican las siguientes reglas generales:

- Si *Cp* es mayor que *Cpk*, el proceso no está centrado en el objetivo. Si son aproximadamente iguales, entonces el proceso está centrado.
- Si *Cp* o *Cpk* son menores a 1, el proceso es incapaz.
- Si *Cp* o *Cpk* están entre 1 y 1.33, el proceso es apenas capaz.
- Si *Cp* o *Cpk* son mayores que 1.33, el proceso es capaz.
- El índice *Cpk* prevalece sobre *Cp* para tener la evaluación real (actual) del proceso.

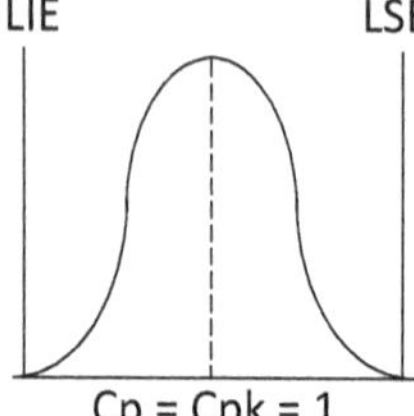

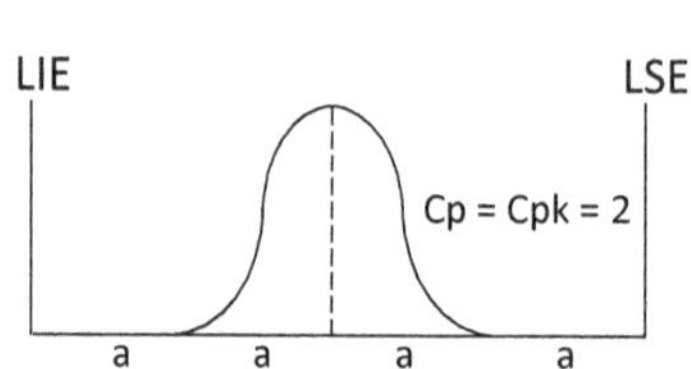

Figura 2.46.

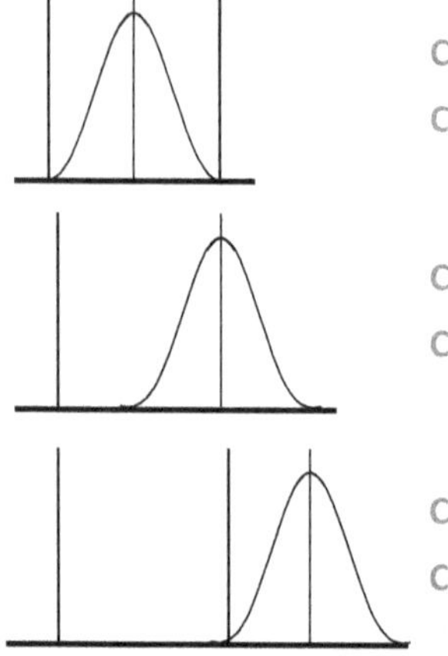

- *Cp* siempre es positivo – es la razón de dos números positivos.
- *Cpk* puede ser positivo, cero o negativo.
- Cuando *Cpk* es cero, la salida *(yield)* es de 50 %
- Cuando *Cpk* es negativo, la salida *(yield)* es menor que 50 %
- Cuando *Cpk* está en su valor máximo será igual a *Cp*; cuando esto ocurre el proceso se centra.

Figura 2.47.

7.4 Estudios de corto y largo plazo

La diferencia entre *Cp* y *Pp* (o *Cpk* y *Ppk*) es que el *Cp* y el *Cpk* son índices calculados a partir de datos obtenidos en estudios de corto plazo, mientras que el *Pp* y *Ppk* son calculados a partir de datos obtenidos en estudios de largo plazo.

En general, son preferibles los estudios de largo plazo, ya que incluyen todas las fuentes de variación (diferentes lotes, trabajadores, etc.). Esto no implica necesariamente que deban ser por periodos de tiempo largos. Por ejemplo, en los casos que estamos analizando:

- **Ejemplo A:** En Banco del Pacífico, el equipo de Alberto Hernández recaba los 235 datos iniciales en una semana de trabajo, determinando que se trata de un estudio de largo plazo pues involucra diferentes trabajadores, clientes de diversa índole, todos los posibles tipos de transacción, así como posibles fallos en los sistemas operativos.
- **Ejemplo B:** En Operadores Logísticos del Golfo, Valentín Ortega y su equipo determinan que los 333 datos iniciales, obtenidos de un mes de trabajo, corresponden a un estudio de largo plazo pues involucra diferentes trabajadores y transportistas, así como destinos, clientes y tipos de pedido (todos dentro de la clasificación de «estándar»).
- **Ejemplo C:** En Manufacturera Química, el equipo de Elsa Alatorre determina que un lote de fabricación, envasado a lo largo de un turno, es un estudio de largo plazo, debido a que, aun cuando el tiempo es corto, involucra diferentes operadores y tipos de materia prima, además de que la variación observada es muy similar no importando el turno de trabajo.
- **Ejemplo D:** Brenda Ávalos y el equipo de Calzado Chelsea definen que los 35 datos iniciales corresponden a un estudio de largo plazo pues involucra los diferentes diseños de toda una temporada.

Como los estudios a corto plazo no toman en cuenta la variación entre los subgrupos directamente, utilizan la ventana de operación de + / − 1.5 σ. Esta ventana fue obtenida a partir del análisis de una numerosa cantidad de datos de muy diversa índole y permite simplificar la presentación de resultados para el nivel sigma, con base en la tabla 2.25.

Reportar	Periodo del estudio	
	Corto	Largo
Corto	Dejar como está	Sumar 1.5
Largo	Restar 1.5	Dejar como está

Tabla 2.25.

7.5 Relación entre Ppk y nivel sigma

El nivel sigma de largo plazo del proceso puede obtenerse aproximadamente al multiplicar el *Ppk* × 3. Como se explicó anteriormente, para calcular el nivel sigma de corto plazo, basta añadir 1.5 al de largo plazo. De esta fórmula se desprende que el *Ppk* óptimo de un proceso es 1.5, pues esto dará como resultado un nivel sigma de largo plazo de 4.5, equivalente a un nivel sigma de corto plazo de 6.0.

En el apartado 8 de este capítulo se explica con detalle el cálculo del nivel sigma para variables continuas y se podrá compararlo con el cálculo aproximado a partir del *Ppk*.

7.6 Gráficos de índice de capacidad

Utilizando Minitab, se puede representar gráficamente el comportamiento de los índices de capacidad.

Ejemplo A: El equipo de Alberto Hernández en Banco del Pacífico utiliza los 235 datos iniciales para determinar la capacidad de su proceso, con especificación de 6 minutos como máximo para el tiempo de atención en ventanilla. Los resultados se pueden ver en la figura 2.48.

Conclusiones del equipo sobre la capacidad de proceso inicial (antes del proyecto de mejora):

- Este proceso tiene un *Pp* de 0.54 y un *Ppk* de 0.09.
- El proceso es incapaz, ya que tanto el *Pp* como el *Ppk* tienen valores inferiores a 1.
- El proceso está descentrado, con tendencia hacia el límite superior de especificación, ya que el *Ppk* es bastante menor que el *Pp*.

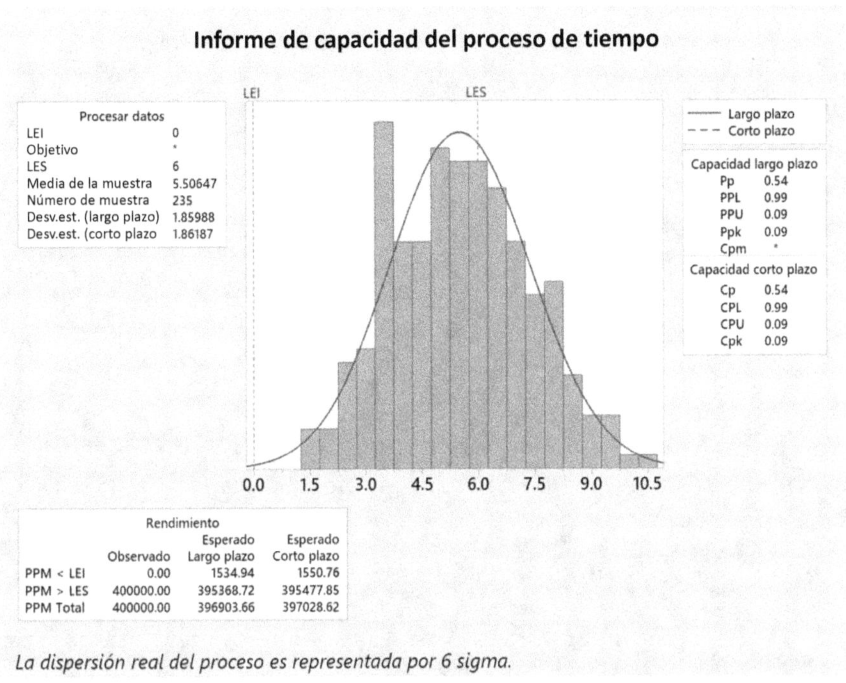

Figura 2.48.

- Aproximadamente 400 000 partes por millón (un 40 %) de los clientes serán atendidos en tiempos superiores a 6 minutos.
- Los niveles sigma aproximados para este proceso, calculados a partir del *Ppk*, son:

  - Nivel sigma de largo plazo = 0.09 × 3 = 0.27
  - Nivel sigma de corto plazo = 0.27 + 1.5 = 1.77 (muy pobre)

- Se confirma que es necesario tanto disminuir la variación (significativamente) para este proceso como centrarlo entre las especificaciones.

Ejemplo B: El equipo de Valentín Ortega en Operadores Logísticos del Golfo utiliza los 333 datos iniciales para determinar la capacidad de su proceso, con especificación 24 horas como máximo para el tiempo de entrega de pedidos estándar. Los resultados pueden verse en la figura 2.49.

Conclusiones del equipo sobre la capacidad de proceso inicial (antes del proyecto de mejora):

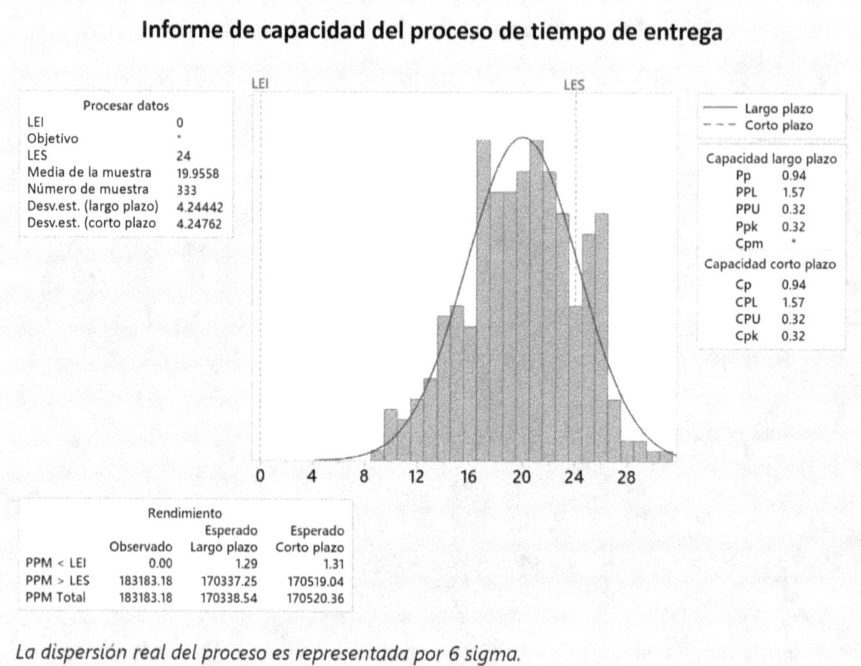

La dispersión real del proceso es representada por 6 sigma.

Figura 2.49.

- Este proceso tiene un *Pp* de 0.94 y un *Ppk* de 0.32.
- El proceso es incapaz, ya que tanto el *Pp* como el *Ppk* tienen valores inferiores a 1, aunque el *Pp* es muy cercano a 1, lo cual significa que su variación no es excesiva.
- El proceso está descentrado, con tendencia hacia el límite superior de especificación, ya que el *Ppk* es bastante menor que el *Pp*.
- Aproximadamente 183 183 partes por millón (un 18 %) de los pedidos serán entregados en tiempos superiores a 24 horas.
- Los niveles sigma aproximados para este proceso, calculados a partir del *Ppk,* son:

  - Nivel sigma de largo plazo = 0.32 × 3 = 0.96.
  - Nivel sigma de corto plazo = 0.96 + 1.5 = 2.46 (pobre).

- Se confirma que es necesario centrar este proceso entre las especificaciones, con posibilidad también de disminuir la variación.

Ejemplo C: El equipo de Elsa Alatorre, de Manufacturera Química, utiliza los 81 datos iniciales para determinar la capacidad de su proceso, con especificación de 25 a 26 kg de peso neto envasado (100 al 104 %). Los resultados se pueden ver en la figura 2.50.

Conclusiones del equipo sobre la capacidad de proceso inicial (antes del proyecto de mejora):

- Este proceso tiene un *Pp* de 0.37 y un *Ppk* de 0.22.
- El proceso es incapaz, ya que tanto el *Pp* como el *Ppk* tienen valores muy inferiores a 1.
- El proceso está ligeramente descentrado, con tendencia hacia el límite superior de especificación, ya que el *Ppk* es un poco menor que el *Pp*.
- Aproximadamente 37 037 partes por millón (un 3.7 %) de los envases tienen un contenido menor que el declarado, por lo que provocan quejas de los clientes, al recibir menor cantidad de producto de la que realmente compraron. Asimismo, aproximadamente 234 567 partes por millón (un

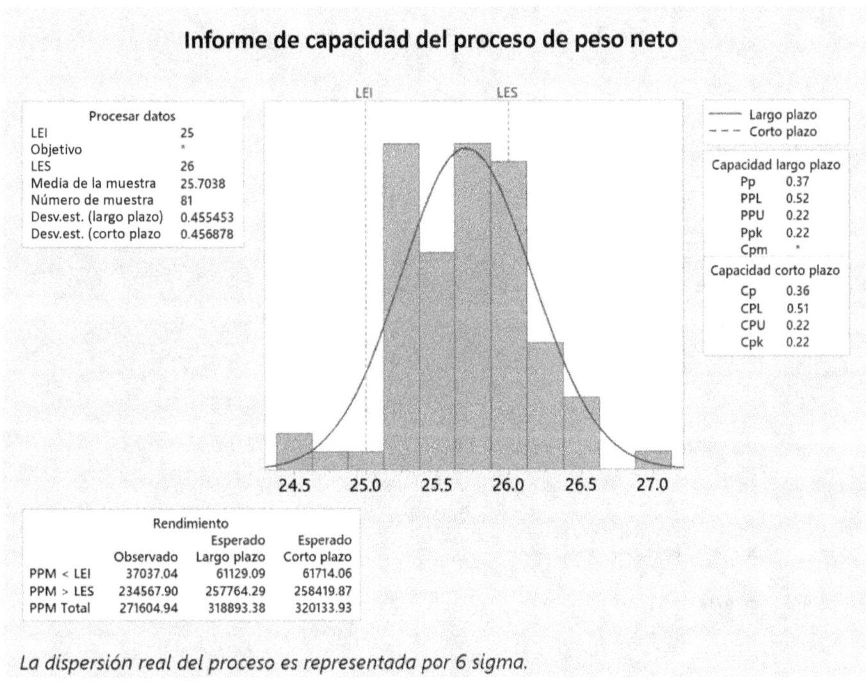

La dispersión real del proceso es representada por 6 sigma.

Figura 2.50.

23 %) de los envases tienen un contenido mayor que el límite superior de especificación, lo cual significa que se envía innecesariamente cantidad extra y, con ello, se afecta significativamente el rendimiento del proceso.

- Los niveles sigma aproximados para este proceso, calculados a partir del *Ppk*, son:

  - Nivel sigma de largo plazo = 0.22 × 3 = 0.66.
  - Nivel sigma de corto plazo = 0.66 + 1.5 = 2.16 (pobre).

- Se confirma que para este proceso es necesario disminuir considerablemente la variación, así como trabajar en el centrado del mismo.

Ejemplo D: El equipo de Brenda Ávalos en Calzado Chelsea utiliza los 35 datos iniciales para determinar la capacidad de su proceso, con especificaciones de 80 a 100 % del costo real del diseño versus costo objetivo. Los resultados se pueden ver en la figura 2.51.

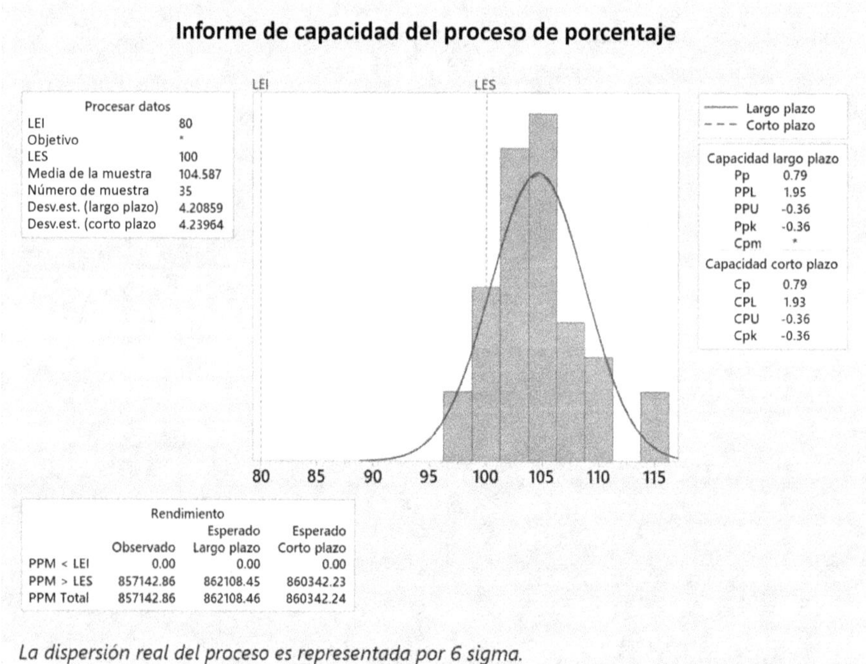

La dispersión real del proceso es representada por 6 sigma.

Figura 2.51.

Conclusiones del equipo sobre la capacidad de proceso inicial (antes del proyecto de mejora):

- Este proceso tiene un *Pp* de 0.79 y un *Ppk* de –0.36 (negativo).
- El proceso es incapaz, ya que tanto el *Pp* como el *Ppk* son inferiores a 1. En este caso, la incapacidad real del proceso es muy grande, ya que el *Ppk* es negativo, es decir, que más del 50 % de los datos están fuera del límite superior de especificación.
- El proceso está descentrado, con tendencia hacia el límite superior de especificación, ya que el *Ppk* es bastante menor que el *Pp*.
- Aproximadamente 857 143 partes por millón (un 86 %) de los diseños tienen costos reales superiores al costo objetivo.
- Los niveles sigma aproximados para este proceso, calculados a partir del *Ppk*, son:

  - Nivel sigma de largo plazo = –0.36 × 3 = –1.08.
  - Nivel sigma de corto plazo = –1.08 + 1.5 = 0.42 (muy pobre).

- Se confirma que es necesario disminuir la variabilidad de este proceso y centrarlo entre las especificaciones.

8 Desempeño del proceso

En términos generales, medir el desempeño del proceso es simplemente hacer una medición de los indicadores que permiten conocer cómo se encuentra funcionando actualmente y que nos ayudarán a confirmar la línea base.

En cualquier proceso se utilizan diversos indicadores para conocer la operación. Algunos de esos métricos serán útiles en los proyectos Lean Six Sigma. Podemos basarnos en el diagrama representado en la figura 2.52.

8.1 Indicadores de efectividad

Son aquellos que nos permiten evaluar el grado en que el propósito se está cumpliendo. El propósito del proceso debe señalar su razón trascendente dentro de la organización, ya sea con relación a la satisfacción de sus clientes o

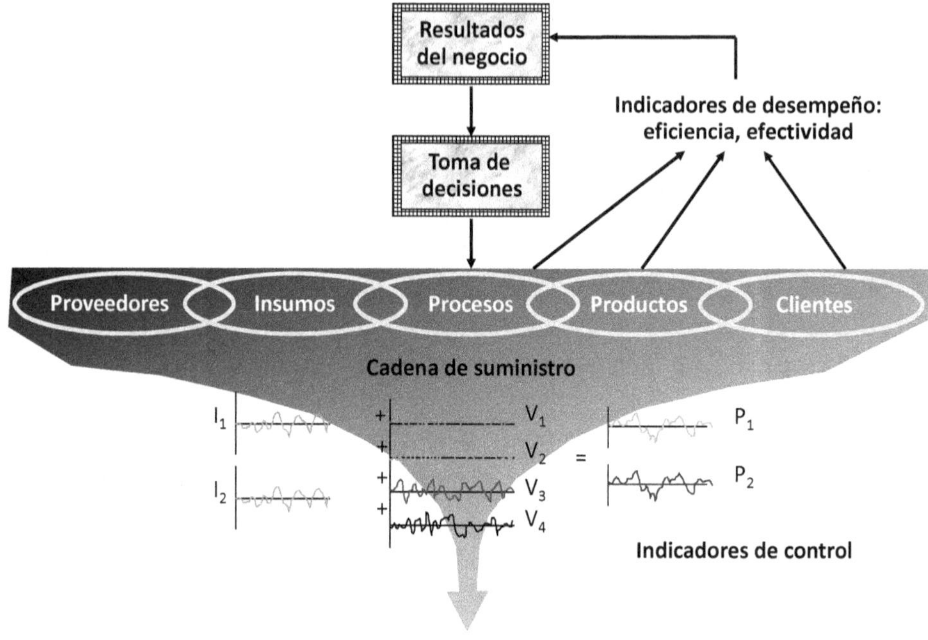

Figura 2.52.

a su contribución a los objetivos estratégicos. Se determinan respondiendo a las preguntas:

- ¿En qué medida se satisfacen los requerimientos de los clientes?
- ¿En qué medida contribuye a los objetivos estratégicos de la organización?

8.2 Indicadores de eficiencia

Un proceso es eficiente cuando genera productos o servicios con la óptima utilización de los recursos. Estos indicadores ponen el énfasis en la forma en que se utilizan los recursos durante la conversión, la prestación del servicio o mientras se agrega el valor esperado. Se determinan respondiendo a las preguntas:

- ¿En qué medida funciona bien el proceso?, es decir, ¿cuántos errores, repetición de trabajos, desperdicios tiene el proceso?

- ¿En qué medida se utilizan bien los recursos para satisfacer los requerimientos de los clientes?, es decir, ¿cómo se mide su productividad, el tiempo de ciclo, la utilización de equipo, la energía utilizada, etc.?

8.3 Defectos (o errores) por millón de oportunidades (DPMO)

Six Sigma busca llegar a la perfección, y eso se logra midiendo nuestro desempeño ya no en porcentaje (unidades por 100), sino en unidades por millón, lo cual hace más retador a nuestro sistema. Entonces, DPMO es:

- El número de defectos observados por 1 millón de oportunidades.
- Una medida clave en Six Sigma.
- Un estándar corporativo para contar defectos o errores.
- Un medio para cuantificar el impacto de nuestras mejoras.
- Un indicador para amplificar la urgencia de los problemas.

La fórmula para obtenerlo es:

$$DPMO = \frac{Defectos}{Unidades \times Oportunidades} \times 1\,000\,000$$

Conceptos importantes:

- **Defectos:** número de unidades que no cumplen con las especificaciones.
- **Unidades:** número de unidades totales.
- **Oportunidades:** son el número total de posibilidades de defecto en un proceso (manufactura, servicio, contable, etc.) que generarían un resultado no deseado.
- **Total de oportunidades:** es el número de unidades por el número de oportunidades de defecto.
- **Defectos por total de oportunidades:** defectos / total de oportunidades.
- **Defectos por millón de oportunidades:** defectos / total de oportunidades por 1 millón.

La gran ventaja del DPMO es que nos permite comparar continuamente el resultado de un proceso o comparar incluso procesos similares entre sí (por ejemplo, el resultado observado para cada una de las sucursales del banco).

8.4   Nivel sigma

El nivel sigma de un proceso puede obtenerse mediante dos métodos diferentes:

- **Atributos:** se determina el número de fallos o defectos (mediante los DPMO explicados anteriormente) y con base en ello se calcula el nivel sigma.
- **Variables:** se determina el grado con el que una variable (por ejemplo, el peso neto de los envases) cumple con la especificación del cliente y posteriormente se calcula el nivel sigma.

a) Nivel sigma para atributos

Usaremos diversos ejemplos para calcularlo.

Ejemplo A: En Banco del Pacífico se determinó que cada servicio de atención en ventanilla tiene 5 oportunidades de fallo:

- Tiempo demasiado lento.
- Error en el tipo de transacción.
- Inexactitud del cajero al entregar el dinero.
- Error en el número de cuenta.
- Mal trato al cliente.

En la semana del 1 al 6 de febrero, en la sucursal 2035 de Guadalajara, se atendieron a 6 956 clientes en ventanilla y se detectaron 13 738 fallos en estos servicios. Por supuesto, al atender a un cliente es posible que se presente más de un fallo, por ejemplo, hacerlo en un tiempo demasiado largo, que se le haya entregado mal el dinero y que, además, el cajero no haya sido amable (3 fallos en un mismo cliente). Cada uno de ellos, cuenta como un error. El DPMO es:

$$\text{DPMO} = \frac{13\,738}{(6\,956)(5)} \times 1\,000\,000 = 394\,997$$

Utilizando la distribución normal es posible convertir los DPMO en nivel sigma. Entonces, la proporción de productos o servicios buenos (dentro de especificaciones del cliente) representará el nivel sigma del proceso. El cálculo es el siguiente:

1. A partir de los DPMO, calcular:
   Proporción de productos o servicios sin errores = (1 000 000 – DPMO) / 1 000 000.
2. En Excel, calcular el nivel sigma utilizando la función distribución normal estándar inversa (Distr.Norm.Estand.Inv.) y tratando el dato de la proporción de producto o servicio sin errores.
3. Este último es el denominado nivel sigma de largo plazo, es decir, el nivel sigma que se observará en su proceso medido en un periodo relativamente largo de tiempo, en el que entrarán en juego todas las posibles variables (diferentes trabajadores, diferentes turnos, diferentes materiales).
4. Como ya se indicó anteriormente, numerosos estudios han demostrado que es sencillo calcular el nivel sigma de corto plazo (el que se observará, por ejemplo, en un turno de producción o en un día de trabajo) a partir del nivel sigma de largo plazo, ya que basta con sumar 1.5 a este último. Este factor representa el aumento que se observó en una gran diversidad de procesos y se toma como un convencionalismo aceptado mundialmente.

Para el proceso de atención en ventanilla, a partir de los DPMO obtenidos, se calculan los niveles sigma de largo y corto plazo con base en los errores encontrados (atributos):

- Proporción de servicios sin errores = (1 000 000 – 394 997) / 1 000 000 = 0.60500.
- Nivel sigma de largo plazo = Distr.Norm.Estand.Inv(0.60500) = 0.27.
- Nivel sigma de corto plazo = 0.27 + 1.5 = 1.77.

Podemos observar que aún existe una gran oportunidad de mejora para disminuir los DPMO.

Ejemplo B: En Operadores Logísticos del Golfo se determinó que cada entrega de pedidos estándar tiene 4 oportunidades de fallo:

- Entrega con retraso.
- Error en el producto entregado.

- Error en la cantidad.
- Error en la factura.

Durante el mes de enero, se entregaron 395 pedidos y en ellos se detectaron 285 fallos. El DPMO es:

$$DPMO = \frac{285}{(395)(4)} \times 1\ 000\ 000 = 180\ 380$$

Basándose en los errores encontrados (atributos), los niveles sigma de largo y corto plazo se calculan de la siguiente manera:

- Proporción de pedidos sin errores = (1 000 000 − 180 380) / 1 000 000 = 0.81962.
- Nivel sigma de largo plazo = Distr.Norm.Estand.Inv(0.81962) = 0.91.
- Nivel sigma de corto plazo = 0.91 + 1.5 = 2.41.

Ejemplo C: En Manufacturera Química se determinó que el proceso de envasado tiene 6 oportunidades de fallo:

- Peso incorrecto.
- Producto derramado.
- Envase perforado.
- Fuga por la tapa.
- Datos en la etiqueta incorrectos.
- Envase manchado o sucio.

El 1 de febrero, se envasó un lote de 3 305 piezas en las que se detectaron 5 751 fallos. El DPMO es:

$$DPMO = \frac{5\ 751}{(3\ 305)(6)} \times 1\ 000\ 000 = 290\ 015$$

Basándose en los defectos encontrados (atributos), se pueden calcular los niveles sigma de largo y corto plazo:

- Proporción de piezas sin defectos = (1 000 000 – 290 015) / 1 000 000 = 0.70998.
- Nivel sigma de largo plazo = Distr.Norm.Estand.Inv(0.70998) = 0.55.
- Nivel sigma de corto plazo = 0.55 + 1.50 = 2.05.

Ejemplo D: En Calzado Chelsea se determinó que cada nuevo diseño tiene 2 oportunidades de fallo:

- Entrega con retraso.
- Costo real por encima del costo objetivo.

En la temporada previa, se elaboraron 50 diseños y en ellos se detectaron 87 fallos. El DPMO es:

$$DPMO = \frac{87}{(50)(2)} \times 1\ 000\ 000 = 870\ 000$$

Basándose en los errores encontrados (atributos), se pueden calcular los niveles sigma de largo y corto plazo

- Proporción de diseños sin errores = (1 000 000 – 870 000) / 1 000 000 = 0.13000.
- Nivel sigma de largo plazo = Distr.Norm.Estand.Inv(0.13000) = –1.13.
- Nivel sigma de corto plazo = –1.3 + 1.50 = 0.37.

Conclusión: Todos los equipos tienen grandes oportunidades de mejora, pues su nivel sigma está muy por debajo de 6.

b) Nivel sigma para variables continuas

Usaremos los datos previamente obtenidos por los equipos (apartados 6 y 7 de este capítulo) para calcularlo. Los datos requeridos son:

- Media del proceso.
- Desviación estándar.

- Límite inferior de especificación (LIE).
- Límite superior de especificación (LSE).

El procedimiento es el siguiente:

1. Calcular el valor Z para cada límite de especificación con la fórmula:

$$Z = \frac{\text{LE - Media}}{\text{Desviación estándar}}$$

2. Obtener el porcentaje de datos fuera de especificación correspondiente a cada valor Z (en Excel, utilizar la distribución normal estándar) con las siguientes fórmulas:

   - % Fuera de especificación por debajo del LIE = Distr.Norm. Estand(Zinf) × 100
   - % Fuera de especificación por encima del LSE = (1 − Distr.Norm. Estand(Zsup)) × 100

3. Sumar los dos valores de porcentajes para obtener el porcentaje total de datos fuera de especificaciones.
4. Dividir el porcentaje total de datos fuera de especificaciones entre 100 para obtener la proporción total de datos fuera de especificaciones.
5. Restar a 1 la proporción total de datos fuera de especificaciones para obtener la proporción total de datos dentro de especificaciones.
6. Obtener el nivel sigma de largo plazo (en Excel, utilizar la distribución normal estándar inversa) con la fórmula:

$$\text{Nivel Sigma largo plazo} = \text{Distr.Norm.Estand.Inv (proporción de datos dentro de especificación)}$$

7. Sumar 1.5 para obtener el nivel sigma de corto plazo.

La tabla 2.26 contiene los cálculos de los niveles sigma de largo y corto plazo para cada uno de los casos. Asimismo, en la parte inferior se muestran los niveles sigma de largo y corto plazo que se calcularon en el apartado 7 a partir del *Ppk*. Como se puede ver, estos valores son bastante aproximados.

	Banco del Pacífico	Operadores Logísticos del Golfo	Manufacturera Química	Calzado Chelsea
Media	5.506	19.96	25.7	104.6
Desviación estándar	1.86	4.244	0.4555	4.209
Límite inferior de especificación	0	0	25	80
Límite superior de especificación	6	24	26	100
Z para límite inferior	-2.96022	-4.70311	-1.53677	-5.84462
Z para límite superior	0.26559	0.95193	0.65862	-1.09290
Porcentaje fuera de especificación para límite inferior	0.15	0.00	6.22	0.00
Porcentaje fuera de especificación para límite superior	39.53	17.06	25.51	86.28
Porcentaje total fuera de especificación	39.68	17.06	31.72	86.28
Proporción total fuera de especificación	0.39681	0.17057	0.31725	0.86278
Proporción total dentro de especificación	0.60319	0.82943	0.68275	0.13722
Nivel sigma de largo plazo	0.26	0.95	0.48	-1.09
Nivel sigma de corto plazo	1.76	2.45	1.98	0.41
Nivel sigma de largo plazo calculado a partir de Ppk	0.27	0.96	0.66	-1.08
Nivel sigma de corto plazo calculado a partir de Ppk	1.77	2.46	2.16	0.42

Tabla 2.26.

9   Conclusión

El cálculo de la capacidad de proceso y el nivel sigma de un proceso son muy importantes, pues nos permitirán comparar estos valores antes y después de las mejoras, así como servir de guía para determinar si el proceso se mantiene controlado una vez que el proyecto Lean Six Sigma concluya.

Al concluir la fase Medir, el equipo verificará, mediante la siguiente lista de verificación, que todos los objetivos de esta fase han sido cubiertos y se puede avanzar a la fase Analizar.

Revisión de etapa de medición

Proyecto: ____   Fecha: _______

	Si	No
1.- Se determinó qué queremos aprender acerca del problema a solucionar y en qué parte del proceso podemos obtener la respuesta.	☐	☐
2.- Se identificaron los indicadores que queremos utilizar, así como la utilidad y factibilidad en la obtención de los datos.	☐	☐
3.- Se desarrollaron definiciones operacionales de las características que queremos medir.	☐	☐
4.- Se probaron las definiciones operacionales para asegurar que el procedimiento a seguir es claro y permite una obtención consistente de información.	☐	☐
5.- Se verificó que los datos que se necesitan son nuevos y no existen actualmente en la organización.	☐	☐
6.- Se verificó si se requiere incluir factores de estratificación para facilitar el análisis de los datos.	☐	☐
7.- Se probó que las hojas de recolección de datos, formatos, sistema de captura, etc. son fáciles de usar y proveen la información requerida.	☐	☐
8.- Se determinó un tipo, tamaño y frecuencia de muestreo apropiada para asegurar que los datos a obtener sean representativos del producto, servicio o proceso a ser medido.	☐	☐
9.- Se probó y validó el sistema de medición (R&R, estabilidad, etc.).	☐	☐
10.- Los datos obtenidos se utilizaron para determinar la línea base del proyecto.	☐	☐
11.- Se confirmó en la hoja de definición del proyecto que todos sus elementos sigan siendo validos.	☐	☐

Capítulo 3

Fase 3: Analizar

1 Objetivos

El análisis en la metodología DMAIC representa la etapa decisiva, ya que es aquí en donde se reconocen las causas de los problemas y las principales fuentes de variación, y se determina fundamentalmente el camino a seguir en las siguientes etapas del proyecto.

El objetivo primordial de esta fase es establecer las variables significativas, lo que permitirá establecer las variables que atacaremos en la fase Mejorar.

Las herramientas recomendadas y sus objetivos son:

- **Diagrama de pescado:** obtener de una lluvia de ideas los factores del proceso potenciales subyacentes, los cuales pueden ser investigados posteriormente.
- **Árbol de realidad actual:** determinar la relación de las causas y los efectos respecto a los problemas actuales.
- **Diagrama de Pareto:** enfocarse en las zonas con mayor oportunidad.
- **Diagrama *box plots:*** comparar gráficamente la ubicación y las variaciones de los diversos procesos o categorías de productos o servicios.
- **Diagrama multivari:** mostrar gráficamente las fuentes de variación más importantes de un proceso.
- **Pruebas de hipótesis e intervalos de confianza:** confirmar o desechar las hipótesis planteadas.

- **Análisis de varianza:** analizar matemáticamente la incidencia de las fuentes de variación de un proceso.
- **Diagrama de correlación:** evaluar el efecto de una variable de entrada en una de salida.

2 Definición previa

Antes de iniciar el análisis, es muy importante tener muy clara la línea base de la cual estamos partiendo, producto principalmente de la fase Medir. En esta fase, los equipos ya han confirmado sus indicadores clave y la línea base de los mismos, resumidos en las tablas 3.1, 3.2, 3.3 y 3.4.

Se puede notar que, en la mayoría de los casos, los equipos de mejora agregaron indicadores con los que no estaban familiarizados al iniciar el proyecto (como la capacidad o el nivel sigma) y, en otros casos, ajustaron la línea base planteada al principio, pues se encontró que los métodos de medición del indicador no eran los adecuados (como en Operadores Logísticos del Golfo, en donde se ajustó la línea base del OTIF, del 92 al 82 %). También puede suceder, como en el caso de Calzado Chelsea, que se sustituya el indicador (se medía el porcentaje de diseños que cumplían con el costo objetivo y ahora se mide el porcentaje de cumplimiento de dicho costo).

Los objetivos se fijaron con base en las cartas de proyecto y lo establecido por los tres instrumentos utilizados para escuchar la voz del cliente (modelo de Kano, árbol de necesidades y QFD).

Ejemplo A: Banco del Pacífico

Indicador	Línea Base	Objetivo
Tiempo de atención en ventanilla (1 a 5 transacciones)	Hasta 10.25 minutos	Máximo 6 minutos
Índice *Ppk* para tiempo de atención	0.09	1.17
Nivel sigma corto plazo para atención (atributos)	1.77	5.00
Nivel sigma corto plazo para tiempo de atención	1.76	5.00

Tabla 3.1.

Ejemplo B: Operadores Logísticos del Golfo

Indicador	Línea base	Objetivo
OTIF (pedidos estándar)	82 %	99 %
Tiempo de entrega (pedidos estándar)	Hasta 30.66 horas	Máximo 24 horas
Índice *Ppk* para tiempo de entrega	0.32	1.00
Nivel sigma corto plazo para entregas (atributos)	2.41	4.5
Nivel sigma corto plazo para tiempo de entrega	2.45	4.5

Tabla 3.2.

Ejemplo C: Manufacturera Química

Indicador	Línea base	Objetivo
Peso de producto envasado	24.55 a 27.02 kg	25 a 26 kg
Índice *Ppk* para peso envasado	0.22	1.17
Nivel sigma corto plazo para envasado (atributos)	2.05	5.00
Nivel sigma corto plazo para peso envasado	1.98	5.00
Rendimiento del proceso	89 % promedio	98 % promedio
Personal requerido	12	10
Porcentaje de merma	8.50 % promedio	0.50 % promedio
Distancia recorrida en el proceso	186 m	150 m

Tabla 3.3.

Ejemplo D: Calzado Chelsea

Indicador	Línea base	Objetivo
Cumplimiento del costo objetivo	Hasta 116.06 %	Máximo 100 %
Índice Ppk para costo objetivo	-0.36	1.00
Nivel sigma corto plazo para diseño (atributos)	0.37	4.5
Nivel sigma corto plazo para costo objetivo	0.41	4.5

Tabla 3.4.

Para facilitar la comprensión de esta fase, en primer lugar se explicarán todas las herramientas y su procedimiento de implementación y posteriormente se mostrará cómo las aplicó cada equipo en sus respectivos proyectos. Las pruebas de hipótesis e intervalos de confianza se utilizarán en la fase Mejorar, para comparar los resultados antes y después de las mejoras.

3 Diagrama de pescado

Es una herramienta gráfica que se obtiene de una lluvia de ideas, en la que se listan, de una manera organizada, todas las causas de un determinado efecto, con lo cual resulta más fácil separar los problemas y las posibles zonas de mejora.

A este gráfico se le llama «diagrama de pescado» debido a su forma: las causas se listan en las líneas que salen de los efectos, de la misma forma que las espinas de un pez se ramifican desde su columna vertebral. También se denomina diagrama Ishikawa en referencia al ingeniero japonés Karou Ishikawa que popularizó su aplicación para la mejora de la calidad. El procedimiento es:

1. Comenzar con una lluvia de ideas para obtener las posibles relaciones entre el proceso y los resultados observados. El resultado, o efecto, suele ser en términos de un problema más que una condición deseada, lo que tiende a ayudar a la lluvia de ideas.

2. Elegir las ramas principales para ayudar en la lluvia de ideas o para clasificar las causas posibles. Resulta conveniente utilizar las 6M (materiales, máquinas, mano de obra, métodos, medición, medio ambiente) o las 4P (políticas, procedimientos, instalaciones, personas) para la clasificación en el diagrama final o para garantizar que todas las áreas se consideren durante la lluvia de ideas.

3. Categorizar las posibles causas resulta útil para recopilar datos o análisis. Las subcausas se irán añadiendo conforme vaya siendo necesario y a menudo se deben agregar niveles a varias subcausas en la medida en que se contesta «¿por qué?» a cada efecto. Hay que tener en cuenta que las causas listadas son potenciales, ya que no hay datos en este punto para confirmar si alguna de ellas realmente contribuye al problema.

4. Comprobar en el lugar de los hechos las causas y los efectos y dibujar su diagrama en hojas grandes (si es posible) para que todos puedan verlo.

5. En caso de que el equipo sospeche cuáles son las causas principales, subrayarlas con color rojo para dejar el precedente.

4   Árbol de realidad actual

Es un diagrama que muestra las relaciones causa-efecto, tomando en cuenta todas las variables que influyen en un problema o situación dada. Se utilizan supuestos y síntomas para construirlo, enfocándose en el análisis con «sentido común».

Este árbol tiene el objetivo de identificar las causas raíz de un problema, desarrollar una propuesta y determinar cómo implementar una solución. En otras palabras, el análisis completo contesta las tres preguntas básicas que cualquier sistema debería responder para mejorar:

- ¿Qué cambiar? (¿Cuál es el problema?).
- ¿A qué cambiar?
- ¿Cómo provocar el cambio?

El procedimiento de elaboración es el siguiente:

1. Definir el problema y dibujarlo en un cuadro.
2. Responder «si (esto sucede), entonces…» para establecer efectos.
3. Responder «¿por qué?» para determinar causas.
4. Presentar el diagrama y leerlo para comprobar veracidad.

Comúnmente, si una situación es producto de dos o más causas y todas ellas deben resolverse, las flechas se unen con un círculo para señalarlo.

5   Diagrama de Pareto

Es una gráfica de barras para datos de conteo o categóricos, ordenados en orden descendente con respecto a su frecuencia y unidos a una ojiva que mide la frecuencia acumulada.

Se utiliza para visualizar rápidamente qué factores de un problema, qué causas o qué valores en una situación determinada son los más importantes y, por ello, cuáles hay que atender de forma prioritaria, a fin de solucionar el problema o mejorar la situación. El procedimiento de elaboración es el siguiente:

1. Decidir qué problemas se van a investigar y cómo recoger los datos.
2. Diseñar una hoja para recoger los datos.

3. Recoger los datos de frecuencias y ordenarlos de mayor a menor.
4. Calcular los totales acumulados.
5. Calcular los porcentajes y sus acumulados.
6. Realizar la gráfica.

6   Diagrama *box plots*

Los diagramas *box plots,* también conocidos como «cajas y bigotes», se utilizan para comparar rápidamente dos o más distribuciones de variación de las mismas características. Es como situar a dos personas espalda contra espalda para comparar sus estaturas. En este caso, los factores que se pueden observar son:

- Dispersión de las distribuciones.
- Qué distribución tiene mayores (o menores) medidas centrales.
- Qué distribución tiene mayor (o menor) variabilidad.

El procedimiento que se debe seguir es:

1. Ordenar cada conjunto de datos, de menor a mayor.
2. Separar cada conjunto de datos en cuatro partes iguales, llamadas cuartiles:

   - Desde el valor más pequeño Xmin hasta el valor Q1 se llama cuartil 1.
   - Desde Q1 hasta la mediana es el cuartil 2.
   - Desde la mediana hasta el valor Q3 se llama cuartil 3.
   - Desde Q3 hasta el valor más alto Xmax se llama cuartil 4.

3. Dibujar un eje con escala numérica para colocar todos los *box plots.*
4. En el primer conjunto de datos, localizar a lo largo del eje los puntos para Xmin, Q1, la mediana, Q3 y Xmax.
5. Dibujar un rectángulo («caja» o *box)* entre Q1 y Q3.
6. Colocar una línea a través de la «caja», en el punto de la mediana.
7. Dibujar líneas (llamadas «bigotes»), desde Q1 hasta Xmin y desde Q3 hasta Xmax.
8. Repetir la operación sucesivamente en cada conjunto de datos que se están sometiendo a la comparación.

Se debe hacer notar que:

- La distancia entre Q1 y Q3 se denomina el rango intercuartil.
- La longitud máxima de cada bigote es de 1.5 veces el rango intercuartil.
- Los puntos que queden más allá del bigote (si este se ve limitado por la longitud máxima) se denominan valores atípicos u *outliers.*

Los gráficos se interpretan del siguiente modo:

- La variabilidad está dada por la dimensión de la gráfica (tomando en cuenta tanto la caja como los bigotes, es decir, la amplitud entre X máxima y X mínima): cuanto más amplia sea la gráfica, mayor es la variabilidad de los datos.
- La medida de tendencia central (punto donde se acumulan la mayoría de los datos) está representada por la línea central de la caja (que es la mediana).
- Si se observan valores atípicos o *outliers,* se deberá investigar su causa raíz.

7   Diagrama multivari

Es un procedimiento gráfico de descomposición, cuyo objetivo es mostrar las fuentes de variación más importantes de un proceso. En conjunto con un subagrupamiento lógico, analiza los efectos de las entradas, categorizadas, sobre las salidas. Entre sus ventajas destacan:

- Se obtiene información importante acerca del proceso sin interrumpir el mismo.
- Simultáneamente, se puede observar la variación que ocurre dentro de la parte, de parte a parte y respecto al tiempo.
- Gráficamente analiza las relaciones entre variables independientes con una o más variables dependientes.

Se pueden identificar cuatro tipos de variación:

- **Interna** (posición): ocurre cuando existe variación en cierta característica de calidad a lo largo de una misma pieza o de un mismo servicio. Por ejemplo, excentricidad, planicidad, espesor. También se puede aplicar a indicadores de servicio como el NPS *(Net Promoter Score)* para medir la fidelidad de los clientes y el grado de satisfacción de los mismos. El valor objetivo de estas características en cuanto a su variación es cero.

- **Entre piezas** (cíclica): es la variación entre piezas, entre lotes fabricados o entre servicios prestados en cierto periodo corto de tiempo.
- **En el tiempo:** es la que ocurre entre piezas, entre lotes o entre servicios en periodos largos, y representa la variación producida por trabajadores, materia prima, máquinas, sucursales, puntos de venta y otros.
- **De la fuente:** es la variación provocada por diferentes fuentes que elaboran el mismo producto o prestan el mismo servicio. Por ejemplo, diferentes cavidades, cabezas, estaciones, ventanillas, etc.

8   Pruebas de hipótesis e intervalos de confianza

Los estadísticos muestrales, tales como la media y la desviación estándar de la muestra, son solo estimaciones de los verdaderos parámetros de la población, μ y σ. Así pues, las pruebas de hipótesis son un procedimiento estadístico que se utiliza para tomar una decisión, con base en una muestra, en cuanto al valor que puede tener el verdadero parámetro de la población: media, varianza, proporción, diferencia entre medias o proporciones, o cociente entre varianzas. Las pruebas de hipótesis se utilizan para analizar el proceso y determinar las variables significativas. Una vez encontrados los factores clave, se ajusta el proceso y se reduce su variación.

Los elementos de las pruebas de hipótesis son:

- **Las hipótesis:** la que se desea probar *(Ho)* y su complemento *(Ha)*.
- **La(s) muestra(s):** la información que se obtiene de la población o poblaciones.
- **El estadístico de prueba (EP):** variable aleatoria que resume la información de la muestra.
- **La región de rechazo de *Ho* (RRHo):** parte de la distribución de referencia en la cual, si el EP se encuentra ahí, se rechaza *Ho*.
- **La decisión:** decidir si se rechaza o no a *Ho*.
- **El nivel de confianza** de la prueba $(1 - \alpha)$.

Al probar las hipótesis y decidir si se rechaza (o no) la hipótesis nula (*Ho*), existen dos tipos de errores:

- Error tipo I: rechazar *Ho* cuando *Ho* en realidad es verdadera.
- Error tipo II: aceptar *Ho* cuando *Ho* en realidad es falsa.

De estos dos tipos de errores, se desprenden dos probabilidades:

$$\alpha = p \text{ (Error tipo I)}$$
$$\alpha = p \text{ (Rechazar Ho | Ho verdad)}$$

$$\beta = p \text{ (Error tipo II)}$$
$$\beta = p \text{ (Aceptar Ho | Ho falsa)}$$

Alfa (α) representa el máximo riesgo o probabilidad de concluir que el parámetro verdadero de la población (media, desviación estándar, etc.) cae en una región donde realmente no está, o la probabilidad de no capturar el parámetro real en el intervalo de confianza calculado (también conocido como el error tipo I). Esta probabilidad α se conoce como el «nivel de significación» y es siempre mayor que cero. Usualmente se establece en 0.10, 0.05 o 0.01 (10 %, 5 % o 1 %, respectivamente).

El valor $(1 - \alpha)$ se conoce como el «nivel de confianza» y comúnmente se utilizan valores de 0.9, 0.95 y 0.99 (90 %, 95 % y 99 %, respectivamente).

El intervalo de confianza, en la práctica, es un rango determinado por una muestra, el cual nos dice donde caen los verdaderos parámetros de la población con un cierto grado de confianza. Estadísticamente, el intervalo de confianza para un parámetro de la población, media (μ) o sigma (σ), es un intervalo aleatorio, que se define como $100 (1 - \alpha)\,\%$, donde:

- Probabilidad (IC inferior $\leq \mu \leq$ IC superior) $= 1 - \alpha$.
- Probabilidad (IC inferior $\leq \sigma \leq$ IC superior) $= 1 - \alpha$.

Comúnmente se utilizan intervalos de confianza de 90 %, 95 % y 99 %. Los intervalos de confianza, por ejemplo, para un nivel de confianza del 95 %, se pueden interpretar como sigue:

- Aproximadamente 95 muestras de 100 nos darán un IC que contenga el verdadero parámetro de la población.
- Aproximadamente 5 muestras de 100 nos darán un IC que no contenga el verdadero parámetro de la población.
- Estamos un 95 % seguros de que el verdadero parámetro de la población está dentro de este intervalo.

Los intervalos de confianza se usan para:

- Obtener confianza estadística de los parámetros de la población, tales como la media o la desviación estándar.
- Comparar significados de las muestras procedentes de diferentes condiciones.
- Comparar las medidas de procesos después de las mejoras con las referencias.

El procedimiento general para pruebas de hipótesis e intervalos de confianza es:

1. Enunciar el problema práctico.
2. Probar la normalidad de los datos.
3. Determinar objetivos para μ, σ (o s^2) o p.
4. Establecer la hipótesis nula *(Ho)*.
5. Determinar el estadístico de prueba apropiado.
6. Encontrar los valores clave con el valor de alfa y la distribución.
7. Si el estadístico calculado > valor clave, entonces rechazar *Ho*. O si el valor p es menor o igual a 0.05 (valor p menor o igual a alfa), entonces rechazar *Ho*.
8. Determinar el intervalo de confianza.
9. Traducir la conclusión estadística a términos del proceso.

Existen los siguientes tipos de pruebas de hipótesis e intervalos de confianza:

- Una varianza.
- Dos varianzas.
- Una media.
- Dos medias.
- Diferencia de medias (observaciones en parejas).

- Una proporción.
- Dos proporciones.
- Más de dos proporciones.

8.1 Una varianza

Esta prueba de hipótesis se utiliza para determinar, basándose en los datos de una muestra, si el valor de la varianza de la población (s^2) será mayor, menor o diferente a un valor determinado (s^2_o). Dependiendo del tamaño de la muestra, existen dos métodos de cálculo:

- Cuando el tamaño de muestra es igual o mayor de 30 (los estadísticos de prueba se aproximan a una distribución normal).
- Cuando el tamaño de muestra es menor de 30 (muestra pequeña).

Se ha de tener en cuenta que hay un método de cálculo diferente para cada una de las hipótesis alternativas:

- Que la varianza de la población sea mayor que el valor de prueba.
- Que la varianza de la población sea menor que el valor de prueba.
- Que la varianza de la población sea diferente al valor de prueba.

Las fórmulas de cálculo son las siguientes:

a) $n \geq 30$

Región de rechazo de Ho (RRHo)

$$\text{Ho: } \sigma^2 = \sigma_0^2 \qquad \text{Ha: } \sigma^2 > \sigma_0^2 \qquad Z > Z_\alpha$$

$$\sigma^2 < \sigma_0^2 \qquad Z < -Z_\alpha$$

$$\sigma^2 \neq \sigma_0^2 \qquad |Z| > Z_{\alpha/2}$$

$$\text{EP: } Z = \frac{S - \sigma_0}{\sigma_0 / \sqrt{2n}} \qquad \text{IC: } \left[\frac{S}{1 + Z_{\alpha/2}/\sqrt{2n}} ; \frac{S}{1 - Z_{\alpha/2}/\sqrt{2n}} \right]$$

b) n < 30

Región de rechazo de Ho (RRHo)

$$\text{Ho}: \sigma^2 = \sigma_0^2 \qquad \text{Ha}: \sigma^2 > \sigma_0^2 \qquad X^2 > X^2_{\alpha,n-1}$$

$$\sigma^2 < \sigma_0^2 \qquad X^2 < X^2_{1-\alpha,n-1}$$

$$\sigma^2 \neq \sigma_0^2 \qquad X^2 > X^2_{\alpha/2,n-1} \quad \text{o} \quad X^2 < X^2_{1-\alpha/2,n-1}$$

$$X^2 = \frac{(n-1)S^2}{\sigma_0^2} \qquad \text{IC}: \left[\frac{(n-1)S^2}{X^2_{\alpha/2,n-1}} ; \frac{(n-1)S^2}{X^2_{1-\alpha/2,n-1}} \right]$$

8.2 Dos varianzas

Esta prueba de hipótesis se utiliza para determinar, basándose en las varianzas de muestras de dos poblaciones diferentes, si la varianza de una de las poblaciones será mayor, menor o diferente a la de la otra población. En este caso también existen dos métodos para el cálculo:

- Cuando el tamaño de ambas muestras es igual o mayor de 30 (los estadísticos de prueba se aproximan a una distribución normal).
- Cuando uno (o ambos) tamaños de muestra son menores de 30 (muestras pequeñas).

Nuevamente, hay un método de cálculo diferente para cada una de las hipótesis alternativas:

- Que la varianza de la población 1 sea mayor que la de la población 2.
- Que la varianza de la población 1 sea menor que la de la población 2.
- Que la varianza de la población 1 sea diferente a la de la población 2.

Las fórmulas de cálculo son las siguientes:

a) $(n_1, n_2) \geq 30$

Región de rechazo de Ho (RRHo)

$$\text{Ho: } \sigma_1 = \sigma_2 \qquad \text{Ha: } \sigma_1 > \sigma_2 \qquad Z > Z_\alpha$$

$$\sigma_1 < \sigma_2 \qquad Z < -Z_\alpha$$

$$\sigma_1 \neq \sigma_2 \qquad |Z| > Z_{\alpha/2}$$

$$\text{EP: } Z = \frac{S_1 - S_2}{Sp\sqrt{\dfrac{1}{2n_1} + \dfrac{1}{2n_2}}} \qquad IC = S_1 - S_2 \pm Z_{\alpha/2} Sp \sqrt{\frac{1}{2n_1} + \frac{1}{2n_2}}$$

b) $(n_1, n_2) < 30$

Región de rechazo de Ho (RRHo)

$$\text{Ho: } \sigma_1^2 = \sigma_2^2 \qquad \text{Ha: } \sigma_1^2 > \sigma_2^2 \qquad F > F_{\alpha, n_1-1, n_2-1}$$

$$\sigma_1^2 < \sigma_2^2 \qquad F < F_{1-\alpha, n_1-1, n_2-1}$$

$$\sigma_1^2 \neq \sigma_2^2 \qquad F < F_{1-\alpha/2, n_1-1, n_2-1} \quad \text{o} \quad F > F_{\alpha/2, n_1-1, n_2-1}$$

$$\text{EP: } F = \frac{S_1^2}{S_2^2} \qquad IC: \left[\frac{S_1^2}{S_2^2\, F_{\alpha/2, n_1-1, n_2-1}} \,;\, \frac{S_1^2\, F_{\alpha/2, n_2-1, n_1-1}}{S_2^2} \right]$$

Si el valor 1 no está en el intervalo de confianza,
se rechaza la igualdad de las varianzas

Transformación de F

$$F_{1-\alpha/2, n_1-1, n_2-1} = \frac{1}{F_{\alpha/2, n_2-1, n_1-1}}$$

8.3   Una media

La prueba de hipótesis se utiliza para determinar, a partir de los datos de una muestra, si el valor de la media de la población (μ) será mayor, menor o diferente a un valor determinado (μ_o). Dependiendo del tamaño de la muestra, existen dos métodos para el cálculo:

- Cuando el tamaño de muestra es igual o mayor de 30 (en cuyo caso, se considera un tamaño lo suficientemente grande como para aproximar los estadísticos de prueba a una distribución normal).
- Cuando el tamaño de muestra es menor de 30 (muestra pequeña). A su vez, se consideran dos casos distintos:

  - La varianza es conocida e igual a la de la población (estimada por cálculos anteriores o por una prueba de hipótesis para una varianza).
  - La varianza es desconocida (puede ser igual o diferente a la de la población).

También hay un método de cálculo diferente para cada una de las hipótesis alternativas:

- Que la media de la población sea mayor que el valor de prueba.
- Que la media de la población sea menor que el valor de prueba.
- Que la media de la población sea diferente al valor de prueba.

Las fórmulas de cálculo son las siguientes:

$$\text{Región de rechazo de Ho (RRHo)}$$

$H_o: \mu_1 = \mu_o$	$H_a: \mu_1 > \mu_o$	$Z > Z_\alpha \quad t > t_{\alpha, n-1}$
	$\mu_1 < \mu_o$	$Z < -Z_\alpha \quad t < -t_{\alpha, n-1}$
	$\mu_1 \neq \mu_o$	$|Z| > Z_{\alpha/2} \quad |t| > t_{\alpha/2, n-1}$

a) $n \geq 30$ Asumimos varianza "conocida" e igual a la de la población

$$Z = \frac{\overline{X} - \mu_0}{s/\sqrt{n}} \qquad IC = \overline{X} \pm Z_{\alpha/2} \frac{s}{\sqrt{n}}$$

b) n < 30

b1) Varianza conocida e igual a la de la población

$$Z = \frac{\overline{X} - \mu_0}{\sigma/\sqrt{n}} \qquad IC = \overline{X} \pm Z_{\alpha/2}\, \frac{\sigma}{\sqrt{n}}$$

b2) Varianza "desconocida", puede ser igual o diferente a la de la población

$$t = \frac{\overline{X} - \mu_0}{S/\sqrt{n}} \qquad IC = \overline{X} \pm t_{\alpha/2, n-1}\, \frac{S}{\sqrt{n}}$$

8.4   Dos medias

Prueba de hipótesis utilizada para determinar, basándose en las medias de muestras de dos poblaciones diferentes, si la media de una de las poblaciones será mayor, menor o diferente a la media de la otra población. Como en los casos anteriores, dependiendo del tamaño de las muestras, existen dos métodos para el cálculo:

- Cuando el tamaño de ambas muestras es igual o mayor de 30 (los estadísticos de prueba se aproximan a una distribución normal).
- Cuando uno (o ambos) tamaños de muestra son menores de 30 (muestras pequeñas). A su vez, se consideran dos casos distintos:

  - Las varianzas de las poblaciones son desconocidas, pero iguales entre sí (estimadas por cálculos anteriores o por una prueba de hipótesis de varianzas).
  - Las varianzas de las poblaciones son desconocidas y diferentes entre sí.

Por supuesto, hay un método de cálculo diferente para cada una de las hipótesis alternativas:

- Que la media de la población 1 sea mayor a la de la población 2.
- Que la media de la población 1 sea menor a la de la población 2.
- Que la media de la población 1 sea diferente a la de la población 2.

Las fórmulas de cálculo son las siguientes:

Región de rechazo de Ho (RRHo)

$$\text{Ho: } \mu_1 = \mu_2 \qquad \text{Ha: } \mu_1 > \mu_2 \qquad Z > Z_\alpha \quad t > t_{\alpha, n_1 + n_2 - 2}$$

$$\mu_1 < \mu_2 \qquad Z < -Z_\alpha \quad t < -t_{\alpha, n_1 + n_2 - 2}$$

$$\mu_1 \neq \mu_2 \qquad |Z| > Z_{\alpha/2} \quad |t| > t_{\alpha/2, n_1 + n_2 - 2}$$

a) $(n_1, n_2) \geq 30$ Diferentes tamaños muestrales, varianzas conocidas e iguales a la de la población.

$$Z = \frac{\overline{X}_1 - \overline{X}_2}{\sqrt{\dfrac{S_1^2}{n_1} + \dfrac{S_2^2}{n_2}}}$$

$$IC = \overline{X}_1 - \overline{X}_2 \pm Z_{\alpha/2} \sqrt{\frac{S_1^2}{n_1} + \frac{S_2^2}{n_2}}$$

b) $(n_1, n_2) < 30$ Diferentes tamaños muestrales, varianza de la población desconocida.

b1) $\sigma_1 = \sigma_2$ Varianzas desconocidas pero iguales

$$t = \frac{\overline{X}_1 - \overline{X}_2}{S_P \sqrt{\dfrac{1}{n_1} + \dfrac{1}{n_2}}}$$

$$IC = \overline{X}_1 - \overline{X}_2 \pm t_{\alpha/2, n_1 + n_2 - 2} \, S_P \sqrt{\frac{1}{n_1} + \frac{1}{n_2}}$$

Desviación estándar promedio

$$S_P = \sqrt{\frac{(n_1 - 1)S_1^2 + (n_2 - 1)S_2^2}{n_1 + n_2 - 2}}$$

b2) $\sigma_1 \neq \sigma_2$ **Varianzas desconocidas pero diferentes (Prueba t de Welch)**

$$t = \frac{\overline{X}_1 - \overline{X}_2}{\sqrt{\dfrac{S_1^2}{n_1} + \dfrac{S_2^2}{n_2}}}$$

Considerar estos grados de libertad (gl) para determinar la RRHo.

$$IC = \overline{X}_1 - \overline{X}_2 \pm t_{\alpha/2,gl} \sqrt{\frac{S_1^2}{n_1} + \frac{S_2^2}{n_2}}$$

$$gl = \frac{\left(\dfrac{S_1^2}{n_1} + \dfrac{S_1^2}{n_2}\right)^2}{\dfrac{\left(\dfrac{S_1^2}{n_1}\right)^2}{n_1 - 1} + \dfrac{\left(\dfrac{S_2^2}{n_2}\right)^2}{n_2 - 1}}$$

El tamaño de muestra para el IC es:

$$n_1 = n_2 = \left(\frac{Z_{\alpha/2}}{E}\right)(S_1^2 + S_2^2)$$

8.5 Diferencia de medias

Este es un caso especial para la comparación de medias en el que los datos de ambas muestras están «pareados». Imaginemos, por ejemplo, que se desea comparar el desempeño de dos trabajadores y se miden los tiempos promedio en los que realizan la misma actividad (mientras se evalúa también el cansancio que van sintiendo). Lo que se obtendrá es una tabla en la que es posible que los promedios de los tiempos de ambos vayan aumentando, pero lo que realmente se desea comparar es la diferencia entre los promedios de ambos, llamada diferencia de medias y expresada, para el caso de poblaciones, como: μd.

Las fórmulas de cálculo son las que se presentan a continuación. En este caso, lo que se desea probar es que no exista diferencia entre los promedios, por lo que la hipótesis nula siempre es que la diferencia de medias sea igual a cero, contra una hipótesis alternativa en que la diferencia de medias sea diferente de cero:

$$Ho: \mu_d = 0 \qquad Ha: \mu_d \neq 0 \qquad \text{Rechazar Ho si } |t| > t_{\alpha/2,n-1}$$

$$EP: t = \frac{\overline{d} - \delta}{\dfrac{S_d}{\sqrt{n}}}$$

d representa las diferencias y n es el número de las mismas.

$$IC: \overline{d} \pm t_{\alpha/2,n-1}\left(\frac{S_d}{\sqrt{n}}\right)$$

8.6   Una proporción

Prueba de hipótesis utilizada para determinar si el valor de la proporción con el que se presenta una determinada variable en una muestra (por ejemplo, la proporción de defectos o de errores) será mayor, menor o diferente a un valor determinado (p_0). Al tratarse de una proporción, se deben obtener siempre muestras de tamaño igual o mayor de 30 (muestras pequeñas no serán representativas de la situación real).

Tal como sucedió en los casos anteriores, hay un método de cálculo diferente para cada una de las hipótesis alternativas:

- Que la proporción de la población sea mayor que el valor de prueba.
- Que la proporción de la población sea menor que el valor de prueba.
- Que la proporción de la población sea diferente al valor de prueba.

Las fórmulas de cálculo son las siguientes:

$$\text{Región de rechazo de Ho (RRHo)}$$

$$\text{Ho: } \mathbf{p} = \mathbf{p_0} \qquad \text{Ha: } \mathbf{p} > \mathbf{p_0} \qquad \mathbf{Z} > \mathbf{Z_\alpha}$$

$$\mathbf{p} < \mathbf{p_0} \qquad \mathbf{Z} < -\mathbf{Z_\alpha}$$

$$\mathbf{p} \neq \mathbf{p_0} \qquad |\mathbf{Z}| > \mathbf{Z_{\alpha/2}}$$

$$\text{EP: } Z = \frac{X - np_0}{\sqrt{np_0(1 - p_0)}} \qquad \hat{p} = \frac{X}{n}$$

$$\text{IC: } \hat{p} \pm Z_{\alpha/2}\sqrt{\frac{\hat{p}(1 - \hat{p})}{n}} \qquad X = \text{número de éxitos en la muestra}$$

8.7   Dos proporciones

Prueba de hipótesis utilizada para determinar, basándose en las proporciones de las muestras de dos poblaciones distintas, si las proporciones de las poblaciones respectivas serán iguales o diferentes entre sí. En este caso también se deben obtener siempre muestras de tamaño igual o mayor de 30.

Nuevamente, hay un método de cálculo diferente para cada una de las hipótesis alternativas:

- Que la proporción de la población 1 sea mayor que la de la población 2.
- Que la proporción de la población 1 sea menor que la de la población 2.
- Que la proporción de la población 1 sea diferente a la de la población 2.

Las fórmulas de cálculo son las siguientes:

Región de rechazo de Ho (RRHo)

$$\text{Ho: } p_1 = p_2 \qquad \text{Ha: } p_1 > p_2 \qquad Z > Z_\alpha$$

$$p_1 < p_2 \qquad Z < -Z_\alpha$$

$$p_1 \neq p_2 \qquad |Z| > Z_{\alpha/2}$$

$$\text{EP: } Z = \frac{\hat{p}_1 - \hat{p}_2}{\sqrt{\hat{p}(1-\hat{p})\left(\frac{1}{n_1} + \frac{1}{n_2}\right)}} \qquad \hat{p}_1 = \frac{X_1}{n_1} \qquad \hat{p}_2 = \frac{X_2}{n_2}$$

$$\text{IC: } \hat{p}_1 - \hat{p}_2 \pm Z_{\alpha/2}\sqrt{\frac{\hat{p}_1(1-\hat{p}_1)}{n_1} + \frac{\hat{p}_2(1-\hat{p}_2)}{n_2}} \qquad \hat{p} = \frac{X_1 + X_2}{n_1 + n_2}$$

8.8 Más de dos proporciones

En este caso se comparan las proporciones de más de dos muestras y se desea determinar si al menos una de las proporciones de las respectivas poblaciones es diferente de las demás (la hipótesis nula se rechaza con que una sola proporción sea distinta).

$$\text{Ho: } p_1 = p_2 = p_3 = \cdots = p_k \qquad \text{Ha: Al menos una proporción es diferente}$$

$$X^2 = \sum_{i=1}^{c} \frac{(fo_i - fe_i)^2}{fe_i}$$

Rechazar Ho si:

$$X^2 > X^2_{\alpha,,k-1}$$

$$fe = \frac{(\text{Total renglón})\,(\text{Total columna})}{\text{Gran Total}}$$

fo = frecuencia observada
fe = frecuencia esperada
k = número de proporciones a comparar
c = numero de celdas

9   Análisis de varianza (Anova)

El método Anova consiste en:

1. Descomponer la variación total de los datos en:

   - La variación interna o natural de los grupos.
   - La variación entre grupos de medias.

2. Comparar estos dos tipos de variación.
3. Decidir si existe o no diferencia entre las medias que se están analizando.

Está basado en el principio de que en todo proceso influyen dos clases de entrada: las controlables, es decir, aquellas que se pueden manipular para conocer su efecto sobre las salidas, y las de ruido, es decir, aquellas que se deben bloquear para que su efecto no altere los resultados (véase la figura 3.1).

La técnica fundamental es separar la suma de cuadrados (SS o *sum of squares)* en componentes relativos a los factores contemplados en el modelo:

$$SS_{Total} = SS_{Error} + SS_{Factores}$$

El número de grados de libertad puede separarse de forma similar:

$$gl_{Total} = gl_{Error} + gl_{Factores}$$

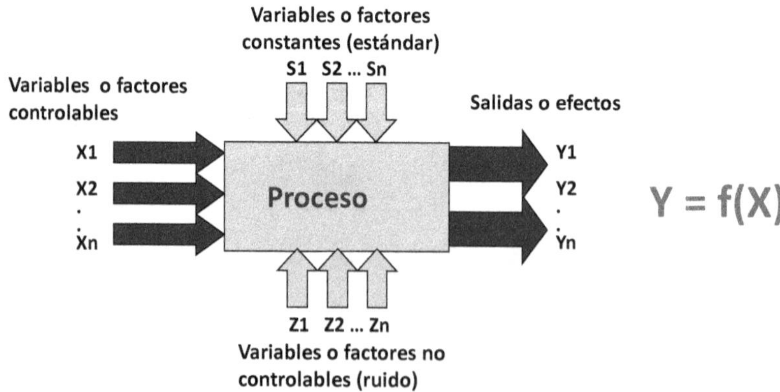

Figura 3.1.

Se utiliza la prueba estadística de la distribución *F*. Si el valor de *F* calculado es mayor que el valor *F* estadístico (o de tablas), el factor en estudio tiene incidencia.

Este método fue desarrollado por Ronald Aylmer Fisher (1890-1962), cuyas dificultades de visión lo obligaron a visualizar los problemas en términos geométricos que se pudieran dibujar. En 1919 inició sus estudios con grandes cantidades de datos sobre las variaciones en las cosechas, en 1925 ya había desarrollado métodos estadísticos para investigadores y en 1935 publicó su libro *Diseño de experimentos,* que se convirtió en un estándar.

Al diseñar las pruebas de análisis de varianza se debe tener en cuenta lo siguiente:

- **El uso de conocimiento no estadístico:** buscar la experiencia de los expertos en el tema para retroalimentar el estudio. El conocimiento no estadístico es valioso para elegir factores, determinar niveles e interpretar resultados.
- **Mantener el diseño y el análisis tan simple como sea posible:** no hay que utilizar exageradamente técnicas estadísticas complejas y sofisticadas. Los métodos de diseño y análisis simples son siempre los mejores.
- **La incidencia práctica y estadística:** a veces encontramos soluciones que optimizan una respuesta pero son económicamente inviables.
- **Los experimentos son generalmente iterativos:** en la mayoría de las situaciones no es conveniente diseñar un experimento demasiado extenso, ya que las respuestas irán apareciendo sobre la marcha. Por lo tanto, no deberá invertirse más del 25 % de los recursos para la experimentación en las etapas iniciales, pues es necesario tener recursos para el final.

Principios básicos para un correcto análisis:

- **Replicar:** efectuar cada prueba al menos dos veces para obtener una estimación del error y saber si algunos factores influyen.
- **Aleatorizar:** realizar las pruebas en un orden totalmente al azar neutraliza fuentes de variación.
- **Bloquear:** controlar los factores de ruido para no considerar su efecto en el estudio.

Procedimiento:

1. El equipo se reúne y en una lluvia de ideas decide los siete puntos a considerar en las pruebas (también llamadas experimentos) que realizará:

   - *Factores:* son las variables controlables cuyo efecto sobre las variables de salida se desea analizar. Estos pueden ser cualitativos (tipo de materia prima, color de tela) o cuantitativos, tanto discretos (número de operadores, cantidad de piezas) como continuos (tiempo de proceso, temperatura, presión).
   - *Niveles:* son los valores que se asignarán a cada factor. Estos valores deben estar suficientemente separados para poder detectar las diferencias en el resultado. Se deben asignar por lo menos dos niveles diferentes para cada factor y el número total dependerá de la información que se desea obtener.
   - *Variable (o variables) de respuesta:* son las salidas (forzosamente deben ser cuantificables) que se van a medir para observar el efecto que tiene sobre ellas el cambio en las variables de entrada.
   - *Bloqueos:* se analiza en detalle las variables de ruido que pudieran afectar al experimento y se diseñan técnicas para bloquearlas. Por ejemplo, si se piensa que la temperatura ambiente es un factor de ruido, las pruebas deberán hacerse a la misma hora del día.
   - *Réplicas:* el número de veces que se repetirá cada prueba. Cuanto mayor sea el número de réplicas, más exacto es el resultado, pero se ha de recordar que cada experimento absorbe tiempo y dinero.
   - *Aleatorización:* se puede utilizar un *software* (como Minitab) para aleatorizar el orden en que se realizarán las pruebas.
   - *Diseño del experimento:* los seis puntos anteriores se toman en cuenta para documentar el proceso, incluyendo días, hora, lugar y responsables.

2. Se llevan a cabo las pruebas de acuerdo al diseño del experimento.
3. Se utiliza un formato de Excel o un *software* para analizar los resultados, principalmente la valía de cada uno de los factores estudiados.

De acuerdo con el número de factores, existen diferentes tipos de Anova.

9.1 Anova de un factor fijo

Como su nombre indica, estudia la influencia de un solo factor sobre la variable de salida.

9.2 Anova de un factor con bloques

Como ya se dijo, al experimentar es frecuente encontrar otras variables presentes que pudieran influir en los resultados, por lo que se hace necesario neutralizar o bloquear el efecto de tales variables.

Un método para lograrlo es que todas las variables de ruido permanezcan en un valor fijo, por ejemplo, que todas las pruebas las haga el mismo operador, en la misma máquina, siguiendo el mismo procedimiento, etc. Sin embargo, por cuestiones de tiempo y recursos esto no siempre es posible. Una alternativa es que, por ejemplo, todas las pruebas de la primera réplica se hagan en una condición fija, las pruebas de la segunda réplica en otra condición y así sucesivamente. Los resultados se analizan con el formato de Anova en bloques y se observa si la variable bloqueada tiene o no importancia.

El objetivo es que la variable bloqueada no sea significativa, por lo que, si se presenta esta condición, en primer lugar se deberán eliminar las causas que la provocan.

9.3 Anova de dos factores

Este análisis se utiliza para evaluar el efecto de dos factores sobre una variable de salida, así como para identificar si la interacción entre ellos es significativa.

9.4 Anova de dos factores con bloques

Con este análisis, además de identificar si los factores y su interacción son significativos, también podremos bloquear e identificar si alguna variable de ruido es significativa.

9.5 Anova de tres factores

Como su nombre lo indica, se utiliza para probar la incidencia de tres factores y sus interacciones.

10   Diagrama de correlación

Existen muchas situaciones donde el objetivo de analizar el comportamiento de dos variables es determinar hasta qué punto están relacionadas están entre sí. Recordemos, por ejemplo, que uno de los propósitos de seis sigma es definir la ecuación:

$$Y = f(x)$$

Para ello, una de las herramientas más utilizadas es el diagrama de correlación, que es una gráfica simple entre dos variables que nos ayuda a visualizar el tipo y el grado de relación o predicción entre ellas. Se ha de tener en cuenta que:

- El análisis de correlación solo es válido para estudiar dos variables cuantitativas.
- La correlación mide la fuerza de asociación lineal entre ellas.
- No asume relación causal (esto se explica más adelante).
- Las mediciones que nos indican en qué medida están relacionadas las dos variables son el coeficiente de correlación R y el coeficiente de determinación R^2.

La relación se puede presentar de diversas formas: lineal y curva (véase la figura 3.2).

Y en diferentes grados: fuerte, débil y nula (coma entre fuerte y débil) y nula (véase la figura 3.3).

El procedimiento es:

1. Establecer el objetivo del análisis.
2. Establecer variables, que pueden ser de:

   - Entrada y salida.
   - Entrada y entrada.
   - Salida y salida.

3. Hacer una tabla y colocar las variables.
4. Representar gráficamente.
5. Obtener la ecuación de la recta y el coeficiente de determinación.

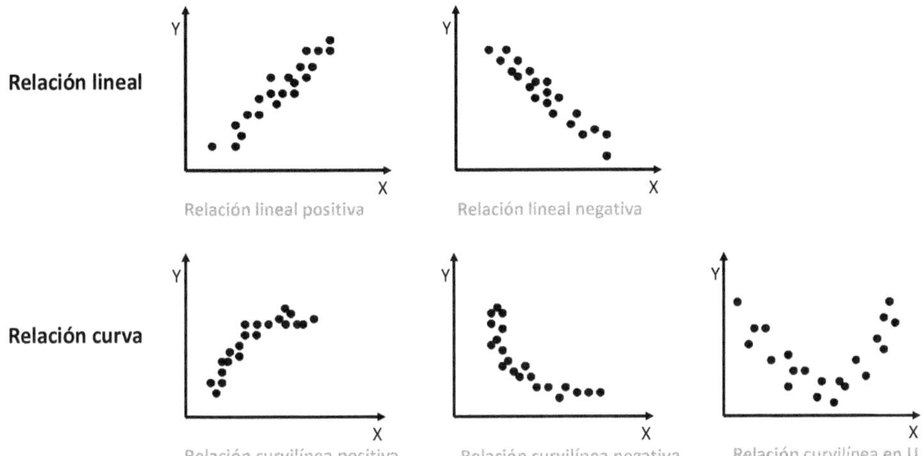

Figura 3.2.

Figura 3.3.

10.1 Causalidad y casualidad

De acuerdo con el *Statistical quality control handbook* de Western Electric (1956), se ha de tener en cuenta que:

1. Aunque se aprecie una relación fuerte, no necesariamente es relación de causa y efecto entre las variables. La relación causa-efecto (llamada también causalidad) se obtiene del conocimiento del proceso. Una relación fuerte puede ser producto de la casualidad.
2. Si no se aprecia una relación significativa, puede deberse a que realmente no exista correlación o a que la cantidad o el rango de los datos sea insuficiente.

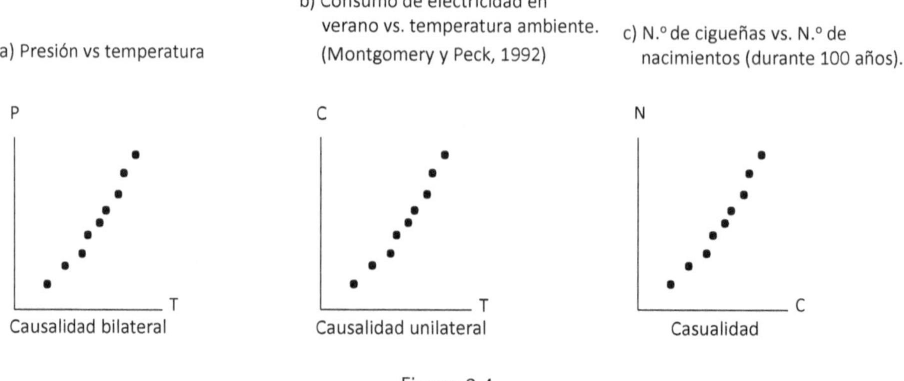

Figura 3.4.

En la figura 3.4 pueden verse algunos ejemplos.

- Las variables presión y temperatura tienen una relación de causalidad bilateral: Si la presión aumenta, la temperatura aumentará y de igual manera si la temperatura aumenta, la presión aumentará también.
- En el segundo caso tenemos una relación de causalidad unilateral: el aumento en la temperatura ambiente originará un mayor consumo de energía eléctrica (por el uso del aire acondicionado). Sin embargo, si el consumo de energía eléctrica aumenta, esto no tendrá ningún impacto sobre la temperatura ambiente.
- En el último ejemplo, aun cuando se observa una relación fuerte entre las variables, esta es solo por casualidad.

Ejemplo A:

Iniciando la investigación sobre las causas que originan el incumplimiento de su principal CTQ (tiempo de atención en ventanilla), el equipo de Alberto Hernández en Banco del Pacífico llevó a cabo una lluvia de ideas para elaborar el diagrama de pescado de la figura 3.5 (usando Minitab).

Para corroborar estas causas, el equipo de mejora reunió a otro grupo de recepcionistas, cajeros, auxiliares y gerentes (diferente al anterior) y con ellos, en una lluvia de ideas, se elaboró un árbol de realidad actual, con el resultado que puede verse en la figura 3.6.

Con una idea más clara de las posibles causas raíz del problema, se decidió utilizar un diagrama de Pareto para comprobarlo. El método de análisis era el

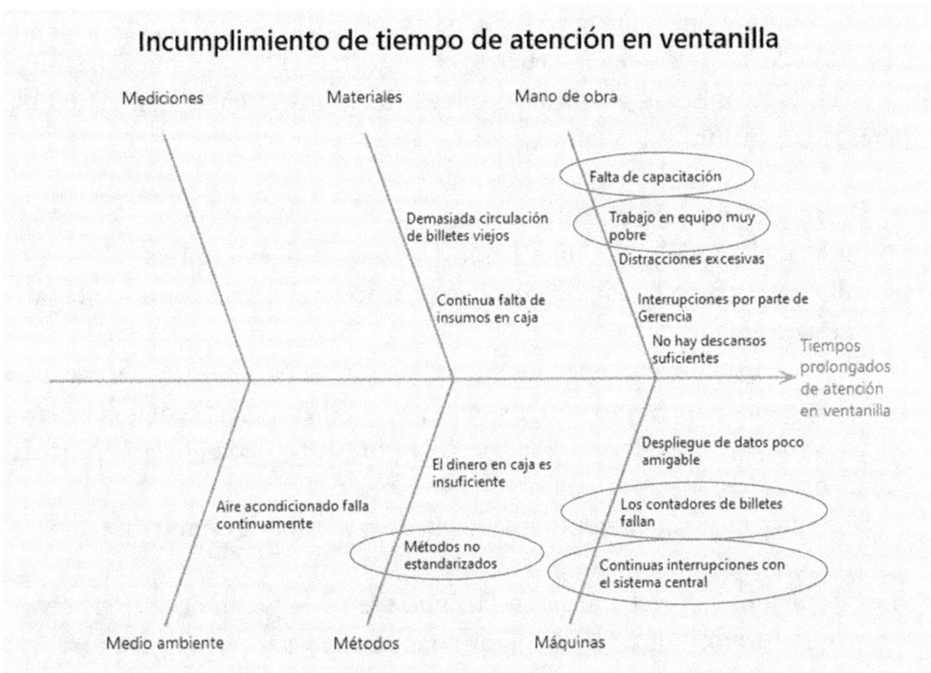

Figura 3.5.

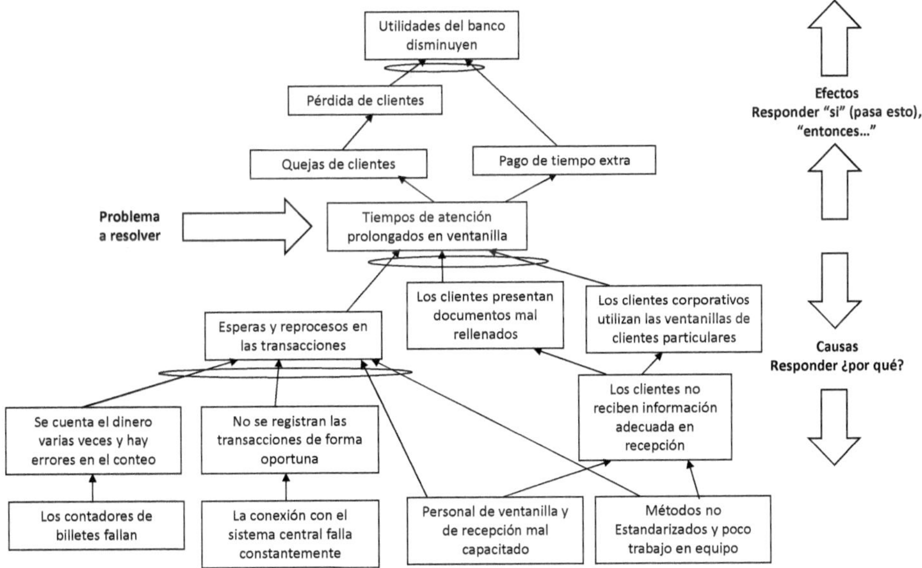

Figura 3.6.

siguiente: durante una semana de trabajo se solicitó a todos los cajeros de la sucursal 2035 de la ciudad de Guadalajara que registrasen las ocasiones en las que los siguientes problemas provocaron que el tiempo de atención en ventanilla superase los 6 minutos de tiempo límite:

- Desconexión con el sistema central.
- Fallo en el contador de billetes que provocó un nuevo conteo.
- Fallo en el contador de billetes que provocó reprocesamiento de toda la transacción.
- Cliente corporativo que se presentó en ventanilla para clientes particulares.
- Cliente que se presentó con documentación incompleta o mal llenada.
- Se tuvo que preguntar al líder de área porque se desconocía el procedimiento.
- Se siguió un procedimiento no adecuado por falta de estandarización.

Los resultados se presentaron en la siguiente tabla y con ella se elaboró el diagrama de Pareto (utilizando Minitab) que puede verse en la figura 3.7.

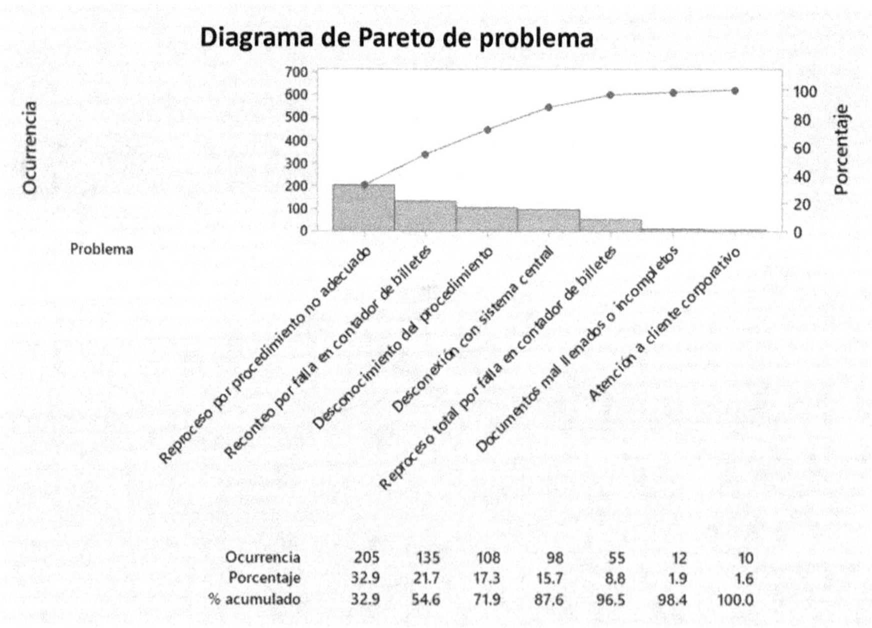

Ocurrencia	205	135	108	98	55	12	10
Porcentaje	32.9	21.7	17.3	15.7	8.8	1.9	1.6
% acumulado	32.9	54.6	71.9	87.6	96.5	98.4	100.0

Figura 3.7.

Problema	**Ocurrencia**
• Desconexión con sistema central	98
• Nuevo conteo por falla en contador de billetes	135
• Reprocesamiento total por fallo en contador de billetes	55
• Atención a cliente corporativo	10
• Documentos mal llenados o incompletos	12
• Desconocimiento del procedimiento	108
• Reprocesamiento por procedimiento no adecuado	205

Basándose en estos resultados, el equipo de mejora continuó el análisis enfocándose en tres oportunidades principales:

- Estandarización de procedimientos.
- Capacitación del personal.
- Mantenimiento productivo total en todos los equipos (contadores de billetes, servidores y conexión con sistema central, etc.).

Como siguiente paso, el equipo de Banco del Pacífico determinó si, efectivamente, el grado de capacitación en los cajeros que atienden las ventanillas es un factor significativo para el tiempo de atención. Para ello, se midieron los tiempos de 6 cajeros (Antonio, Manuel, Paola, Marisela, Fabiola y Beatriz) con diferente grado de conocimiento del proceso. Los resultados (en minutos) se muestran en la tabla 3.5.

Antonio	Manuel	Paola	Marisela	Fabiola	Beatriz
3.2	1.5	8.4	2.2	3.1	1.2
1.7	9.2	6.3	1.4	10.2	3.2
5.8	3.2	9.1	3.2	5.6	2.2
5.2	6.7	6.8	5.8	8.8	10.0
5.4	4.5	7.3	3.3	4.3	1.1
5.6	5.3	10.4	4.5	1.1	1.0
1.9	2.1	8.3	4.5	3.3	2.1
3.1	3.3	7.5	3.3	4.5	2.8
2.2	2.3	3.2	1.8	6.5	9.2
4.3	3.2	8.5	2.1	3.2	3.2
5.0		7.3	2.2	3.1	4.3
5.3			5.5		2.1
3.5			3.2		1.8
3.0					2.0

Tabla 3.5.

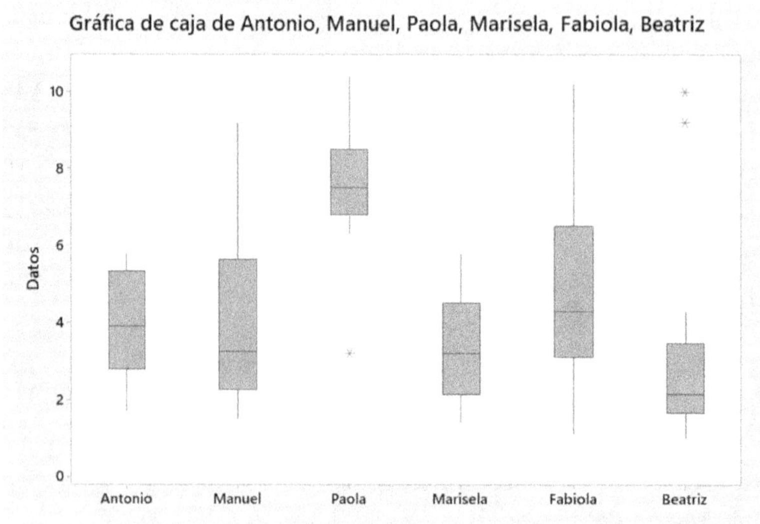

Figura 3.8.

El gráfico *box plots* resultante (usando Minitab) puede verse en la figura 3.8. Las conclusiones que obtuvo el equipo de Alberto Hernández fueron:

- Beatriz, la cajera con mayor grado de capacitación, presenta una variabilidad muy pequeña y la medida de tendencia central más baja. Su gráfico muestra dos valores atípicos u *outliers,* y al investigar la causa se encontró que en esas dos ocasiones el sistema central falló.
- Marisela y Antonio, cajeros con adecuado grado de capacitación, presentan variabilidad moderada y medidas de tendencia central similares (entre 3 y 4 minutos).
- Fabiola y Manuel, cajeros que no han recibido la capacitación sobre algunos módulos del sistema, tienen una variabilidad muy alta, debido a que para ciertas transacciones deben consultar al líder de área, a falta de un manual de instrucciones estandarizado.
- Paola, cajera nueva que solo recibió el curso de inducción, tiene un grado de variabilidad moderado, pero su tendencia central está por encima de lo deseable.

Simultáneamente, durante esa misma semana, se realizó un análisis multivari para determinar si el número de fallos en el sistema se ve afectado por los siguientes tres factores:

- Cajero que lo usa. Se determinó estudiar tres tipos: cajero con alto grado de capacitación (Beatriz), cajero con adecuado grado de capacitación (Antonio) y cajero con pobre capacitación (Paola).
- Número de transacciones. Se dividió en dos categorías: de 1 a 5 transacciones y más de 5 transacciones.
- Hora del día: Se dividió la medición en tres horarios: inicio (de 9:00 a 11:30), mitad de turno (de 11:30 a 14:00) y final del día (de 14:00 a 16:30).

Los resultados para el número de fallos en el sistema que se presentaron en la semana se muestran en la tabla 3.6.

El gráfico multivari, efectuado con Minitab, puede verse en la figura 3.9.

	Beatriz		**Antonio**		**Paola**	
Horario	**1 a 5 trans.**	**Más de 5**	**1 a 5 trans.**	**Más de 5**	**1 a 5 trans.**	**Más de 5**
Inicio (09:00 a 11:30)	3	10	7	15	12	23
Medio (11:30 a 14:00)	4	9	6	17	11	21
Fin (14:00 a 16:30)	3	11	6	15	12	22

Tabla 3.6.

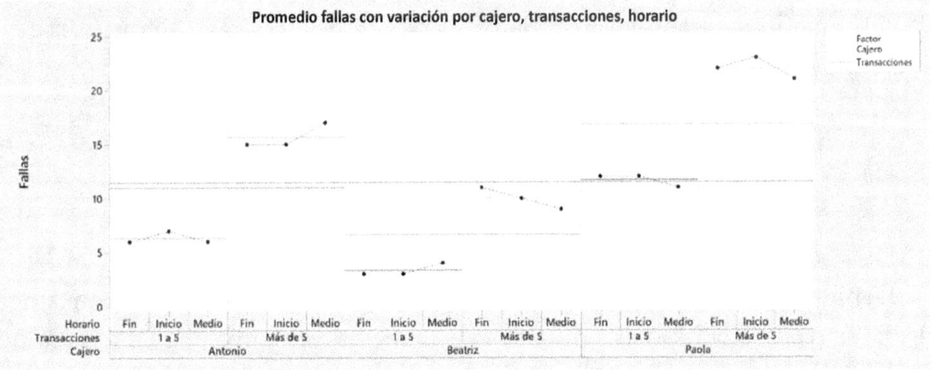

Figura 3.9.

Las conclusiones del equipo fueron:

1. El grado de capacitación del cajero tiene influencia sobre el número de fallos. Beatriz, la cajera más capacitada presenta el menor promedio, mientras que este se eleva para Antonio y aún más para Paola.
2. El número de transacciones también influye en la cantidad de fallos. En todos los casos, se presenta un mayor promedio cuando se realizan más de 5 transacciones.
3. El número de fallos no presenta diferencias significativas entre los tres horarios del día (en todos los casos se observa poca variación).
4. Se deben aplicar procedimientos estandarizados para todas las operaciones y reforzar la capacitación de los cajeros (basada en los procedimientos), incluyendo el uso del sistema.
5. Se deben crear ventanillas especiales para la realización de más de 5 transacciones.

Continuando con su trabajo, el equipo determinó que para lograr el objetivo del proyecto: *Ppk* para el tiempo de atención en ventanilla igual o mayor a 1.17, con límite de especificación de máximo 6 minutos, la media del proceso deberá situarse en 3, con una desviación estándar máxima de 0.85:

$$Ppk = \frac{|\,LE - \bar{x}\,|}{3s} = \frac{|\,6 - 3\,|}{(3)(0.85)} = 1.176$$

Y para comprobar que sus datos iniciales no cumplen con estos parámetros, realizaron las siguientes pruebas de hipótesis (con un nivel de confianza del 95 %), usando para ello los 235 datos recolectados en la fase Medir (véase el apartado 2.6):

- La media del proceso es menor o igual a 3.0.
- La desviación estándar del proceso es menor o igual a 0.85.

Los resultados para la media (obtenidos en Minitab) se presentan en la figura 3.10. Debido a que el valor p es menor de 0.05, con un nivel de confianza del 95 %, se rechazó la hipótesis nula de que la media es menor o igual a 3 (comprobado por el gráfico de valores individuales). Los resultados para la desviación estándar aparecen en la tabla 3.7.

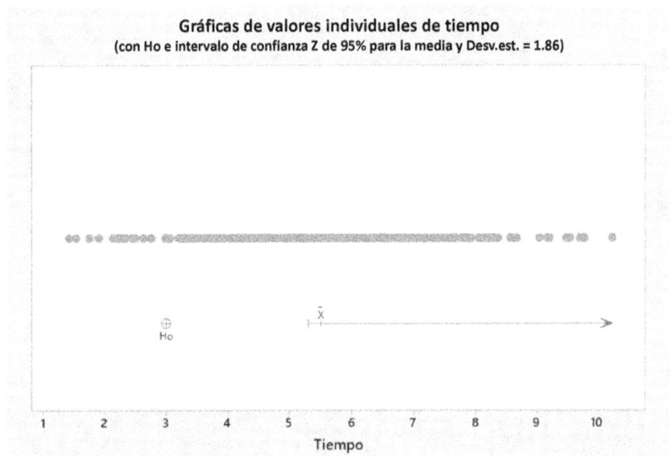

Prueba

Hipótesis nula H_0: $\mu = 3$
Hipótesis H_1: $\mu \neq 3$
alterna

Valor Z	Valor p
20.66	0.000

Figura 3.10.

Prueba

Hipótesis nula H_0: $\sigma = 0.85$
Hipótesis alterna H_1: $\sigma \neq 0.85$

Método	Estadística de prueba	GL	Valor p
Bonett	—	—	0.000
Chi-cuadrada	1120.34	234	0.000

Tabla 3.7.

Debido a que el valor *p* es menor de 0.05, con un nivel de confianza del 95 %, se rechazó la hipótesis nula de que la desviación estándar es menor o igual a 0.85. Por lo tanto, el equipo concluyó que los parámetros actuales no cumplen con las especificaciones requeridas, y son necesarias acciones de mejora.

De esta manera, continuaron con su trabajo y utilizaron un estudio de Anova para comprobar matemáticamente si el grado de capacitación de los cajeros tiene influencia sobre el tiempo de atención (es decir, se corroboró lo observado en los gráficos de *box plots*).

Para ello, se tomaron tiempos de atención (en minutos) a 6 seis cajeros y se utilizó un modelo de un factor (en este caso, el grado de capacitación) para Anova, con el resultado que se ve en la tabla 3.8.

| | Réplicas | | | | | |
Cajero	1	2	3	4	5	Suma
Antonio	3.2	1.7	5.8	5.2	5.4	21.30
Manuel	1.5	9.2	3.2	6.7	4.5	25.10
Paola	8.4	6.3	9.1	6.8	7.3	37.90
Marisela	2.2	1.4	3.2	5.8	3.3	15.90
Fabiola	3.1	10.2	5.6	8.8	4.3	32.00
Beatriz	1.2	3.2	2.2	3.2	1.1	10.90

Número de réplicas	5
Número de niveles	6
Alpha	0.05

Tabla Anova

Fuente de variación	SS	gl	MS	F	F de tablas	Conclusión
Tratamientos	0.000	5	0.000000	**4.590**	2.621	**Significativo**
Error	0.000	24	0.000000			
TOTAL	**0.000**	**29**				

Tabla 3.8.

Se observa que los «tratamientos», es decir, el grado de capacitación, sí son significativos.

Para concluir el análisis, el equipo de mejora revisó los registros de mantenimiento del año anterior, específicamente las horas de mantenimiento preventivo por mes, comparándolas contra las horas dedicadas a mantenimientos correctivos y obtuvo la tabla 3.9.

La gráfica de correlación (Minitab) se presenta en la figura 3.11.

Observamos que las horas de mantenimiento preventivo y las de mantenimiento correctivo tienen una relación negativa fuerte (cuanto más aumentan las horas de mantenimiento preventivo, las de correctivo disminuyen). El coeficiente de determinación R^2 es de 97.1 %.

	Enero	Febrero	Marzo	Abril	Mayo	Junio	Julio	Agosto	Septiembre	Octubre	Noviembre	Diciembre
Horas mantenimiento preventivo	23.35	12.1	8.3	56.7	59.65	23.6	55.75	33.95	70.05	55.9	11.75	15.9
Horas mantenimiento correctivo	77.9	95.7	100.05	27.9	25.55	75.5	37.9	50.5	5.9	25.15	90.9	75.95

Tabla 3.9.

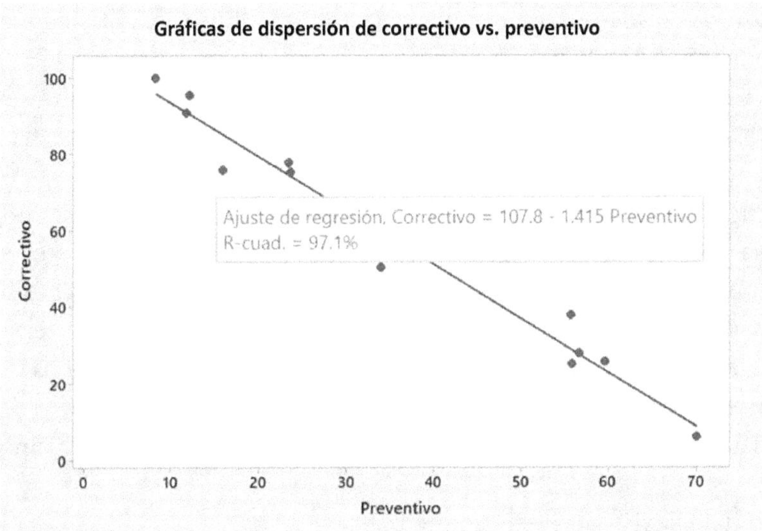

Figura 3.11.

Conclusión: el equipo de mejora de Banco del Pacífico, liderado por Alberto Hernández, concluyó al finalizar sus análisis:

1. El grado de capacitación de los cajeros tiene alta incidencia sobre el tiempo de atención en ventanilla y sobre los fallos que presentan los sistemas. A esto se agrega que no se cuenta con procedimientos estandarizados, por lo que la capacitación no es uniforme.
2. Los fallos en los equipos influyen significativamente en el tiempo de atención a ventanilla. Además, la cantidad de fallos (horas de mantenimiento correctivo) están relacionados con el tiempo que se dedica a los mantenimientos preventivos.
3. Finalmente, es necesario que a los clientes que realizarán más de 5 transacciones se les atienda en una ventanilla especial, preferentemente por cajeros con alto grado de especialización.

Con estas conclusiones, el equipo está listo para pasar a la fase Mejorar.

Ejemplo B:
Con el fin de determinar las causas que originan el incumplimiento de su principal CTQ (entregas completas y a tiempo), el equipo de Valentín Ortega en

Operadores Logísticos del Golfo llevó a cabo una lluvia de ideas para elaborar (usando Minitab) el diagrama de pescado que se ve en la figura 3.12.

Para corroborar estas causas, el equipo de mejora reunió a otro grupo de empleados (diferente al anterior) y con ellos, en una lluvia de ideas, elaboró un árbol de realidad actual, que puede verse en la figura 3.13.

En este caso el árbol de realidad actual resultó muy útil, ya que mostró un problema que no se había detectado con el diagrama de pescado: errores en documentación. Con estos datos, el equipo tenía una idea más clara de las posibles causas raíz y utilizó un diagrama de Pareto para comprobarlo, mediante el siguiente método de análisis: durante una semana de trabajo se les solicitó a todos los líderes de Operadores Logísticos del Golfo registrar las ocasiones en las que los siguientes problemas dieron lugar a que la entrega no se realizara completa o a tiempo:

- No había existencia del producto.
- El transporte falló en el trayecto.
- No se programó transporte para el envío.
- La lista de preparación de pedidos no coincidía con el pedido.

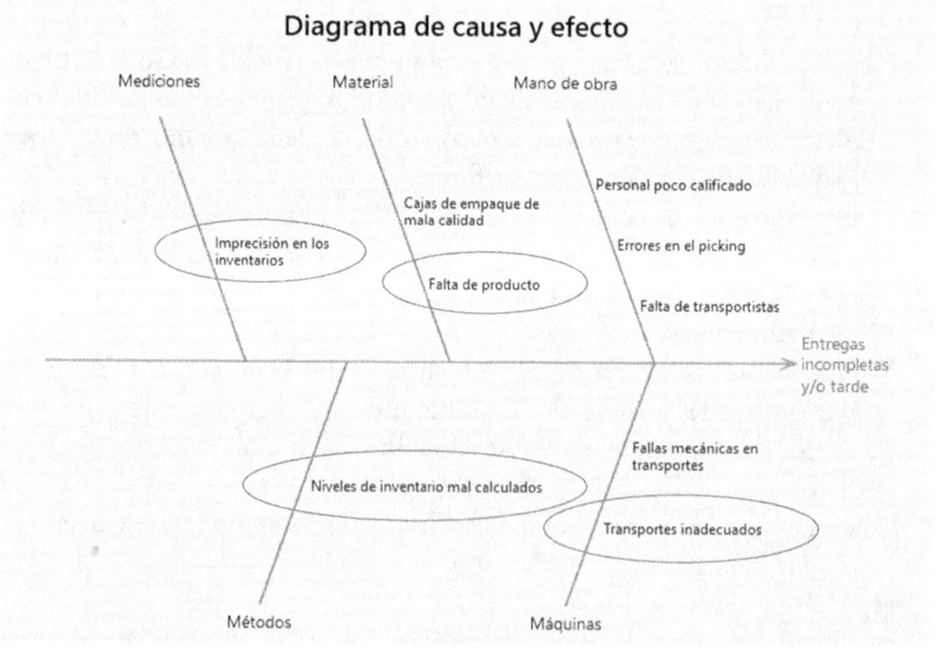

Figura 3.12.

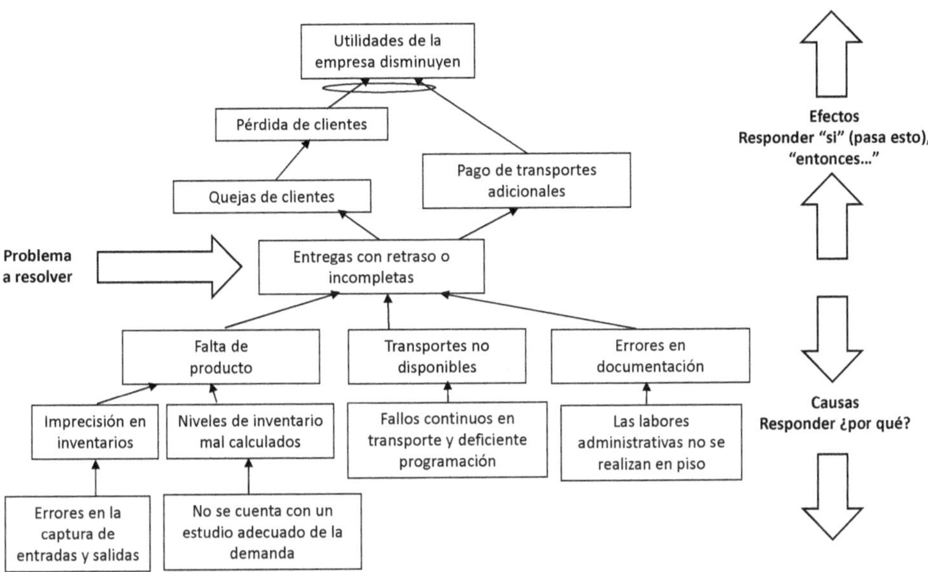

Figura 3.13.

- Se realizaron reprocesamientos por errores en documentación (listas de extracción, facturas, etc.).

Los resultados se presentan en la siguiente tabla, con la que se elaboró (utilizando Minitab) el diagrama de Pareto que puede verse en la figura 3.14.

Problema	**Ocurrencia**
- No había existencias del producto	9
- El transporte falló en el trayecto	2
- No se programó transporte para el envío	1
- La lista de extracción no coincidía con el pedido	3
- Reprocesamientos por errores en documentación	5

Basándose en estos resultados, el equipo de mejora continuó el análisis enfocándose en dos oportunidades principales:

- Falta de existencias.
- Errores en documentación.

En menor grado, y solo si es posible, se decidió mejorar la programación y el mantenimiento de los transportes, ya que se observó este aspecto como no significativo.

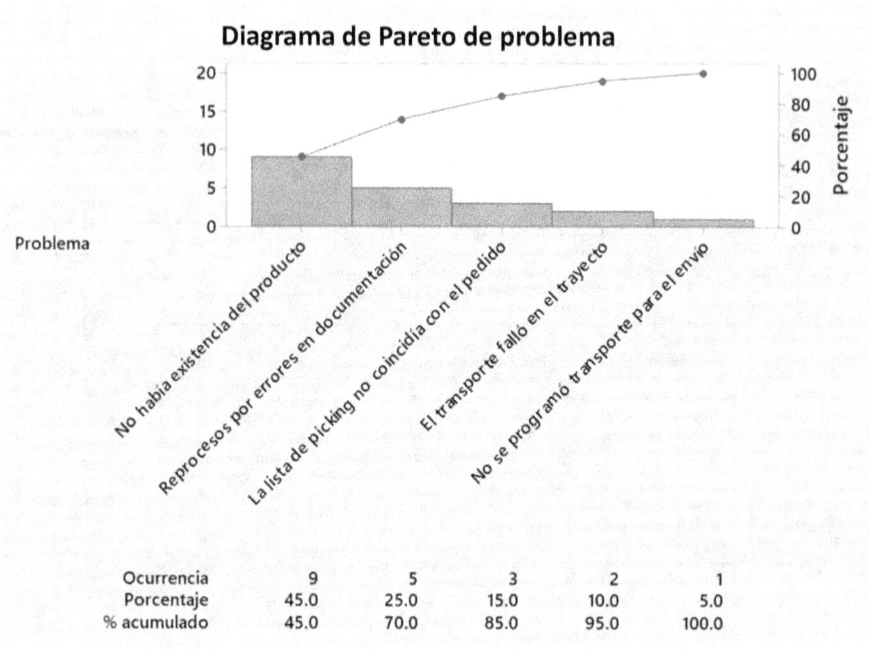

Ocurrencia	9	5	3	2	1
Porcentaje	45.0	25.0	15.0	10.0	5.0
% acumulado	45.0	70.0	85.0	95.0	100.0

Figura 3.14.

A continuación, el equipo de Operadores Logísticos del Golfo deseaba validar la causa raíz para los errores en documentación, mencionada en el árbol de realidad actual (y planteada por el equipo que lo realizó): «las labores administrativas no se realizan en piso», es decir, que la lejanía de las oficinas ocasiona fallos en la comunicación. Para ello, durante diez días realizó una prueba, con uno de los analistas administrativos (Óscar) permaneciendo en su lugar actual y ubicando al segundo (Germán) en el piso de trabajo. A ambos se les midió la cantidad de errores que cometieron en un día y que originó reprocesamientos y pérdida de tiempo (aunque no hubiesen provocado retrasos o fallos en las entregas). Los resultados aparecen en la tabla 3.10.

	1	2	3	4	5	6	7	8	9	10
Óscar	8	7	12	4	0	9	11	1	8	7
Germán	2	0	3	0	1	5	2	3	0	3

Tabla 3.10.

El gráfico *box plots* resultante (usando Minitab) se presenta en la figura 3.15. Las conclusiones que obtuvo el equipo de Valentín Ortega fueron:

* Óscar, auxiliar administrativo que ha estado más tiempo en la compañía y tiene un mayor grado de capacitación, cometió una mayor cantidad de errores (y presentó una mayor variabilidad). Comentó que este comportamiento es normal y lo atribuyó a una falta de comunicación con sus compañeros de piso.
* Germán, a quien se situó en piso durante los 10 días de prueba, cometió una menor cantidad de errores, y con menor variabilidad. Germán comentó que el cambio fue muy favorable, pues le permitía una mejor comunicación con el personal que realiza las labores.

Simultáneamente el equipo de mejora intentó ubicar las causas raíz para los faltantes de producto mediante un análisis multivari, midiendo el número de productos negados y tomando en cuenta los siguientes tres factores:

* Tipo de cliente: minoristas o corporativos.
* Centro de distribución desde el que se hace la entrega: Ciudad de México, Guadalajara y Monterrey.
* Estación del año: primavera, verano, otoño e invierno.

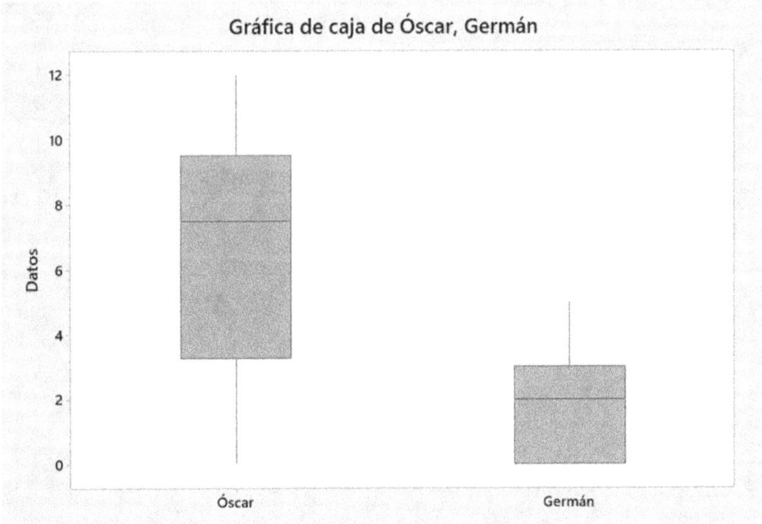

Figura 3.15.

Los resultados para el número de productos negados que se presentaron en el año anterior se presentan en la tabla 3.11.

El gráfico multivari efectuado con Minitab puede verse en la figura 3.16.

Las conclusiones del equipo fueron:

1. Se presenta un mayor promedio de productos negados para los clientes corporativos, lo cual indica que es necesario mejorar el análisis de demanda de este tipo de clientes, ya que su volumen de compra es mayor.
2. Ciudad de México presenta un promedio más elevado que Guadalajara y Monterrey (muy similares entre sí). Nuevamente, esto se debe a un mayor volumen de transacciones en dicha ciudad (la de mayor tamaño).
3. En todos los casos se observa un mayor número de productos negados en la temporada invernal, debido a que muchos de los artículos de Operadores Logísticos del Golfo son precisamente para utilizarse en clima frío.

Estación del año	Minoristas			Corporativo		
	Cd. México	Guadalajara	Monterrey	Cd. México	Guadalajara	Monterrey
Primavera	15	9	7	25	15	15
Verano	23	7	5	31	10	13
Otoño	17	5	11	29	13	9
Invierno	37	17	19	55	27	31

Tabla 3.11.

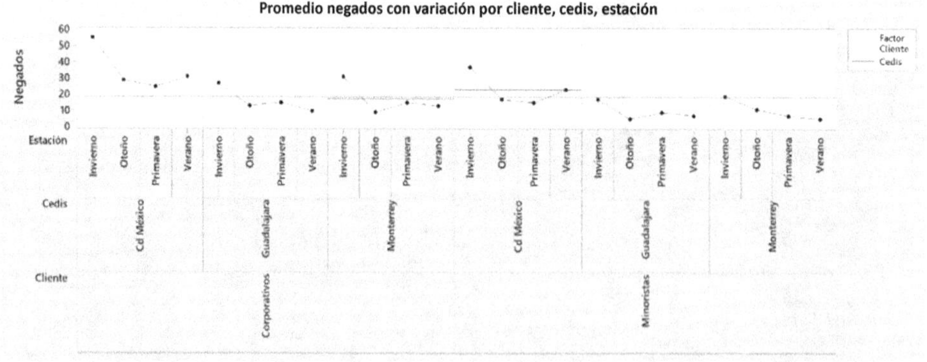

Figura 3.16.

4. Es necesario mejorar significativamente el estudio de la demanda de los clientes, especialmente para los de mayor volumen y poniendo atención a la estación de invierno, con el objetivo de determinar los niveles adecuados de inventario para evitar los faltantes.
5. Se requiere implementar imperativamente un sistema que permita la reposición ágil de los inventarios, con el fin de no caer en faltantes.
6. Se debe implementar una oficina de valor en el piso de operaciones, en la que se encuentren todos los involucrados en el proceso, para mejorar el flujo del mismo y evitar errores.

Continuando con su trabajo, el equipo determinó que para lograr el objetivo del proyecto, OTIF mayor al 99 % con un tiempo de entrega límite de 24 horas para pedidos estándar, deberá tener una proporción de entregas retrasadas o incompletas menor que el 0.01.

Utilizando los datos iniciales para 333 pedidos muestreados del mes anterior (véase el apartado 2.6), se halló que 61 de ellos superaban el tiempo prometido de 24 horas. Para comprobar que esta proporción en la población total superaba el límite permitido de 0.01, se realizó la siguiente prueba de hipótesis con una confianza del 95 %:

- La proporción de la población es menor o igual a 0.01.

Los resultados para la proporción (obtenidos en Minitab) pueden verse en la tabla 3.12.

Debido a que el valor p es menor que 0.05, con un nivel de confianza del 95 %, se rechazó la hipótesis nula de que la proporción es menor o igual a 0.01.

N	Evento	Muestra p	Límite inferior de 95 % para p
333	61	0.183183	0.149020

Prueba

Hipótesis nula	H_0: p = 0.01
Hipótesis alterna	H_1: p > 0.01

Valor p
0.000

Tabla 3.12.

El equipo concluyó que los parámetros actuales no cumplen con las especificaciones requeridas, por lo que son necesarias acciones de mejora.

De esta manera, continuó con su trabajo y utilizó un estudio de Anova para comprobar matemáticamente si el tipo de cliente y la estación del año tienen incidencia sobre el número de productos negados (es decir, se corroboró lo observado en el gráfico multivari).

Para ello, se agruparon los datos de productos negados y se utilizó un modelo para Anova de dos factores (tipo de cliente y estación del año) que puede verse en la tabla 3.13.

Factor (B) - Tipo de cliente		Factor (A) – Estación del año							
		Primavera	Verano	Otoño	Invierno	A5	A6	Totales	Cuadrados
	Corporativo	25	31	29	55				
		15	10	13	27				
		15	13	9	31				
	Suma	**55**	**54**	**51**	**113**	**0**	**0**	**273**	**74529**
	Minoristas	15	23	17	37				
		9	7	5	17				
		7	5	11	19				
	Suma	**31**	**35**	**33**	**73**	**0**	**0**	**172**	**29584**
	B3								
	Suma	**0**	**0**	**0**	**0**	**0**	**0**	**0**	**0**
	B4								
	Suma	**0**	**0**	**0**	**0**	**0**	**0**	**0**	**0**
	B5								
	Suma	**0**	**0**	**0**	**0**	**0**	**0**	**0**	**0**
	Totales	**86**	**89**	**84**	**186**	**0**	**0**	**445**	
	Cuadrados	**7396**	**7921**	**7056**	**34596**	**0**	**0**		

No. de réplicas	3
No. de niveles del factor A	4
No. de niveles del factor B	2
Alpha	0.05

Fuente de variacion	SS	gl	MSE	F	F tablas	Conclusión
Factor (A)	1243.792	3	414.59722	4.276	3.239	**Significativo**
Factor (B)	425.042	1	425.04167	4.384	4.494	**No significativo**
Interacción (AB)	51.792	3	17.26389	0.178	3.239	**No significativo**
Error	1551.333	16	96.95833			
TOTAL	3271.958	23				

Tabla 3.13.

Se concluyó que solo el factor A (estación del año) es realmente significativo, por lo que es el aspecto que se tendrá más en cuenta al realizar el análisis de demanda. El factor B (tipo de cliente) y la interacción entre ambos no resultan significativos (aunque el gráfico multivari mostraba diferencias, estas no resultan críticas).

Para concluir el análisis, el equipo de mejora validaría si la precisión de inventarios (propuesta también como una de las causas raíz de los problemas), realmente impacta sobre el OTIF. Para ello, se elaboró la tabla 3.14 con los resultados de la precisión de inventario (medida en porcentaje), contra los pedidos entregados tarde o incompletos del año anterior.

La gráfica de correlación (Minitab) puede verse en la figura 3.17.

Observamos que los pedidos fallidos no tienen relación con la precisión del inventario (el coeficiente de determinación R^2 es de 2.6 %). De hecho, por los resultados de precisión de inventario, este no es un problema (es muy cercana al 100 %).

	Enero	Febrero	Marzo	Abril	Mayo	Junio	Julio	Agosto	Septiembre	Octubre	Noviembre	Diciembre
Precisión inventario	99.8	98.5	99.1	99,0	98.9	99.5	97.6	99.4	99,0	98.5	98.5	97,0
Pedidos entregados tarde o incompletos	90	55	33	29	31	10	32	51	45	25	70	79

Tabla 3.14.

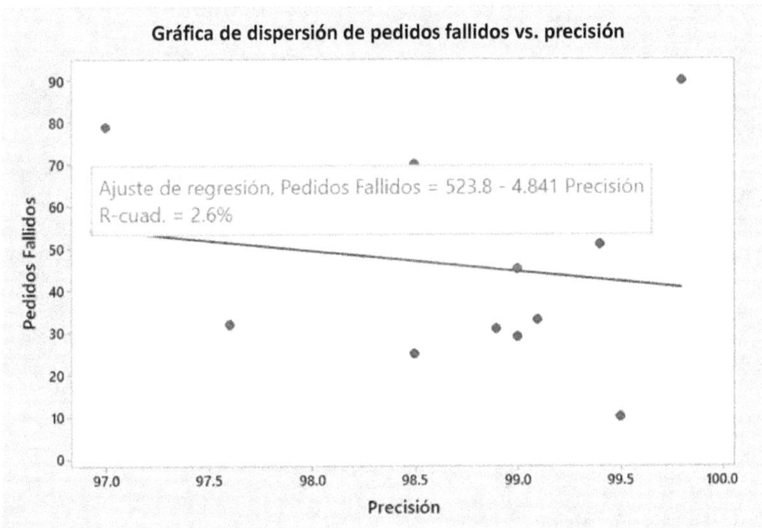

Figura 3.17.

Conclusión: El equipo de mejora de Operadores Logísticos del Golfo, liderado por Valentín Ortega, concluyó al finalizar sus análisis:

1. El fallo en los pedidos entregados a tiempo y completos se encuentra básicamente en los faltantes de producto y en el método que se sigue para llevar a cabo el proceso (operaciones aisladas).
2. Los faltantes tienen su origen en una deficiente programación del inventario, ocasionada a su vez por un pobre análisis de la demanda, principalmente en la temporada alta (invierno).
3. Finalmente, el sistema de reposición de inventarios es obsoleto por lo que se requiere implementar nuevos métodos de trabajo en este aspecto.

Con estas conclusiones, el equipo está listo para pasar a la fase Mejorar.

Ejemplo C:

La investigación del equipo de Elsa Alatorre en Manufacturera Química respecto a las causas que originan el incumplimiento de su principal CTQ (peso de producto envasado) se inició con una lluvia de ideas para elaborar (usando Minitab) el diagrama de pescado de la figura 3.18.

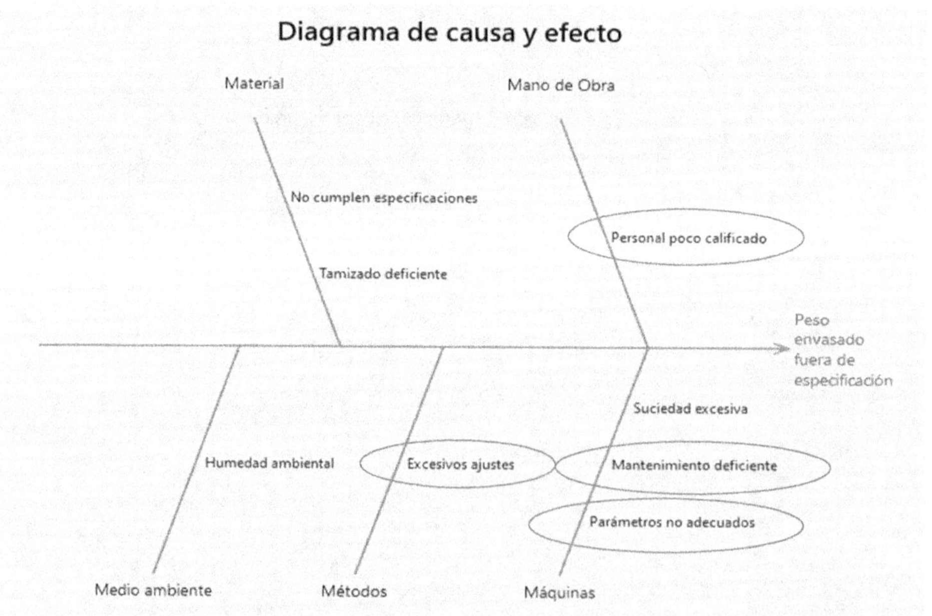

Figura 3.18.

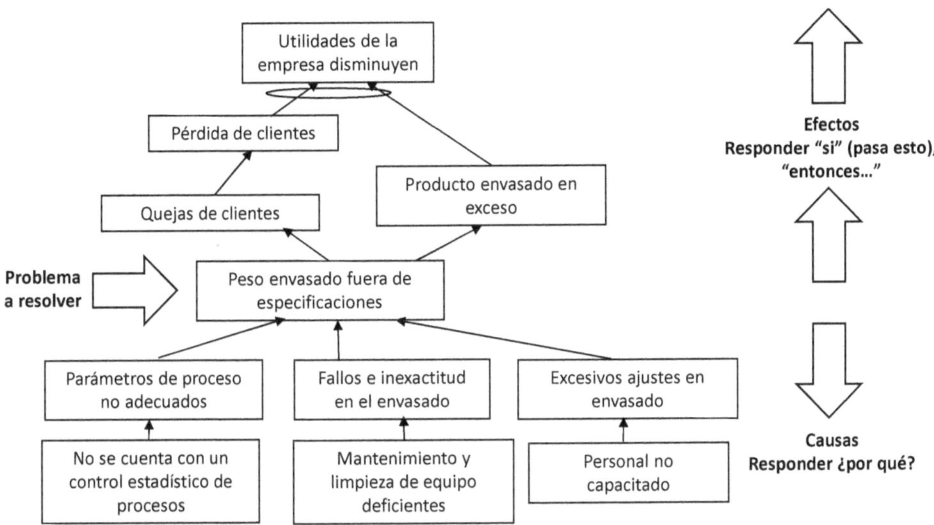

Figura 3.19.

Para corroborar estas causas, el equipo de mejora reunió a otro grupo de líderes, operadores y técnicos de mantenimiento (diferente al anterior) y con ellos, en una lluvia de ideas, elaboró un árbol de realidad actual, con el resultado que puede verse en la figura 3.19.

Con estos dos instrumentos, el equipo tenía una idea más clara de las posibles causas raíz del problema y decidió utilizar un diagrama de Pareto para comprobarlo. El método de análisis fue el siguiente: durante una semana de trabajo se solicitó a todos los operadores de la línea de envasado que registraran el número de eventos para las siguientes situaciones:

- Paros por fallo en el equipo de envasado.
- Ajustes en los parámetros de envasado.
- Paro por desconocimiento del operador.

Los resultados se presentan en la siguiente tabla y con ella se elaboró (utilizando Minitab) el diagrama de Pareto que aparece en la figura 3.20.

Problema	**Ocurrencia**
• Paros por fallo en el equipo de envasado	35
• Ajustes en los parámetros de envasado	77
• Paro por desconocimiento del operador	27

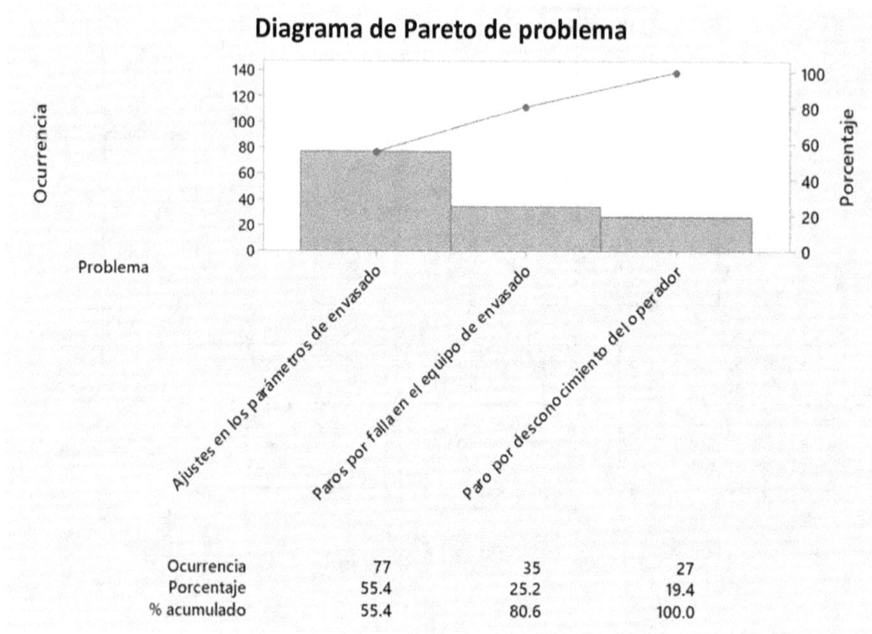

Ocurrencia	77	35	27
Porcentaje	55.4	25.2	19.4
% acumulado	55.4	80.6	100.0

Figura 3.20.

Basándose en estos resultados, el equipo de mejora continuó el análisis enfocándose en estas tres principales oportunidades, ya que, a pesar de que la falta de conocimientos del operador aparece en último lugar, su frecuencia es muy similar a la de fallos en el equipo de envasado.

A continuación, el equipo de Elsa Alatorre determinó si el grado de capacitación de los operadores de envasado es un factor significativo para el número de ajustes que se realizan en un turno de producción. Para ello, se midió el número de ajustes realizados por tres operadores: Elías, que no ha recibido capacitación; Martín, que tiene siete años de antigüedad y se le ha capacitado ampliamente; y Juan, que tampoco ha recibido adecuado entrenamiento. Los resultados (en número de ajustes por turno, a lo largo de siete días) se muestran en la tabla 3.15.

El gráfico *box plots* resultante (usando Minitab) aparece en la figura 3.21.

Las conclusiones a las que llegó el equipo de Elsa Alatorre fueron:

- Martín, el operador con mayor grado de capacitación, presenta una variabilidad muy pequeña y la medida de tendencia central más baja en cuanto a número de ajustes efectuados.

	1	2	3	4	5	6	7
Elías	9	11	15	7	2	8	11
Martín	3	0	1	2	0	3	5
Juan	5	17	9	7	7	5	11

Tabla 3.15.

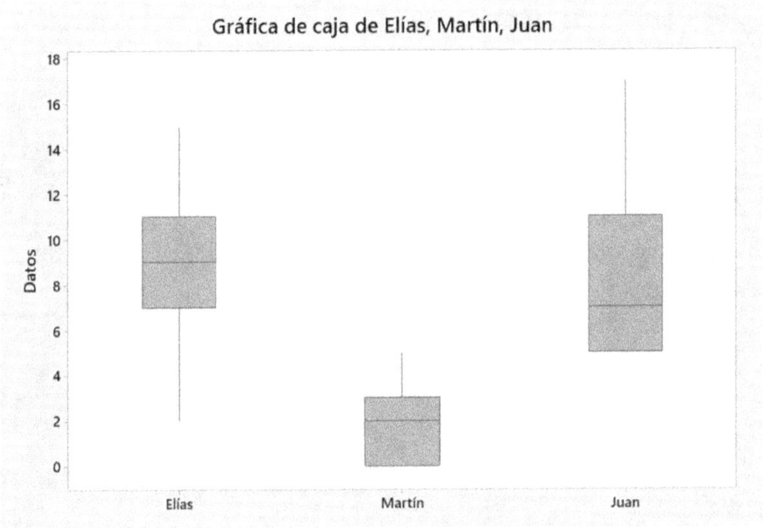

Figura 3.21.

- Tanto Elías como Juan, operadores que no han recibido la capacitación adecuada, tienen una variabilidad muy alta, además de un promedio de ajustes muy elevado.

Durante esa misma semana, se realizó un análisis multivari para determinar si el número de paros por fallos en el equipo de envasado se ve afectado por los siguientes tres factores:

- Operador: Elías, Martín y Juan.
- Tipo de producto envasado: presentaciones de 10 kg y de 25 kg.
- Hora del día, con la medición de tres horarios: inicio de turno (de 7:00 a 09:30), mitad de turno (de 09:30 a 12:00) y final de turno (de 12:30 a 15:00).

Los resultados para el número de paros por fallos en el equipo de envasado que se presentaron en la semana se muestran en la tabla 3.16.

Con Minitab se efectuó el gráfico multivari que puede verse en la figura 3.22. Las conclusiones del equipo fueron:

1. El grado de capacitación del operador tiene influencia sobre el número de fallos: Martín, el operador más capacitado, presenta el menor promedio, mientras que el de Elías y Juan (muy similares entre sí) es mayor.
2. No hay diferencia significativa en los paros promedio entre ambas presentaciones, de 10 y de 25 kg.
3. El número de paros aumenta considerablemente (en todos los casos) al final del turno. En general, este es un síntoma de que el equipo va sufriendo desajustes conforme avanza la jornada, por lo que será necesario revisar a detalle este aspecto.
4. Es necesario establecer los parámetros de operación adecuados en el envasado para minimizar la variación del peso.

Horario	Elías 10 kg	Elías 25 kg	Martín 10 kg	Martín 25 kg	Juan 10 kg	Juan 25 kg
Inicio (07:00 a 09:30)	4	5	2	2	3	3
Medio (09:30 a 12:00)	5	3	3	2	5	4
Fin (12:30 a 15:00)	15	17	10	9	17	19

Tabla 3.16.

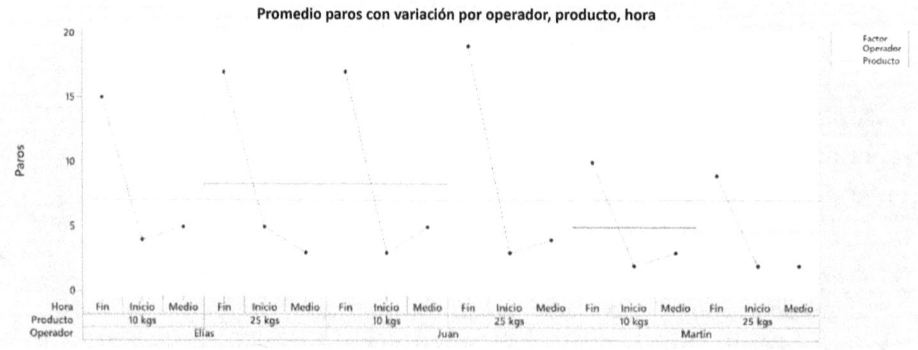

Figura 3.22.

5. Se debe reforzar la capacitación de los operadores (basada en los procedimientos estandarizados), incluyendo el uso del control estadístico de procesos para no caer en ajustes innecesarios.
6. Se debe mejorar sustancialmente el mantenimiento a los equipos.

Continuando con su trabajo, Elsa Alatorre y su equipo determinaron que, para lograr el objetivo del proyecto, *Ppk* para el peso de producto envasado igual o mayor a 1.17, con límite de especificación entre 25 y 26 kg, la media del proceso deberá situarse en 25.5, con una desviación estándar máxima de 0.142:

$$Ppk = \frac{|\,LE - \bar{x}\,|}{3s} = \frac{|\,26 - 25.5\,|}{(3)(0.142)} = 1.173$$

Y para comprobar que sus datos iniciales no cumplen con estos parámetros, realizaron las siguientes pruebas de hipótesis (con un nivel de confianza del 95 %), usando para ello los 81 datos recolectados en la fase Medir (véase el apartado 2.6):

- La media del proceso es igual a 25.5 (prueba bilateral).
- La desviación estándar del proceso es menor o igual a 0.142.

Los resultados para la media (obtenidos en Minitab) se presentan en la tabla 3.17.

N	Media	Desv.Est.	Error estándar de la media	IC de 95 % para μ
81	25.7038	0.4555	0.0511	(25.6037. 25.8040)

μ: media de peso neto
Desviación estándar conocida = 0.46

Prueba

Hipótesis nula H_0: μ = 25.5
Hipótesis alterna H_1: μ ≠ 25.5

Valor Z	Valor p
3.99	0.000

Tabla 3.17.

Debido a que el valor p es menor a 0.05, con un nivel de confianza del 95 %, se rechazó la hipótesis nula de que la media es igual a 25.5 (comprobado por el intervalo de confianza del 95 % para la media, ya que el dato de 25.5 no se encuentra en dicho intervalo).

Los resultados para la desviación estándar se muestran en la tabla 3.18.

Debido a que el valor p es menor a 0.05, con un nivel de confianza del 95 %, se rechazó la hipótesis nula de que la desviación estándar es menor o igual a 0.142. Por lo tanto, el equipo concluyó que los parámetros actuales no cumplen con las especificaciones requeridas y se necesitan acciones de mejora.

Como siguiente paso, el equipo de Elsa Alatorre, en Manufacturera Química, diseñó un experimento para determinar los factores que influyen en la variabilidad en el peso de producto envasado. Los factores a considerar fueron:

- Velocidad de agitación   35 rpm   70 rpm
- Diámetro de la boquilla   25 mm   50 mm
- Materia prima   Sin tamizar   Tamizada

Se llenaron recipientes durante 60 minutos en cada condición (se hicieron tres réplicas) y se midió la desviación estándar del peso envasado. Los resultados se muestran en la tabla 3.19.

Se elaboró el análisis que puede verse en la tabla 3.20.

Y se concluyó que solo los factores A y B, es decir, la velocidad de agitación y el diámetro de la boquilla, así como su interacción (AB), son significativos. El

N	Desv.Est.	Varianza	Límite inferior de 95 % para σ usando Bonett	Límite inferior de 95 % para σ usando Chi-cuadrada
81	0.455	0.207	0.401	0.404

Prueba

Hipótesis nula	H_0: $\sigma = 0.142$
Hipótesis alterna	H_1: $\sigma > 0.142$

Método	Estadística de prueba	GL	Valor p
Bonett	—	—	0.000
Chi-cuadrada	823.00	80	0.000

Tabla 3.18.

Nivel del factor (A) Velocidad	Nivel del factor (B) Diámetro	Nivel del factor (C) Materia prima	Réplicas		
			1	2	3
35	25	Sin tamizar	0.46	0.499	0.49
70	25	Sin tamizar	0.529	0.552	0.519
35	50	Sin tamizar	0.333	0.32	0.314
70	50	Sin tamizar	0.532	0.55	0.584
35	25	Tamizada	0.445	0.483	0.425
70	25	Tamizada	0.632	0.645	0.601
35	50	Tamizada	0.398	0.398	0.385
70	50	Tamizada	0.489	0.475	0.499

Tabla 3.19.

Factor (A): Velocidad		Factor (B): Diámetro		Factor (C): Mat. prima		Réplicas						Totales
Binario	Real	Binario	Real	Binario	Real	1	2	3	4	5	6	
-1	35	-1	25	-1	Sin tamizar	0.460	0.499	0.490				1.449
1	70	-1	25	-1	Sin tamizar	0.529	0.552	0.519				1.600
1	35	1	50	-1	Sin tamizar	0.333	0.320	0.314				0.967
1	70	1	50	-1	Sin tamizar	0.532	0.550	0.584				1.666
1	35	-1	25	1	Tamizada	0.445	0.483	0.425				1.353
1	70	-1	25	1	Tamizada	0.632	0.645	0.601				1.878
1	35	1	50	1	Tamizada	0.398	0.398	0.385				1.181
1	70	1	50	1	Tamizada	0.489	0.475	0.499				1.463

No. de réplicas	3
No. de niveles del factor A	2
No. de niveles del factor B	2
No. de niveles del factor C	2
Alpha	0.05

Fuente de variacion	SS	gl	MSE	F	F tablas	Conclusión
Factor (A)	0.114402	1	0.114402	297.567	4.494	**Significativo**
Factor (B)	0.041917	1	0.041917	109.029	4.494	**Significativo**
Factor (C)	0.001552	1	0.001552	4.037	4.494	**No significativo**
Interacción (AB)	0.003876	1	0.003876	10.082	4.494	**Significativo**
Interacción (AC)	0.000077	1	0.000077	0.200	4.494	**No significativo**
Interacción (BC)	0.001218	1	0.001218	3.169	4.494	**No significativo**
Interacción (ABC)	0.026070	1	0.026070	67.810	4.494	**Significativo**
Error	0.006151	16	0.000384			
TOTAL	0.195264	23				

Tabla 3.20.

tipo de materia prima no tiene relevancia sobre la desviación estándar del peso envasado, ya que ni como efecto individual ni en ninguna de sus interacciones dobles (AC o BC) presenta incidencia. La interacción triple no se toma en cuenta.

Para finalizar el análisis, el equipo de mejora realizó pruebas durante una semana para comparar el número de ajustes realizados en el equipo de envasado con la desviación estándar del peso envasado en dicho día, con los resultados que se muestran en la tabla 3.21.

La gráfica de correlación (Minitab) se presenta en la figura 3.23.

Observamos que el número de ajustes y la desviación estándar del peso envasado tienen una relación positiva fuerte (cuanto más aumenta el número de ajustes, más se incrementa la desviación estándar del proceso). El coeficiente de determinación R^2 es de 95.0 %.

	1	2	3	4	5	6	7
Número de ajustes	7	3	1	5	7	6	2
Desviación estándar de peso envasado	0.621	0.283	0.209	0.555	0.603	0.587	0.271

Tabla 3.21.

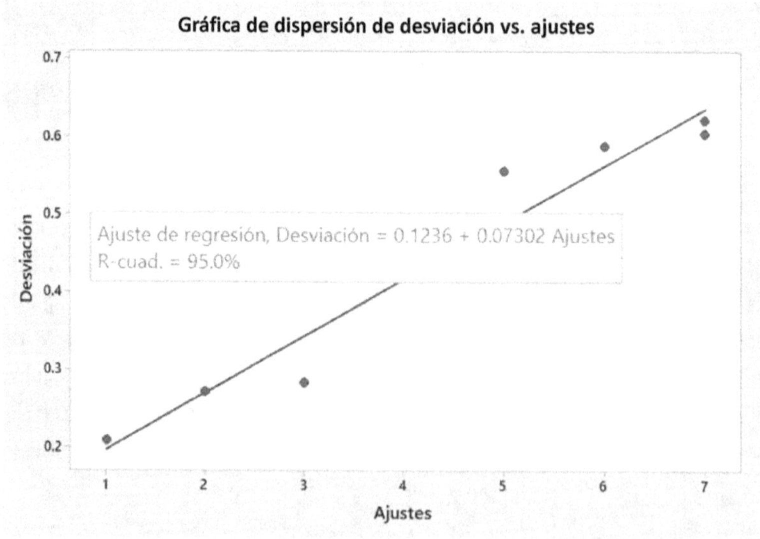

Figura 3.23.

Conclusión: El equipo de mejora de Manufacturera Química, liderado por Elsa Alatorre, concluyó al finalizar sus análisis:

1. El grado de capacitación de los operadores y el número de ajustes que se hacen al equipo tienen incidencia sobre la variación en el peso envasado.
2. Los paros por fallos en el equipo de envasado también se ven influenciados por la destreza de los operadores, y estos paros aumentan conforme avanza el turno de trabajo.
3. Mediante Anova, se validó que la velocidad de agitación en la tolva de la máquina y el diámetro de la boquilla que se utilice son factores significativos en la variabilidad del peso envasado, mientras que el hecho de que la materia prima se tamice o no, no lo es.

Con estas conclusiones, el equipo está listo para pasar a la fase Mejorar.

Ejemplo D:

Para comenzar su investigación sobre las causas que originan el incumplimiento de su principal CTQ (cumplimiento del costo objetivo), el equipo de Brenda Ávalos en Calzado Chelsea coordinó una lluvia de ideas para elaborar (usando Minitab) el diagrama de pescado que aparece en la figura 3.24, basándose en las 4P (políticas, procedimientos, instalaciones, personas).

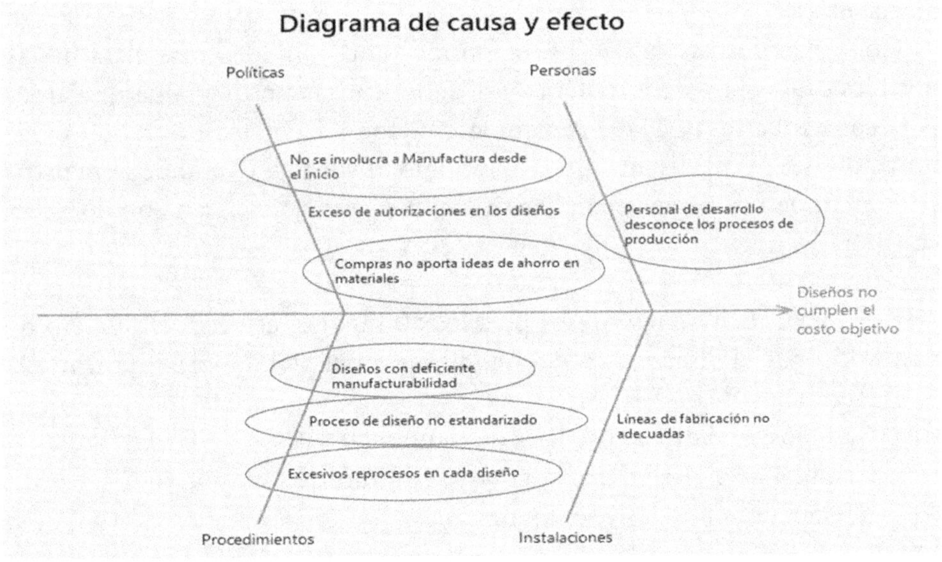

Figura 3.24.

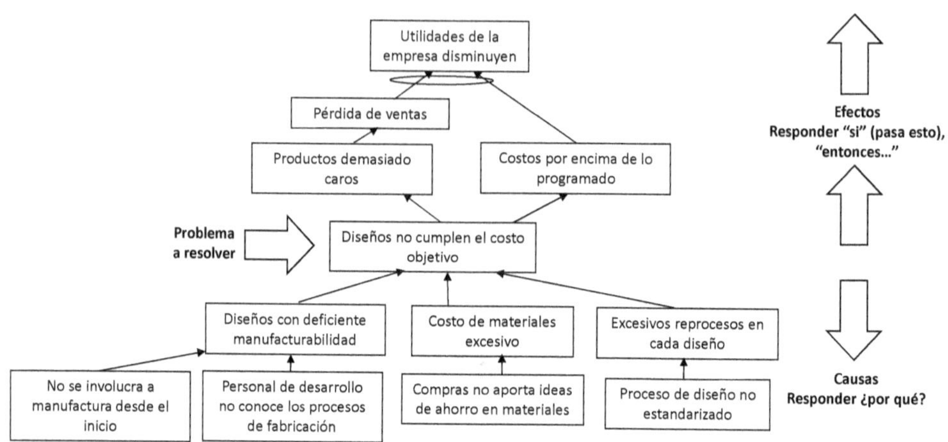

Figura 3.25.

Para corroborar estas causas, el equipo de mejora reunió a otro grupo de trabajadores (diferente al anterior) y con ellos, en una lluvia de ideas, se elaboró un árbol de realidad actual, con el resultado que se muestra en la figura 3.25.

En este caso, el árbol de realidad actual fue muy útil, ya que muestra que algunas de las causas listadas en el diagrama de pescado en realidad son causas raíz de otras.

Con estos dos instrumentos, el equipo tenía una idea más clara de las posibles causas raíz del problema y decidió utilizar un diagrama de Pareto para comprobarlo mediante el siguiente método de análisis: durante la elaboración de los 50 diseños de la temporada primavera-verano, se registró el número de ocurrencias para las situaciones que se explican con detalle a continuación.

- Número total de reprocesos para los 50 diseños, es decir, el número de veces que el diseño tuvo que modificarse por alguna razón, previo a la fabricación de prototipos.
- Cambios en el diseño por falta de algún material.
- Cambios en el diseño una vez que se fabricaron los prototipos.
- Número de autorizaciones totales.

Los resultados se presentaron en la siguiente tabla:

Problema	**Ocurrencia**
• Número total de reprocesos para los 50 diseños	75
• Cambios en el diseño por falta de algún material	23
• Cambios en el diseño una vez que se fabricaron los prototipos	37
• Número de autorizaciones totales	11

Con esta tabla se elaboró (utilizando Minitab) el diagrama de Pareto que puede verse en la figura 3.26.

Basándose en estos resultados, el equipo de mejora continuó el análisis enfocándose en tres oportunidades principales:

• Estandarizar el proceso de diseño.
• Capacitar al personal de desarrollo en los procesos de fabricación e involucrar a manufactura desde el inicio del diseño.
• Solicitar que compras aportase ideas sobre materiales con los que se podría lograr un ahorro en el diseño final.

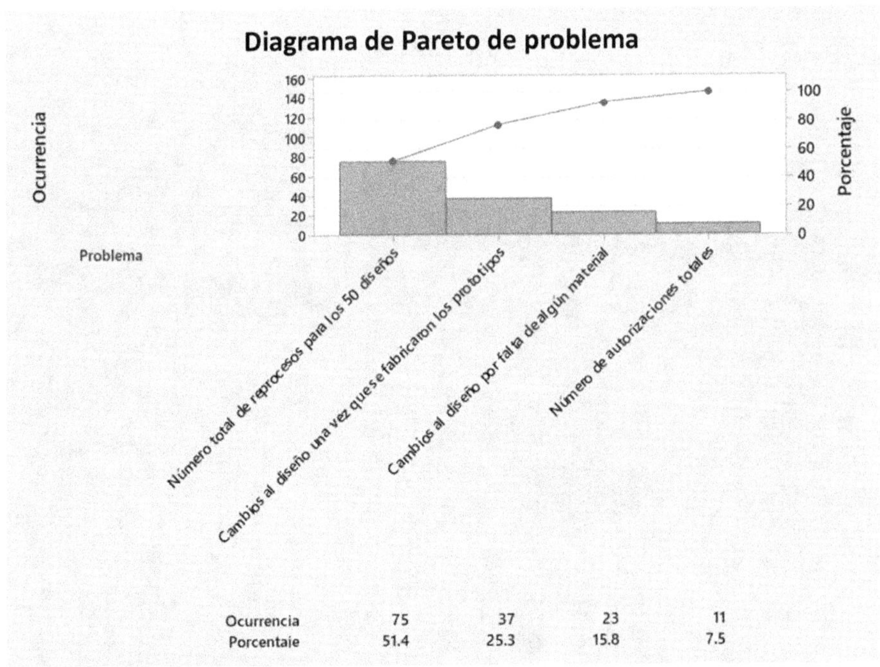

Figura 3.26.

A continuación, el equipo de Calzado Chelsea validó si el sobrecosto en los diseños debido exclusivamente a los materiales tenía relación con la temporada para la que se hacían los diseños (primavera-verano y otoño-invierno). Para ello, se compararon los sobrecostos en materiales para diez diseños (elegidos al azar) de la reciente temporada primavera-verano y de la pasada temporada otoño-invierno. Los resultados (en porcentaje) se muestran en la tabla 3.22.

El gráfico *box plots* resultante (usando Minitab) puede verse en la figura 3.27. Las conclusiones que obtuvo el equipo de Calzado Chelsea fueron:

- Los diseños de ambas temporadas tiene similar variabilidad en cuanto al sobrecosto por materiales.
- Sin embargo, los sobrecostos por materiales son más altos para la temporada otoño-invierno. El equipo dedujo que este resultado es lógico, ya que

	1	2	3	4	5	6	7	8	9	10
Primavera-verano	5.8	7.62	6.91	7.94	3.23	8.35	5.95	7.9	8.1	8.25
Otoño-invierno	17.56	15.55	13.9	12.98	16.1	15.7	14.15	15.15	13.12	14.79

Tabla 3.22.

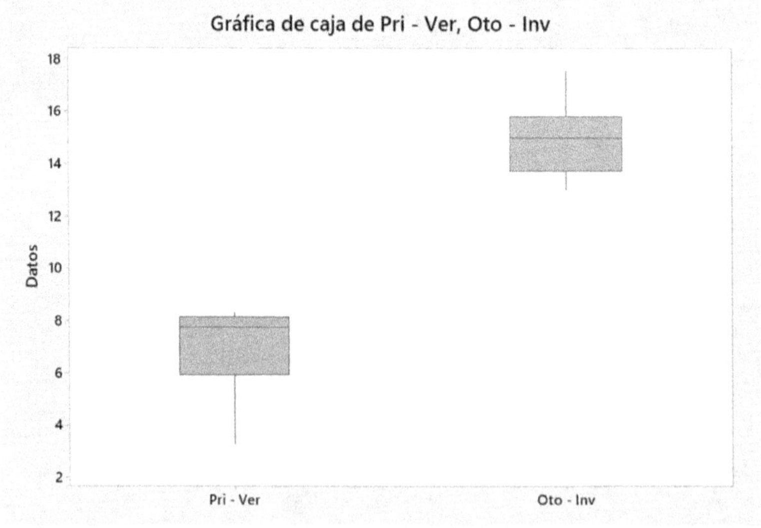

Figura 3.27.

los diseños de la temporada fría son tipo bota y botín, los cuales utilizan una mayor cantidad de material, mientras que los diseños primaverales (tipo sandalias) requieren menos.

Paralelamente, Brenda Ávalos y su equipo realizaron un análisis multivari para determinar si el sobrecosto total en los diseños se ve afectado por los siguientes tres factores:

* Temporada: primera-verano y otoño-invierno.
* Tipo de diseño: dama y caballero.
* Mercado: lujo y tradicional.

Los resultados para el sobrecosto total, medido en porcentaje, se muestran en la tabla 3.23.

El gráfico multivari, efectuado con Minitab, aparece en la figura 3.28.

	Primavera–Verano		Otoño-Invierno	
Mercado	Dama	Caballero	Dama	Caballero
Lujo	7.55	9.1	17.95	19.07
Tradicional	4.32	5.05	13.97	11.99

Tabla 3.23.

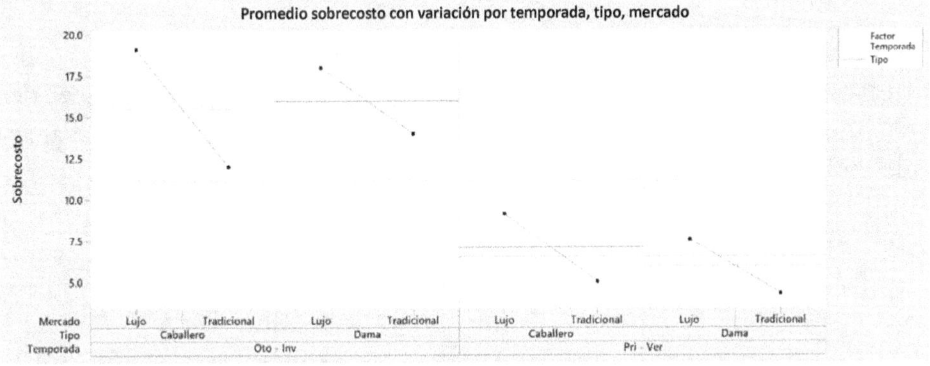

Figura 3.28.

Las conclusiones del equipo fueron:

1. Se corrobora lo observado en el diagrama *box plots:* los diseños de otoño-invierno tienen un sobrecosto mayor que los de primavera-verano.
2. No existe diferencia significativa entre los diseños de dama y caballero.
3. En todos los casos se observa un sobrecosto mayor para los diseños del mercado de lujo.
4. Se debe estandarizar el proceso de diseño para disminuir el gran número de reprocesos que se observan.
5. Es necesario capacitar al personal de desarrollo en los procesos de fabricación e involucrar a manufactura desde el inicio del diseño.
6. Un requisito determinante es que el área de compras aporte ideas sobre materiales con los que se podría lograr un ahorro en el diseño final, principalmente para la temporada otoño-invierno y para el mercado de lujo.

Continuando con su trabajo, el equipo determinó que para lograr el objetivo del proyecto, *Ppk* para el cumplimiento al costo objetivo igual o mayor a 1.00, con límites de especificación de 80 a 100 %, la media del proceso deberá situarse en 90, con una desviación estándar máxima de 3.33:

$$Ppk = \frac{|\,LE - \bar{x}\,|}{3s} = \frac{|\,100 - 90\,|}{(3)(3.33)} = 1.00$$

Y para comprobar que sus datos iniciales no cumplían con estos parámetros, se realizaron las siguientes pruebas de hipótesis (con un nivel de confianza del 95 %), usando para ello los 35 datos recogidos en la fase Medir (véase el apartado 2.6):

- La media del proceso es menor o igual a 90.
- La desviación estándar del proceso es menor o igual a 3.33.

Los resultados para la media (obtenidos en Minitab) se muestran en la tabla 3.24.

N	Media	Desv.Est.	Error estándar de la media	Límite inferior de 95 % para μ
35	104.587	4.209	0.712	103.416

μ: media de porcentaje
Desviación estándar conocida = 4.21

Prueba

Hipótesis nula H_0: μ = 90
Hipótesis alterna H_1: μ > 90

Valor Z	Valor p
20.50	0.000

Tabla 3.24.

N	Desv.Est.	Varianza	Límite inferior de 95 % para σ usando Bonett	Límite inferior de 95 % para σ usando Chi-cuadrada
35	4.21	17.7	3.29	3.52

Prueba

Hipótesis nula H_0: σ = 3.33
Hipótesis alterna H_1: σ > 3.33

Método	Estadística de prueba	GL	Valor p
Bonett	—	—	0.059
Chi-cuadrada	54.31	34	0.015

Tabla 3.25.

Debido a que el valor *p* es menor que 0.05, con un nivel de confianza del 95 %, se rechazó la hipótesis nula de que la media es menor o igual a 90.

Los resultados para la desviación estándar se presentan en la tabla 3.25.

Debido a que el valor *p* para la prueba chi-cuadrado es menor a 0.05, con un nivel de confianza del 95 %, se rechazó la hipótesis nula de que la desviación estándar es menor o igual a 3.33. Por lo tanto, el equipo concluyó que los parámetros actuales no cumplen con las especificaciones requeridas, y se necesitan acciones de mejora.

Continuando con su trabajo, se utilizó un estudio de Anova para comprobar matemáticamente si los siguientes factores realmente son significativos en el sobrecosto total, de acuerdo con lo observado en los gráficos *box plots* y multivari:

- Temporada: primavera-verano y otoño-invierno.
- Mercado: lujo y tradicional.

Además, se deseaba comprobar que el año no es un factor determinante en el sobrecosto, por lo que se utilizó un modelo para Anova de dos factores con bloques (donde los bloques son los últimos tres años). Los resultados (en porcentaje) se muestran en la tabla 3.26.

Se observa que:

- Los bloques no son significativos, es decir, no importa el año en los sobrecostos.
- Tanto el factor A (temporada) como el factor B (mercado) son significativos en las diferencias observadas en los sobrecostos (aunque su interacción no lo es).

Factor (B)	Bloque 1: año 2017					Bloque 2: año 2018					Bloque 3: año 2019				
	Factor (A): temporada					Factor (A): temporada					Factor (A): temporada				
Mercado	Pri.-ver.	Oto.-inv.	A3	A4	A5	Pri.-ver.	Oto.-inv.	A3	A4	A5	Pri.-ver.	Oto.-inv.	A3	A4	A5
Lujo	8.73	18.75				7.95	17.77				9.01	15.99			
Tradicional	5.05	12.21				5.15	13.05				6.05	13.15			
B3															
B4															
B5															
Sumas	5.05	30.96	0	0	0	13.1	30.82	0	0	0	15.06	29.14	0	0	0
	36.01					43.92					44.2				

No. de réplicas	1
No. de niveles del factor A	2
No. de niveles del factor B	2
No. de bloques	3
Alpha	0,05

Fuentes de variacion	SS	gl	MS	F	F tablas	Conclusión
Factor (A)	199.920	1	199.920	215.284	5.987	**Significativo**
Factor (B)	46.178	1	46.178	49.726	5.987	**Significativo**
Bloques	0.087	2	0.043	0.047	5.143	**No significativo**
AB	1.810	1	1.810	1.949	5.987	**No significativo**
Error	5.572	6	0.929			
Total	253.566	11				

Tabla 3.26.

Como paso final del análisis, el equipo de mejora mantuvo un registro de sobrecosto total contra los reprocesos observados en el proceso de diseño de la temporada primavera-verano y obtuvo la tabla 3.27 para 9 diseños elegidos al azar.

La gráfica de correlación (Minitab) puede verse en la figura 3.29.

Observamos que el sobrecosto y el número de reprocesos tienen una relación positiva fuerte (cuanto más aumentan los reprocesos, mas se incrementa el sobrecosto final). El coeficiente de determinación R^2 es de 96.6 %.

Conclusión: El equipo de mejora de Calzado Chelsea, liderado por Brenda Ávalos, concluyó al finalizar sus análisis:

1. La temporada y el tipo de mercado para los diseños tienen incidencia en el sobrecosto final, siendo más alto para la temporada otoño-invierno y para el mercado de lujo.

	1	2	3	4	5	6	7	8	9
Número de reprocesos	5	7	2	5	3	7	9	3	1
Sobrecosto final	10.55	13.67	5.1	11.15	7.01	12.99	17.55	6.75	0.56

Tabla 3.27.

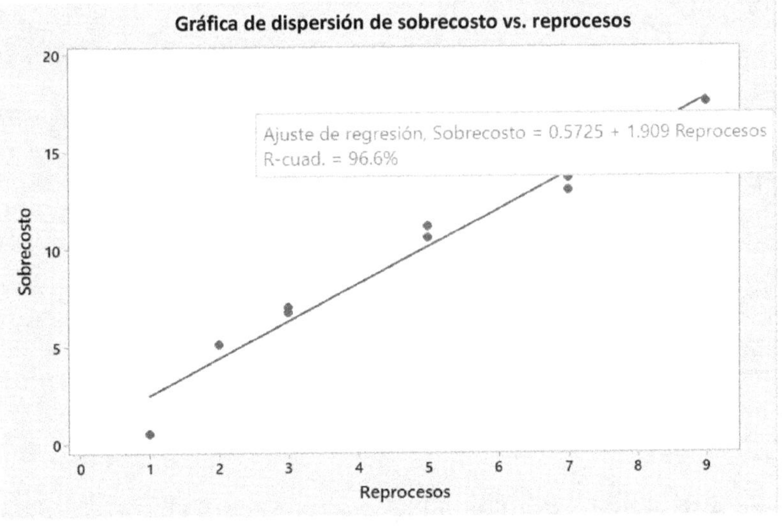

Figura 3.29.

2. La falta de un proceso estandarizado, el poco conocimiento del personal de desarrollo acerca del proceso de fabricación y la no implicación de la manufactura desde el inicio del diseño provocan un elevado número de reprocesos, lo cual a su vez origina un mayor sobrecosto.

3. Finalmente, es necesario que el área de compras se comprometa a aportar su conocimiento en los materiales de fabricación para reducir el sobrecosto debido a este rubro.

Con estas conclusiones, el equipo está listo para pasar a la fase Mejorar.

11 Conclusión

Al concluir la fase Analizar, el equipo verificará, mediante la siguiente lista de verificación, que todos los objetivos han sido cubiertos y se puede pasar a la fase Mejorar:

Revisión de etapa de analisis

Proyecto: ____   Fecha: __________

	Si	No
1.- Se examinaron los procesos e identificaron cuellos de botella, desconexiones y redundancias que pueden contribuir al problema al cual nos estamos enfocando.	☐	☐
2.- Se condujeron análisis para evaluar el valor agregado y tiempo de ciclo de cada etapa de proceso, identificando tareas que no agregan valor en donde sólo desperdiciamos recursos.	☐	☐
3.- Se analizaron datos para evaluar el desempeño del proceso, asi como información para estratificar el problema e identificar fuentes de variación y posibles causas raices.	☐	☐
4.- Se evaluó si el proyecto debe enfocarse a una mejora de proceso o a un rediseño de proceso.	☐	☐

Para mejora de procesos

	Si	No
5.- Se desarrollaron hipótesis de causa raiz que explican el problema que tratamos de resolver.	☐	☐
6.- Se investigaron y verificaron las hipótesis de causa raiz de manera que tenemos la confianza de cubrir todas las posibles causas raices.	☐	☐

Para diseño o rediseño de procesos

	Si	No
7.- Estamos seguros de tener identificados los requerimientos para el proceso a diseñar de manera que aseguremos que podemos crear un proceso nuevo más efectivo y eficiente.	☐	☐

Nuestros equipos de trabajo han hecho significativos avances:

- **Caso A: Banco del Pacífico.** El equipo de Alberto Hernández determinó que su proceso no tiene capacidad para cubrir la demanda debido a los altos tiempos de atención en ventanilla, que además son percibidos por sus clientes como la principal oportunidad. Se definió que las causas raíz son:

– Capacitación pobre de los cajeros y del personal de recepción.
– Falta de manuales estandarizados.
– Constantes fallos en los equipos y en la comunicación con el sistema central.
– Falta de ventanillas para los clientes que realizan más de 5 transacciones.

- **Caso B: Operadores Logísticos del Golfo.** Valentín Ortega y su equipo establecieron que se presentan demasiadas entregas tardías o incompletas, y comprobaron que las causas raíz son:

– Faltantes de producto para surtir los pedidos, ocasionados principalmente por un sistema ineficiente para el cálculo y reposición del inventario óptimo.
– Proceso por «silos», que origina fallos en la comunicación y la documentación.
– A pesar de no resultar significativos, se intentará mejorar el mantenimiento y la programación de los equipos de transporte.

- **Caso C: Manufacturera Química.** El equipo de Elsa Alatorre demostró que su proceso de envasado tiene un comportamiento muy pobre, por lo que se produce un excesivo porcentaje de producto fuera de especificación, principalmente por encima del límite superior. Las oportunidades se encuentran en:

– Reducir la variabilidad (los factores que influyen sobre este parámetro son la velocidad de agitación y el diámetro de la boquilla de llenado).
– Capacitar a los operadores.
– Disminuir fallos y ajustes en el equipo de envasado.
– El número de paros por fallos aumenta conforme avanza el turno, lo que sugiere posibles desajustes.

- **Caso D: Calzado Chelsea.** El equipo de Brenda Ávalos comprobó que la principal causa de desviación al costo objetivo del producto es la cantidad excesiva de reprocesos durante el diseño, así como un elevado sobrecosto en los materiales. Las variables más significativas son:

- La temporada y el tipo de mercado, siendo más alto para la temporada otoño-invierno y para el mercado de lujo.
- La falta de un proceso estandarizado, el poco conocimiento del personal de desarrollo acerca del proceso de fabricación y la no implicación de la manufactura desde el inicio del diseño.
- El área de compras no aporta su conocimiento en los materiales de fabricación para reducir el sobrecosto debido a este rubro.

Capítulo 4

Fase 4: Mejorar

1 Objetivos

Los principales objetivos de la fase Mejorar son:

- Proponer nuevas condiciones en los procesos para optimizar su desempeño y alcanzar los objetivos planteados en la etapa Definir.
- Establecer los beneficios asociados con la solución propuesta, estimados por el equipo y aprobados por la dirección de la empresa.
- Investigar y resolver los potenciales modos de fallo para el nuevo proceso.
- Implementar y validar las mejoras.

1.1 Proponer nuevas condiciones de operación

Es necesario tener en cuenta que las mejoras del proceso deben concentrarse en el control de los factores que predicen los resultados futuros, pues esto ayuda a prevenir problemas antes de que estos ocurran. Tradicionalmente, la optimización implica encontrar la mejor combinación de los factores (o variables de entrada) para optimizar la variable respuesta.

1.2 Establecer los beneficios de la solución propuesta

No es raro que, al llegar a esta fase, un equipo decida probar varios métodos de mejora de procesos antes de implementar uno definitivo. Todas estas técnicas, de gran potencial, deben ser evaluadas con base en un objetivo, impulsado por los datos, para asegurar a las partes interesadas que recibirán lo óptimo de su inversión sobre el proyecto.

Se puede utilizar una matriz de priorización para comparar las soluciones propuestas con los criterios definidos como esenciales en la etapa de definición del proyecto. También se deben usar herramientas de análisis financiero para estimar el ahorro de costos que se espera obtener.

1.3   Investigar y resolver potenciales modos de fallo

Una vez que se ha establecido el nuevo flujo del proceso, este debe ser evaluado por sus modos de fallo. El objetivo es claro: no deseamos introducir problemas que pudieran ser mayores que la solución propuesta.

Además, identificar los potenciales modos de fallo permite definir las estrategias de prevención para reducir al mínimo su impacto o aparición. Estas estrategias pueden ser: introducir nuevas etapas en el proceso, optimizar su configuración, implementar el control estadístico o llevar a cabo acciones para prevenir el fracaso.

Se debe señalar que, a veces, el fracaso no puede ser prevenido económicamente, pero en cualquier caso se deben desarrollar actividades para reducir al mínimo la ocurrencia del fallo y la posibilidad de los daños.

1.4   Implementar y validar las mejoras

Necesitamos llegar de la fase Analizar con la identificación de las causas raíz y de las fuentes de variación para poder aportar soluciones, utilizando herramientas de optimización, tales como:

- **Eventos *kaizen* y herramientas Lean:** para implementar mejoras en plazos muy cortos, en temas de aplicación específicos.
- **Diseño de experimentos:** para determinar cuál es la mejor combinación de factores y niveles que optimicen un proceso. Dentro de este rubro se contemplan los diseños factoriales.

El método más acertado de validación de estas acciones es: una vez implementados los cambios, realizar nuevamente las mediciones de los indicadores del proceso para comprobar la efectividad de las mejoras.

2 Eventos *kaizen* y herramientas Lean

Tal como se dijo anteriormente, no explicaremos al detalle las herramientas Lean, solo comentaremos aquellas que fueron implementadas en nuestros cuatro casos de estudio.

Como primer paso, en todos los proyectos se aplicaron las herramientas Lean básicas, es decir, 5S para mejorar el orden y la limpieza de los lugares de trabajo, y Andon para comunicar de manera visual los avances diarios en los indicadores, permitiendo que los trabajadores tomen decisiones respecto a sus labores. Asimismo, se elaboraron los AMEF (análisis de modo y efecto de fallos) tanto del proceso actual como del futuro, a fin de prevenir posibles problemas.

Caso A: Banco del Pacífico. Una vez detectadas las causas raíz del prolongado tiempo de atención en ventanilla, se proponen las siguientes soluciones:

- **Instaurar ventanillas dedicadas a clientes que realizan más de cinco transacciones:** se instruirá al personal de recepción para dirigir a este tipo de clientes a las ventanillas especializadas.
- **Implementación de trabajo estándar:** el equipo de Alberto Hernández documentará todas las instrucciones de trabajo con base en las mejores prácticas llevadas a cabo por los cajeros con mayor experiencia, como es el caso de Beatriz, cuyo desempeño cumple con el objetivo buscado (promedio de atención menor de 6 minutos por cliente) y que, además, en una encuesta estratificada obtuvo una excelente calificación.
- **Mantenimiento productivo total:** se implementará la cultura TPM tanto en *hardware* como en *software* en toda la institución para disminuir los continuos fallos en los sistemas de comunicación y en otros equipos, como los contadores de billetes.
- **Capacitación de todos los cajeros:** se desarrollarán instructores certificados para todas las actividades clave y, una vez que se cuente con la documentación de los procesos estandarizados, se utilizará la misma para capacitar a todos los empleados de recepción y de ventanilla utilizando el método de los cuatro pasos:

  1. El instructor hace la actividad sin hablar.
  2. El instructor hace la actividad y enuncia los pasos.

3. El instructor hace la actividad enunciando los pasos y explicando los puntos clave.
4. El instructor hace la actividad enunciando los pasos y explicando los puntos clave y además las razones de los puntos clave.

Antes de implementar esto en todas las sucursales de Banco del Pacífico, el equipo realizará una prueba piloto en una sucursal y, basándose en un diseño de experimentos factorial (explicado más adelante), comprobará la efectividad de las acciones propuestas.

Caso B: Operadores Logísticos del Golfo. Valentín Ortega y su equipo proponen las siguientes acciones de mejora:

- **Sistema *kanban:*** para el resurtido de los productos clave, cuyos faltantes originan las entregas tardías, se seguirán los cinco pasos de esta herramienta:

  1. Seleccionar los números de partes a establecer en *kanban.*
  2. Calcular la cantidad de piezas en *kanban* para cada número de parte.
  3. Escoger el tipo de señal y de contenedor estándar.
  4. Calcular el número de contenedores (en este caso serán palés o pallets).
  5. Hacer seguimiento del inventario diariamente (WIP to SWIP).

  Dado que este sistema también permite no caer en sobreinventarios, se prevé que disminuirán los costos por este aspecto.

- **Trabajo celular, balanceo de cargas y *poka-yoke* en todo el proceso:** se realizarán eventos *kaizen* para implementar el trabajo celular en todo el proceso, desde la recepción hasta el embarque, además de aprovecharse para que los trabajadores aporten ideas de mejora a fin de lograr una operación más ágil que responda a las diversas necesidades de los clientes. Durante estos eventos se tiene previsto implementar también mecanismos a prueba de errores *(poka-yoke)* para evitar los problemas más frecuentes, que son:

  - Envío de productos equivocados.
  - Discrepancias en facturación.

- **Oficina de valor:** aunado al punto anterior, se construirá e implementará una oficina de valor (en piso) en la que se concentre a todo el equipo de proceso para optimizar la comunicación, mejorar el flujo y minimizar los errores.
- **Trabajo estándar y capacitación:** al tener estandarizados los procesos, se documentarán los mismos y se entrenará a todo el personal para dar correcto seguimiento tanto al sistema *kanban* como a las adecuadas actividades de proceso.
- **Mantenimiento productivo total:** se implementará la cultura TPM en el equipo de transporte con el fin de disminuir posibles fallos que afecten las entregas a tiempo a los clientes.

Caso C: Manufacturera Química. Para el equipo de Elsa Alatorre la mayor oportunidad se encuentra en la aplicación de los siguientes aspectos:

- **Mantenimiento productivo total:** es necesario que la máquina envasadora funcione con la mayor precisión posible, a fin de que las nuevas condiciones de proceso aporten los resultados esperados en cuanto a variabilidad del peso dosificado. El mantenimiento autónomo y el mantenimiento preventivo serán piezas clave para alcanzar estos objetivos.
- **Trabajo estándar y capacitación:** como sucede en los casos anteriores, documentar el proceso mejorado y capacitar a todo el personal involucrado son básicos para lograr la estandarización.
- **Optimizar las condiciones de proceso:** en el caso de Manufacturera Química, la implementación de las herramientas Lean permitirá sentar las bases para la aplicación de un diseño de experimentos completo con objeto de fijar los parámetros que optimicen la operación. Será la acción que tenga más impacto sobre los objetivos buscados. La gran ventaja es que ya se han determinado (antes de llegar a la fase Mejorar) las variables clave del proceso (velocidad de agitación y diámetro de la boquilla de llenado).

Caso D: Calzado Chelsea. El equipo de Brenda Ávalos trabajará básicamente sobre dos principales aspectos:

- **Trabajo estándar y capacitación:** se establecerá un nuevo procedimiento para el diseño, en el que cada etapa sea validada por todos los involucrados en la cadena de valor, de manera que desde la concepción inicial se considere el método óptimo de fabricación del producto y una reducción de costos en los materiales de fabricación.

- ***Poka-yoke:*** el equipo de desarrollo de nuevos productos trabajará en conjunto con todas las áreas para que los diseños tengan en cuenta las posibles dificultades en el proceso de manufactura y con ello mejorar la productividad y disminuir la posibilidad de cometer errores que den lugar a rechazos, reprocesos y mermas. Se pondrá especial atención en los productos que hasta la fecha han representado los mayores sobrecostos: temporada otoño-invierno y mercado de lujo.

3   Diseño de experimentos (DOE)

El diseño de experimentos es un conjunto de técnicas activas que manipulan el proceso para inducirlo a proporcionar la información que se requiere para mejorarlo. Estos métodos de experimentación planificada nos ayudarán a aprender acerca de los muchos factores que impactan en la calidad de un servicio, producto o proceso.

Cuando hablamos de experimentos no debemos pensar solo en cierta clase de ensayos. Un experimento, al ser una prueba bajo condiciones controladas, puede aplicarse a cualquier tipo de proceso. Por ejemplo, en un proceso de servicio se puede realizar un experimento para probar la efectividad de un nuevo método de trabajo o de una diferente cantidad de personas que prestan el servicio, entre muchos otros.

Esta técnica fue desarrollada por Ronald Aylmer Fisher en la década de 1920, cuando era responsable de las estadísticas y el análisis de datos en la estación agrícola de Rothamsted, cerca de Londres. Este detectó que los experimentos que se llevaban a cabo para generar datos útiles a la agricultura tenían muchos fallos y, a través de la interacción con numerosos científicos e investigadores de diversos campos, desarrolló lo que ahora se conocen como el diseño experimental. Vale la pena repasar algunos conceptos:

- **Diseño experimental (patrón experimental):** es el plan formal para conducir el experimento. Incluye la selección de la o las variables de respuesta, los factores, los niveles y los bloques, así como el uso de ciertas herramientas llamadas agrupación planeada, aleatorización y repetición o replicación.
- **Experimento:** es un cambio en las condiciones de operación de un sistema o proceso, con objeto de medir el efecto del cambio en una o varias propiedades del producto o servicio.

- **Factor** (o variable de entrada): es una de las variables controladas o no controladas cuya influencia en una respuesta (salida) se estudia en el experimento. Los factores pueden ser cuantitativos (temperatura en grados, tiempo en segundos, número de operadores) o cualitativos (diferentes máquinas, diferente operador, limpio o no limpio).

- **Nivel:** los niveles de un factor son los valores de este que se estudian en el experimento. Para los factores cuantitativos, cada valor seleccionado es un nivel. Por ejemplo, si el experimento se va a llevar a cabo a dos diferentes temperaturas, el factor temperatura tiene dos niveles. Para factores cualitativos, tales como la limpieza, también pueden existir dos niveles, en este caso, limpio y no limpio.

- **Variable de respuesta:** es la característica del producto o servicio cuyo valor interesa mejorar mediante el diseño de experimentos.

- **Variable bloque:** un factor en el experimento que tiene una influencia indeseada como fuente de variación se llama bloque. Un bloque puede ser un conjunto de condiciones que producen ejecuciones experimentales que son más homogéneas dentro del bloque que entre bloques. Por ejemplo, partes de un mismo lote de material serán más uniformes entre sí que si se toman de diferentes lotes. El lote de material podría considerarse como la variable bloque.

- **Tratamiento:** es la combinación de un nivel de un factor determinado durante una ejecución experimental, por ejemplo, temperatura a 250 °C.

- **Combinación de tratamientos:** es una ejecución experimental donde se usa un conjunto de niveles específicos de cada variable de entrada. El número de combinaciones de los tratamientos en un experimento completo es el producto del número de niveles por el número de factores. Por ejemplo, si el diseño implica realizar un experimento con tres factores, en el que el factor 1 tiene 2 niveles y los factores 2 y 3 tienen 3 niveles cada uno, habrá 18 posibles combinaciones de los tratamientos en el experimento ($2 \times 3 \times 3$).

- **Matriz de diseño:** es el arreglo formado por las diferentes condiciones de proceso que serán ejecutadas, incluyendo las repeticiones.

- **Aleatorización:** consiste en hacer las ejecuciones experimentales en orden aleatorio.

- **Repetición:** es ejecutar más de una vez un tratamiento o combinación de factores.

- **Bloqueo:** es anular o tomar en cuenta de forma adecuada todos los factores que puedan afectar la respuesta observada.

Cualquiera que sea la actividad que estemos analizando (investigación y desarrollo, diseño, calidad, servicios, manufactura, logística, etc.), la tarea del investigador o ingeniero es obtener, documentar y transferir conocimiento del producto, servicio o proceso, ya que el conocimiento real es mucho mejor que el teórico. Por ello, el diseño experimental es una herramienta fundamental para mejorar el desempeño de un proceso que también tiene gran aplicación en el desarrollo de procesos nuevos. Las aplicaciones básicas en procesos son:

- Mejoras en el rendimiento del proceso.
- Variabilidad mínima en los parámetros de salida.
- Reducción de los costos globales.

Y para el diseño y mejora de nuevos productos:

- Evaluación y comparación de productos.
- Evaluación de materiales alternativos.
- Reducción del tiempo de desarrollo.
- Reducción de los costos globales.

Dentro de la utilidad de la experimentación, se pueden, por ejemplo, determinar:

- Los efectos de la variación en el material sobre la confiabilidad del producto.
- Las fuentes de variación en un proceso clave.
- Los efectos de materiales más baratos en el desempeño del producto o servicio.
- El impacto de la variación del trabajador en el producto o servicio.
- La relación causa-efecto entre las entradas del proceso y las características del producto o servicio.
- La ecuación que modela el proceso.

Tal como se dijo en el apartado de Análisis de varianza, los principios básicos que se deben observar en la experimentación son:

- El orden de los experimentos debe ser **aleatorio**. Aleatorizar el orden de las pruebas neutraliza fuentes de variación que pueden estar presentes

durante el experimento. En general, las fuentes de variación son desconocidas y pueden ser muchas, por ejemplo, cansancio del trabajador durante
la realización o medición de las pruebas, cambios de voltaje, cambios de
humedad ambiental, etc.

- Es recomendable **replicar** el experimento. Ello permite obtener una estimación del error, tanto para ver en qué medida el diseño representa el proceso,
  como para poder comparar los factores y determinar si son significativos o no.
- Ocasionalmente pueden existir variables en un experimento cuyo efecto
  no se desea probar y que incluso pueden afectar o encubrir la influencia
  de las variables con las que se desea experimentar. En este caso es necesario
  neutralizar o **bloquear** el efecto de tales variables nocivas.

De acuerdo con los objetivos, existen diversos tipos de diseños experimentales como puede verse en la tabla 4.1.

Finalmente, hay que tener en cuenta que la experimentación completa cons-
ta de cinco fases:

1. Planificación

- Encontrar un problema de calidad que causa pérdidas importantes en
  la compañía.

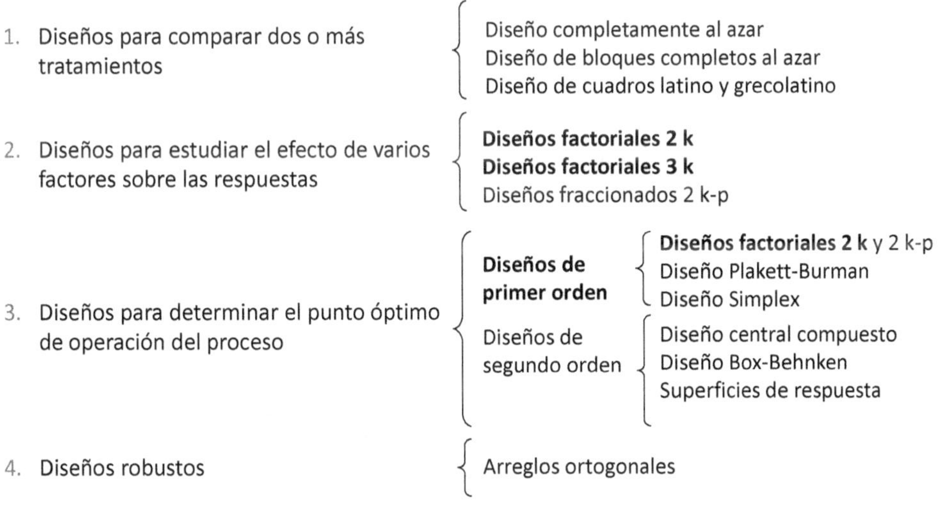

Tabla 4.1.

- Determinar qué factores deben estudiarse o investigarse, de acuerdo con la supuesta influencia que tienen sobre la respuesta.
- Elegir las variables de respuesta que serán medidas y verificar que se miden de manera confiable.
- Seleccionar el diseño experimental adecuado a los factores y al objetivo del experimento.
- Planear y organizar el trabajo experimental.

2. Ejecución

Realizar el experimento bajo las condiciones estipuladas en la planificación del mismo.

3. Análisis

- Llevar a cabo el análisis de los resultados, ya sea utilizando una hoja de cálculo o un *software.*
- Dibujar gráficas de apoyo para validar los datos y conocer los efectos de la combinación de factores.

4. Interpretación

Se debe ir más allá del mero análisis estadístico formal, por lo que se recomienda analizar con detalle lo que ha pasado en el experimento, desde contrastar las conjeturas iniciales con los resultados hasta observar los nuevos aprendizajes que se lograron sobre el proceso, verificar supuestos y elegir el tratamiento ganador.

5. Conclusiones finales

- Decidir qué medidas implementar para garantizar que el resultado del experimento se mantenga en las condiciones del producto, servicio o proceso.
- Organizar una presentación para difundir los logros.

4   Diseños factoriales

Una manera muy práctica de realizar experimentos son los diseños de variables con dos niveles para cada factor, que se representan mediante matrices de diseño. Con el diseño factorial completo se ejecutan aleatoriamente en el proceso todas las posibles combinaciones que pueden formarse con los niveles seleccionados.

Por ejemplo, con k = dos factores, ambos con dos niveles de prueba, se elabora el diseño 2 × 2, es decir 2^2. Es así como tenemos el siguiente significado de la notación 2^k:

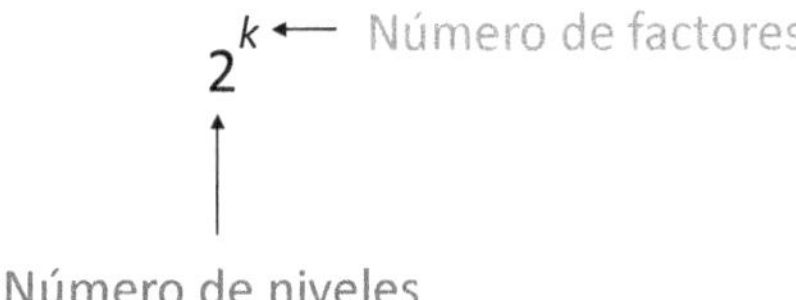

2^k da como resultado el número de combinaciones de los factores (pruebas).

4.1   Diseño con dos factores y dos niveles cada uno

Es uno de los diseños factoriales más sencillos. Veamos el siguiente ejemplo, incluyendo análisis y conclusiones.

Ejemplo A: Banco del Pacífico. El equipo de Alberto Hernández aplicó mejoras significativas en el método de trabajo en ventanillas, en una sola sucursal (como prueba piloto). Como primer paso, estableció una ventanilla exclusiva para clientes que realizan más de 5 transacciones y se instruyó al personal de recepción para dirigir a estos clientes hacia dicha ventanilla. A continuación, se aplicaron dos cambios sustanciales:

- Implementación de TPM en *hardware* y *software.*
- Elaboración de manuales estandarizados y capacitación del personal.

Debido a que estas dos acciones implican elevados costos, el equipo deseaba comprobar que darían los resultados esperados antes de desplegarlos en todas las sucursales del banco. Para ello, diseñaron el siguiente experimento: se eligieron 6 cajeros o cajeras con poca o nula experiencia, se les entrenó con manuales estandarizados (y se les proporcionó dichos manuales), además de implementar totalmente la metodología TPM en la sucursal 2035 de la ciudad de Guadalajara. Para investigar las diferencias en tiempos de atención antes y después de los cambios, se procedió del siguiente modo:

1 Se midieron los tiempos de atención de los 6 cajeros en 3 días de trabajo previos a la implementación de los cambios y se reportaron los promedios para cada uno de los días.
2 A 3 de los cajeros se les midió el tiempo de atención promedio durante 3 días de trabajo una vez que recibieron el entrenamiento completo y se les proporcionaron los manuales, pero sin haberse implementado aún la filosofía TPM.
3 Ya con la filosofía TPM instaurada, se midió el tiempo promedio durante 3 días de trabajo para los otros 3 cajeros, que aún no habían recibido entrenamiento y no contaban con manuales de procedimientos.
4 Finalmente, se midió el tiempo promedio de atención durante 3 días de trabajo para los 6 cajeros, ya con las mejoras realizadas (TPM en todos los equipos y entrenamiento exhaustivo con manuales estandarizados).

La tabla 4.2 muestra los resultados. Los datos son tiempos promedio de atención (en minutos) para el número de cajeros estipulado, en un día de trabajo (tres réplicas por combinación), medidos de acuerdo al procedimiento anteriormente descrito.

A continuación se llevó a cabo el análisis utilizando Minitab.

Paso 1: Análisis de factores significativos y supuestos previos. Consiste en determinar cuáles de los factores analizados son realmente significativos. Esto se hace mediante la tabla Anova (véase la tabla 4.3).

		Factor (A) – TPM en hardware y software	
		Antes	**Después**
Factor (B) Manuales estandarizados y capacitación	**Antes**	9.35	7.99
		11.12	6.18
		10.33	8.02
	Después	4.55	3.01
		5.31	2.02
		4.03	1.77

Tabla 4.2.

Análisis de varianza

Fuente	GL	SC Ajust.	MC Ajust.	Valor F	Valor *p*
Modelo	3	107.674	35.8914	52.38	0.000
Lineal	2	107.482	53.7408	78.42	0.000
TPM	1	20.541	20.5408	29.97	0.001
Entrenamiento	1	86.941	86.9408	126.87	0.000
Interacciones de 2 términos	1	0.193	0.1925	0.28	0.610
TPM*Entrenamiento	1	0.193	0.1925	0.28	0.610
Error	8	5.482	0.6853		
Total	11	113.156			

Tabla 4.3.

Como se puede observar, los dos factores individuales (TPM y entrenamiento) presentan valores *p* menores que alfa (0.001 para TPM y 0.000 para entrenamiento), lo cual indica que ambos tienen incidencia sobre el tiempo de atención. La interacción (AB = TPM*Entrenamiento) tiene un valor *p* de 0.610, es decir, mayor que alfa, por lo que no tiene incidencia.

Minitab proporciona también un diagrama de Pareto en el que se puede observar gráficamente la incidencia de factores e interacciones, como se puede ver en la figura 4.1.

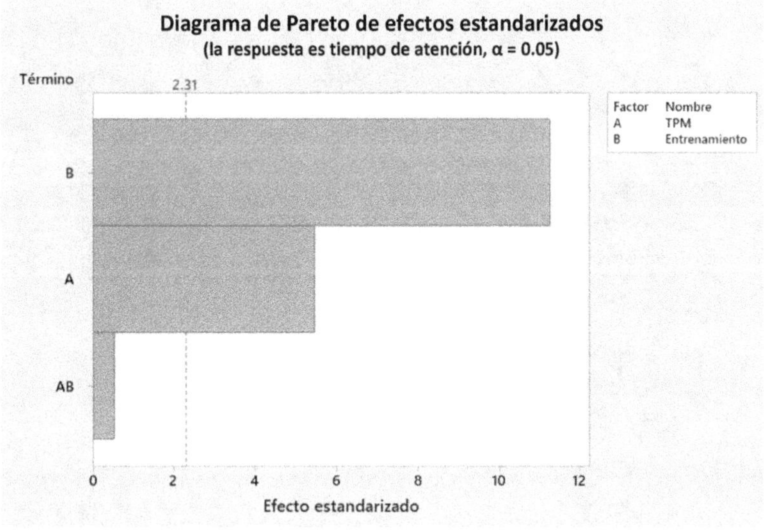

Figura 4.1.

Las barras cuya longitud sobrepase la línea punteada indican los factores o interacciones que son significativos. Comprobamos que A (TPM) y B (entrenamiento) tienen incidencia, mientras que la interacción (AB) no la tiene.

Antes de pasar al análisis de los niveles óptimos, se debe comprobar que los residuos para cada observación, medidos contra el estándar que debería realmente presentarse, cumplen con tres condiciones:

1. Normalidad: la distribución de los residuos debe ser normal.
2. Homocedasticidad: homogeneidad de las varianzas para las observaciones.
3. Independencia de las observaciones.

Estas tres pruebas se hacen mediante gráficos proporcionados por Minitab (véase la figura 4.2).

En este caso, tenemos:

1. La prueba de normalidad se efectúa analizando la gráfica superior izquierda: los puntos que representan los valores de los residuos deben estar cercanos a la línea normal. En este caso se observa suficiente cercanía, por lo que se aprueba la normalidad.

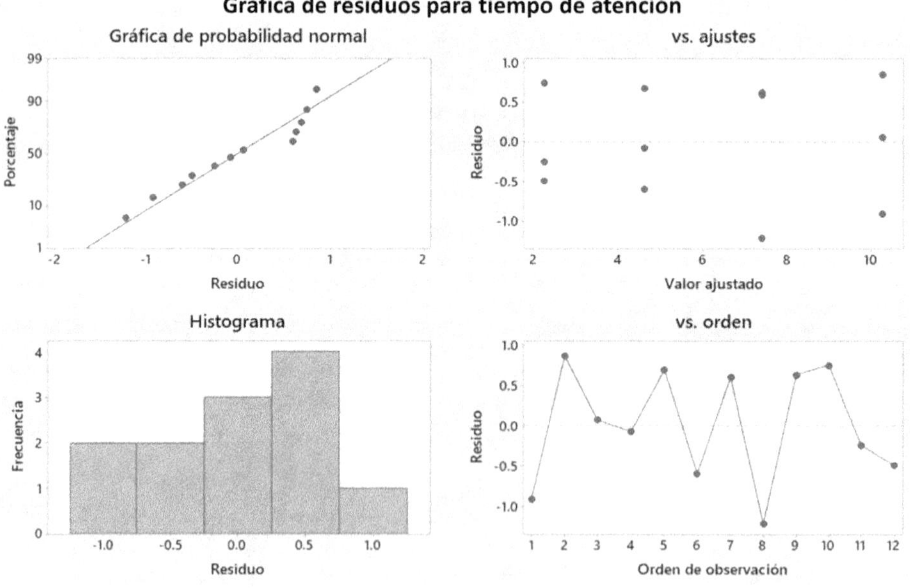

Figura 4.2.

2. La homocedasticidad se prueba con la gráfica superior derecha. Se cuentan los puntos que tienen desviación positiva (los que están por encima de la línea punteada central) y aquellos que la tienen negativa (se encuentran por debajo de la línea). Ambos números deben ser aproximadamente iguales. En este caso tenemos seis puntos por encima y seis puntos por debajo, por lo que se considera aprobada la homocedasticidad.

3. La independencia de las observaciones indica que los experimentos se realizaron aleatoriamente, y la gráfica inferior derecha sirve para demostrarlo. Esta gráfica no debe presentar patrones definidos en los puntos (por ejemplo, demasiados puntos por encima y pocos puntos por debajo de la línea central, o un número de puntos por encima seguidos de un número similar de puntos por abajo, etc.). En este caso no se observan patrones, por lo que se aprueba la independencia.

Es necesario puntualizar que si nuestros resultados fallan una sola de estas pruebas, ello es indicativo de que hubo algún error en la experimentación y será necesario repetirla desde el inicio, previa identificación de las causas raíz y eliminación de las mismas. Como ejemplo, obsérvense las gráficas de la figura 4.3.

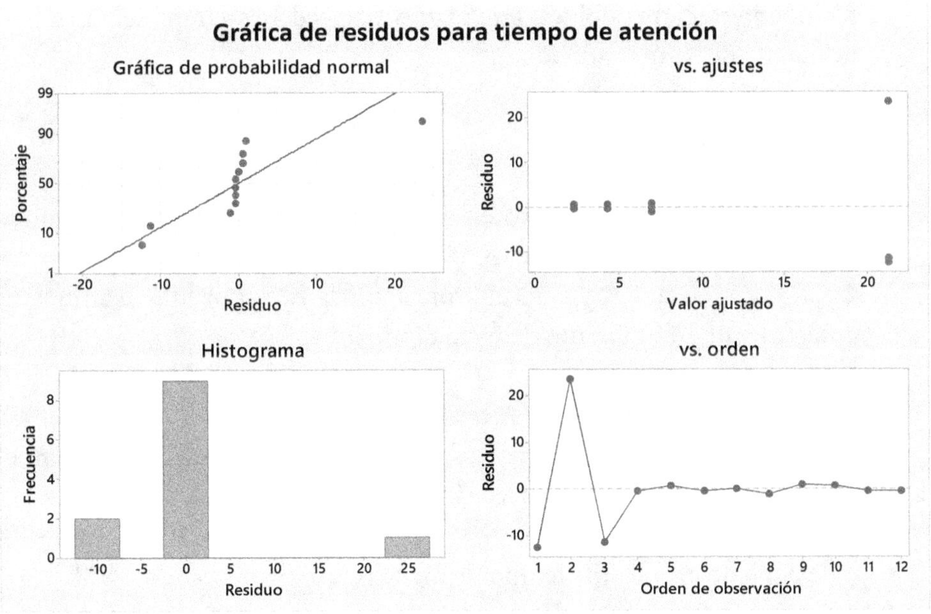

Figura 4.3.

En ellas se puede comprobar que los residuos no tienen un comportamiento normal (los puntos en la gráfica superior izquierda no tienen suficiente cercanía con la recta) y en la gráfica de independencia se observa un patrón definido. Esta experimentación deberá repetirse.

Paso 2: Determinación de los niveles óptimos para cada factor. A fin de determinar los niveles óptimos para cada factor, se utilizan las gráficas factoriales. Para elaborarlas, se siguen estas reglas:

1. En el caso de que el experimento tenga tres factores o más, las interacciones triples o mayores (cuádruples, quíntuples, etc.) no deben representarse gráficamente, aun cuando hayan resultado significativas en el análisis inicial.
2. Si las interacciones dobles son significativas, solo se representarán gráficamente estas y no se elaborarán las gráficas de los efectos individuales correspondientes. Por ejemplo, si tenemos como significativa la interacción «BC», esta se representará gráficamente y ya no se realizan las gráficas de los efectos individuales B y C.
3. En el caso de que existan efectos individuales significativos que no hayan tenido interacciones dobles significativas, estos deberán representarse gráficamente de forma individual.

En el ejemplo que nos ocupa:

– Regla 1. Al tener solo dos factores, no hay interacciones triples o mayores.
– Regla 2. La interacción doble (AB) resultó no significativa.
– Regla 3. Los efectos A y B resultaron significativos, por lo que ambos se representarán gráficamente de forma individual.

Las gráficas correspondientes se presentan en la figura 4.4.

A partir de ellas y de que el objetivo de la prueba era minimizar el tiempo de atención, el equipo de Alberto Hernández concluyó:

• Se dispone de un menor tiempo de atención implementando TPM.
• Se dispone de un menor tiempo de atención entrenando al personal con procedimientos estandarizados.

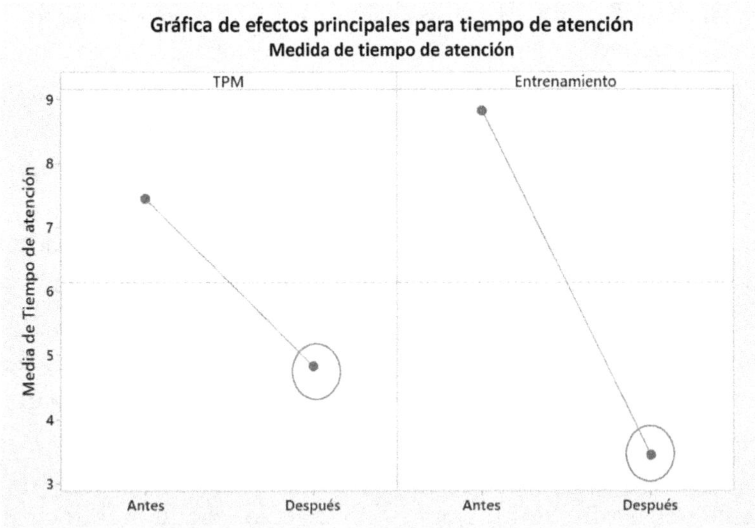

Figura 4.4.

- Los tiempos promedio observados al implementar ambas mejoras son menores a los 6 minutos (límite superior de especificación).

Por lo que procederán a ejecutar estas mejoras a nivel organizativo.

4.2   Diseño con tres factores, dos niveles cada uno, múltiples respuestas

Al igual que con el caso anterior, observaremos un ejemplo para explicarlo.

Ejemplo B: Operadores Logísticos del Golfo. El equipo de Valentín Ortega aplicó las siguientes mejoras en su proceso:

1. De manera extensiva, se aplicó el sistema *kanban* para el resurtido de los productos clave, poniendo especial atención en el análisis de la demanda, específicamente para las categorías que originaban la mayoría de los faltantes:

   - Clientes corporativos.
   - Centro de distribución de la Ciudad de México.
   - Productos de invierno.

Este detallado análisis y los ajustes en el sistema *kanban* dieron lugar a que el proyecto tuviera una duración en su etapa de Mejora mucho más larga que la planteada originalmente, pero los beneficios fueron tangibles en los tiempos de entrega y en el costo del inventario y almacenamiento.

2. Los eventos *kaizen* (construcción de la oficina de valor e implementación de trabajo celular, balanceo de cargas, *poka-yoke,* trabajo estándar y capacitación en todo el proceso) dieron los resultados esperados, logrando óptimos tiempos de proceso para las órdenes de los clientes, con un mínimo de errores.

3. Finalmente, el equipo percibió una necesidad que no se había detectado en los análisis anteriores. Esto suele suceder una vez que se han resuelto los principales problemas en el proceso y los equipos deben reaccionar para solucionar también las situaciones que surjan durante la implementación de las primeras mejoras. En este caso, el equipo se percató de la ventaja de optimizar las cargas y rutas de los vehículos, lo cual, si bien no tiene un gran impacto sobre las entregas a tiempo y completas (OTIF), sí lo tiene sobre el costo de operación de la compañía. Por ello, se decidió enfocar los esfuerzos en este rubro y postergar la implementación de TPM en los equipos de transporte para una segunda etapa. El análisis en cargas y rutas dio como resultado una disminución significativa en el costo de operación.

Una vez implementados los cambios anteriores y con los resultados tangibles de las mejoras, el equipo decidió ir un paso más allá y proponer a la dirección de la compañía la adquisición de tres *software* para facilitar, automatizar y estandarizar las siguientes labores:

- Análisis de la demanda.
- Optimización de rutas.
- Optimización de cargas.

Para justificar la adquisición de estos sistemas, se solicitó a los proveedores un demo de cada uno y se realizó un experimento para comprobar su efectividad sobre dos indicadores clave:

- OTIF.
- Costo de operación.

Nivel del factor (A)	Nivel del factor (B)	Nivel del factor (C)	OTIF semanal (porcentaje)					Costo operativo por envío semanal (USD)				
Software demanda	Software rutas	Software cargas	1	2	3	4	5	1	2	3	4	5
Sin utilizarlo	Sin utilizarlo	Sin utilizarlo	97,00	97.12	96.45	95.31	96.55	2.190	2.245	2.345	2.109	2.009
Utilizándolo	Sin utilizarlo	Sin utilizarlo	98.9	98.45	98.07	97.45	97.8	2.009	2.121	2.135	2.008	1.989
Sin utilizarlo	Utilizándolo	Sin utilizarlo	97.94	96.5	95.56	98.6	98.7	2.109	2.201	2.187	2.007	2.176
Utilizándolo	Utilizándolo	Sin utilizarlo	99.12	99.21	98.99	99.03	99.87	1.890	1.787	1.679	1.590	1.675
Sin utilizarlo	Sin utilizarlo	Utilizándolo	95.4	93.21	95.32	93.45	95.78	2.157	2.234	2.199	2.021	2.321
Utilizándolo	Sin utilizarlo	Utilizándolo	98.76	98.77	98.97	98.06	99.03	1.980	1.879	1.967	1.809	1.799
Sin utilizarlo	Utilizándolo	Utilizándolo	98.08	98.77	98.05	98.21	97.76	1.976	2.021	2.134	1.980	1.999
Utilizándolo	Utilizándolo	Utilizándolo	98.05	98.02	97.31	98.05	98.32	1.898	1.901	1.705	1.809	1.908

Tabla 4.4.

Como método de prueba se dividieron los productos y los clientes en grupos y, para cada uno de ellos, se midió el OTIF promedio (en porcentaje) y el costo de operación (en dólares por envío realizado), sin utilizar los *softwares* mencionados y utilizándolos. Durante cinco semanas consecutivas se realizó cada medición cuyos resultados se muestran en la tabla 4.4.

El análisis de estos datos se realizó utilizando Minitab.

Paso 1: Análisis de factores significativos y supuestos previos. Con las tablas Anova se determina qué factores analizados son realmente significativos. La tabla 4.5 es para el OTIF.

Como se puede observar, los factores «utilizar el *software* para análisis de demanda» y «utilizar el *software* para optimización de rutas» presentan valores p menores que alfa (0.000 en ambos casos), lo cual indica que estos dos factores tienen incidencia sobre el OTIF. Asimismo, su interacción (Demanda*Rutas) también es significativa (valor p = 0.000). El valor p del factor «utilizar el *software* para optimización de cargas» es de 0.066, por lo que no tiene incidencia sobre el OTIF, al igual que sucede con sus interacciones con los otros dos factores (Demanda*Cargas y Rutas*Cargas), ya que ambas tienen valores p mayores que 0.05 (0.662 y 0.484, respectivamente). Esto se comprueba con el diagrama de Pareto presentado en la figura 4.5.

Los factores A y B, así como su interacción (AB), tienen incidencia sobre el OTIF. Como ya se explicó, la interacción triple no se toma en cuenta y el factor C y sus interacciones dobles con los otros dos factores no tienen incidencia.

Análisis de varianza

Fuente	GL	SC Ajust.	MC Ajust.	Valor F	Valor *p*
Modelo	7	73.7971	10.5424	17.79	0.000
Lineal	3	50.1407	16.7136	28.20	0.000
Demanda	1	33.2515	33.2515	56.11	0.000
Rutas	1	14.7501	14.7501	24.89	0.000
Cargas	1	2.1391	2.1391	3.61	0.066
Interacciones de 2 términos	3	11.3020	3.7673	6.36	0.002
Demanda*Rutas	1	10.8889	10.8889	18.37	0.000
Demanda*Cargas	1	0.1156	0.1156	0.19	0.662
Rutas*Cargas	1	0.2976	0.2976	0.50	0.484
Interacciones de 3 términos	1	12.3543	12.3543	20.85	0.000
Demanda*Rutas*Cargas	1	12.3543	12.3543	20.85	0.000
Error	32	18.9646	0.5926		
Total	39	92.7617			

Tabla 4.5.

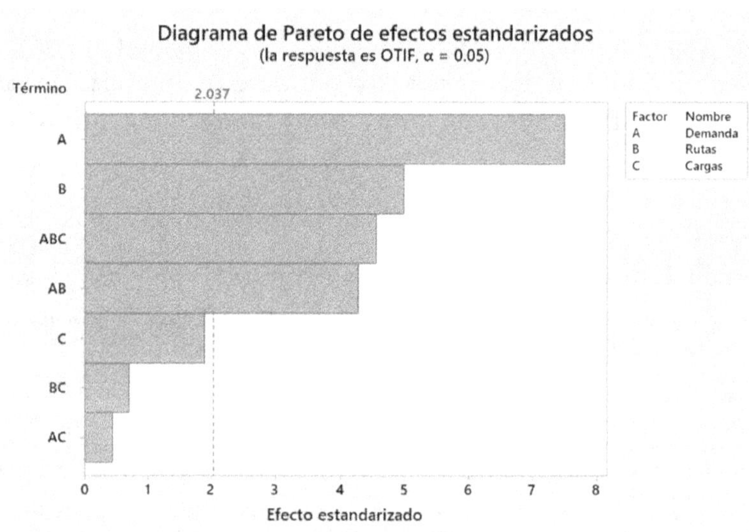

Figura 4.5.

A continuación, se realizaron las pruebas para los residuos (véase la figura 4.6):

1. Normalidad: la distribución de los residuos debe ser normal.
2. Homocedasticidad: homogeneidad de las varianzas para las observaciones.
3. Independencia de las observaciones.

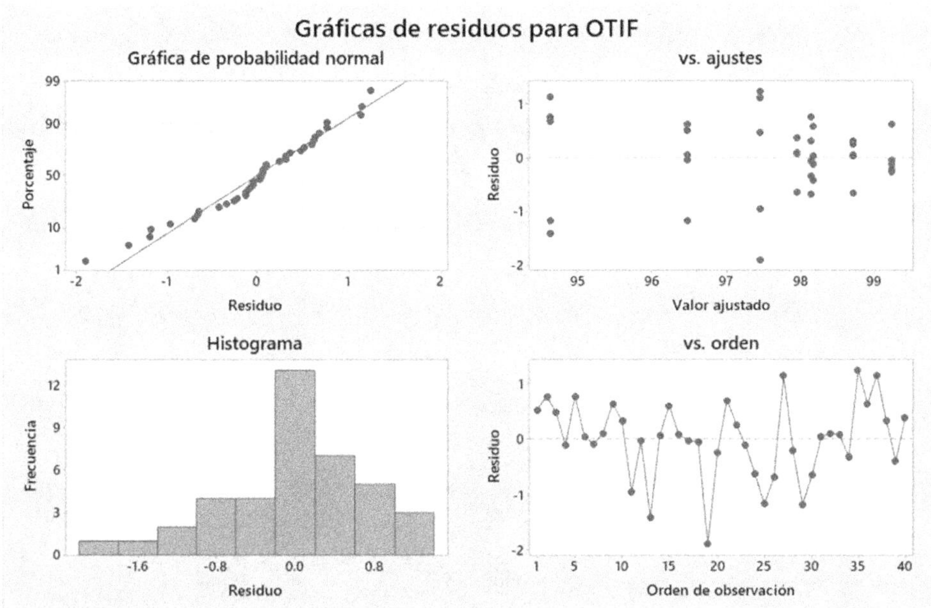

Figura 4.6.

De acuerdo con los criterios ya explicados, las gráficas muestran que los residuos cumplen satisfactoriamente con las pruebas de normalidad, homocedasticidad e independencia.

Paso 2: Determinación de los niveles óptimos para cada factor. Como paso inicial, se analizó la gráfica para los efectos de *«software* para análisis de la demanda» y *«software* para optimización de rutas»*. En este caso:

- Regla 1: La interacción triple, a pesar de ser significativa, no se toma en cuenta.
- Regla 2: La interacción doble (AB) resultó significativa, por lo que se representará gráficamente. No hay ninguna otra interacción doble que sea significativa.
- Regla 3: Los efectos A y B resultaron significativos, pero su interacción también lo es, por lo que no es necesario representarlos gráficamente de forma individual. El factor C resultó no significativo.

La gráfica correspondiente puede verse en la figura 4.7.

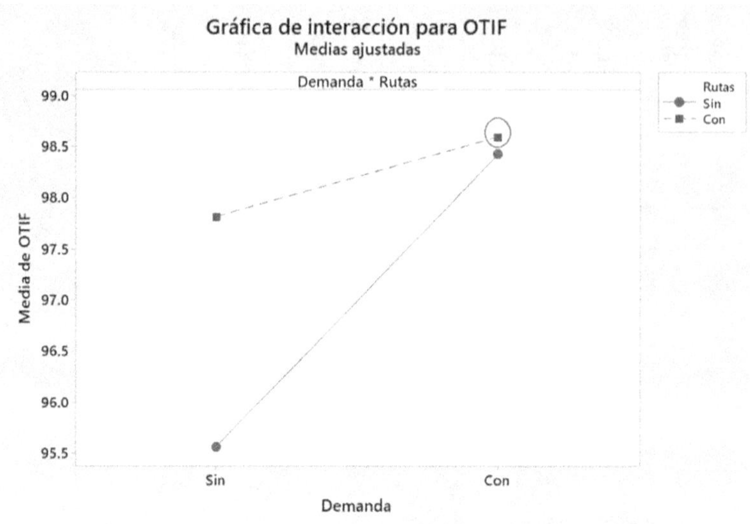

Figura 4.7.

A partir de ella y de que el objetivo de la prueba es maximizar el OTIF, el equipo de Valentín Ortega concluyó que la mejor combinación de factores es utilizar el *software* para análisis de la demanda y para optimización de rutas. Debido a que el *software* para optimización de cargas resultó no significativo (y a que tiene un costo), por el momento se decidió no utilizarlo, aunque aún faltaba el análisis del costo operativo. Para ello, volvemos al paso 1 (análisis de factores significativos y supuestos previos), pero esta vez tomando como respuesta el costo. La tabla 4.6 es la tabla Anova para costo.

Los factores «utilizar el *software* para análisis de demanda» y «utilizar el *software* para optimización de rutas» presentan valores p menores que alfa (0.000), lo cual indica que ambos tienen incidencia sobre el costo. El valor p del factor «utilizar el *software* para optimización de cargas» es de 0.214, por lo que no tiene incidencia sobre el costo, tal como sucede con todas las interacciones dobles de los tres factores. Esto se comprueba con el diagrama de Pareto presentado en la figura 4.8.

Los factores A y B tienen incidencia sobre el costo. La interacción triple no se toma en cuenta y el factor C y todas las interacciones dobles no tienen incidencia.

Análisis de varianza

Fuente	GL	SC Ajust.	MC Ajust.	Valor F	Valor *p*
Modelo	7	1008778	144111	15.88	0.000
Lineal	3	869641	289880	31.94	0.000
Demanda	1	645668	645668	71.15	0.000
Rutas	1	209381	209381	23.07	0.000
Cargas	1	14592	14592	1.61	0.214
Interacciones de 2 términos	3	35911	11970	1.32	0.285
Demanda*Rutas	1	16565	16565	1.83	0.186
Demanda*Cargas	1	2372	2372	0.26	0.613
Rutas*Cargas	1	16974	16974	1.87	0.181
Interacciones de 3 términos	1	103226	103226	11.37	0.002
Demanda*Rutas*Cargas	1	103226	103226	11.37	0.002
Error	32	290402	9075		
Total	39	1299180			

Tabla 4.6.

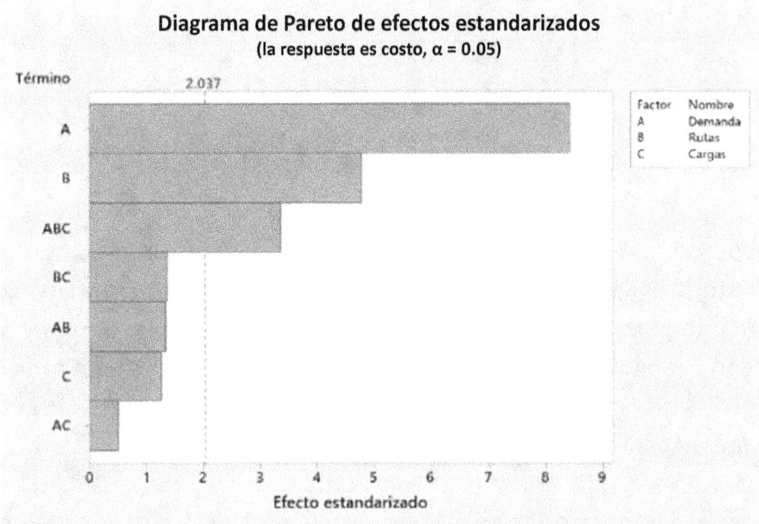

Figura 4.8.

A continuación, se realizaron las pruebas para los residuos (véase la figura 4.9).

1. Normalidad: la distribución de los residuos debe ser normal.
2. Homocedasticidad: homogeneidad de las varianzas para las observaciones.
3. Independencia de las observaciones.

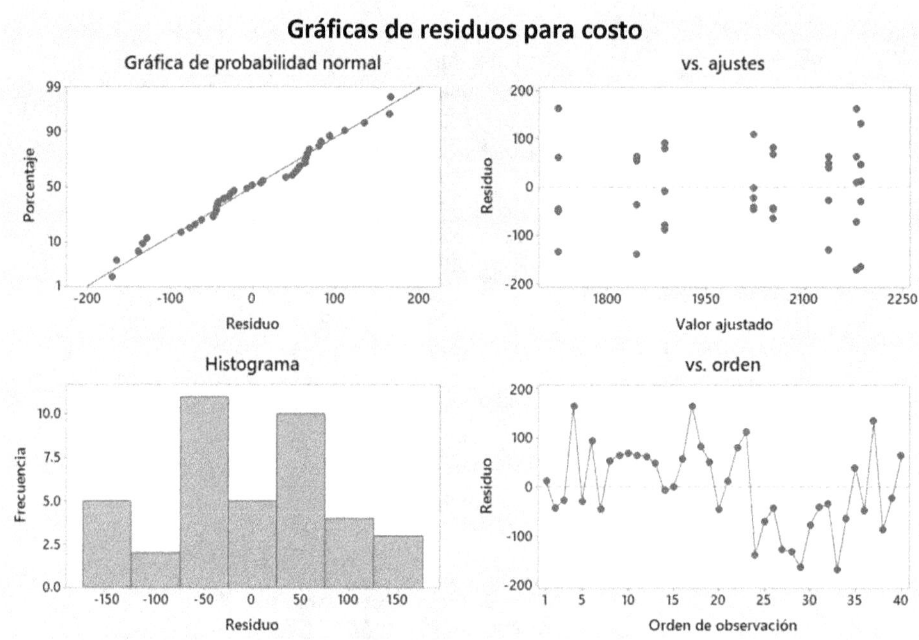

Figura 4.9.

De acuerdo con los criterios ya explicados, las gráficas muestran que los residuos cumplen satisfactoriamente con las pruebas de normalidad, homocedasticidad e independencia.

Volviendo al paso 2 (determinación de los niveles óptimos para cada factor), se analizaron las gráficas para los efectos de «*software* para análisis de la demanda» y «*software* para optimización de rutas». En este caso:

- Regla 1: La interacción triple, a pesar de ser significativa, no se tomó en cuenta.
- Regla 2: Ninguna interacción doble (AB, BC y AC) resultó significativa.
- Regla 3: Los efectos A y B resultaron significativos, por lo que ambos se representaron gráficamente de forma individual. El factor C resultó no significativo.

Las gráficas correspondientes pueden observarse en la figura 4.10.

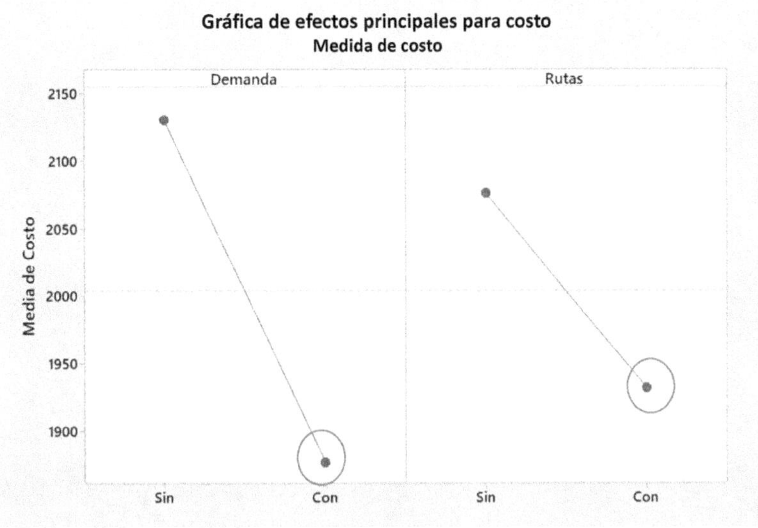

Figura 4.10.

A partir de ellas y de que el objetivo de la prueba es minimizar el costo, el equipo de Operadores Logísticos del Golfo concluyó que la mejor combinación de factores es utilizar el *software* para análisis de la demanda y para optimización de rutas. Debido a que el *software* para optimización de cargas resultó no significativo también para esta variable de respuesta se decidió definitivamente no utilizarlo (y, por lo tanto, no invertir en su costo).

Paso 3: Obtención del optimizador de respuesta. Ya que en este caso se tienen dos variables de respuesta, se utilizó el optimizador de Minitab para determinar la mejor combinación de factores que optimizase ambas respuestas simultáneamente (véase la figura 4.11).

La combinación del *software* para análisis de demanda y del *software* para análisis de rutas dio como resultado un OTIF esperado del 99.2440 %, con un costo promedio de 1 724.20 dólares por envío. Con esta reducción en el costo, el equipo determinó que la inversión en ambos *softwares* retornaría en un tiempo máximo de 5.5 meses y la dirección de Operadores Logísticos del Golfo decidió adquirirlos.

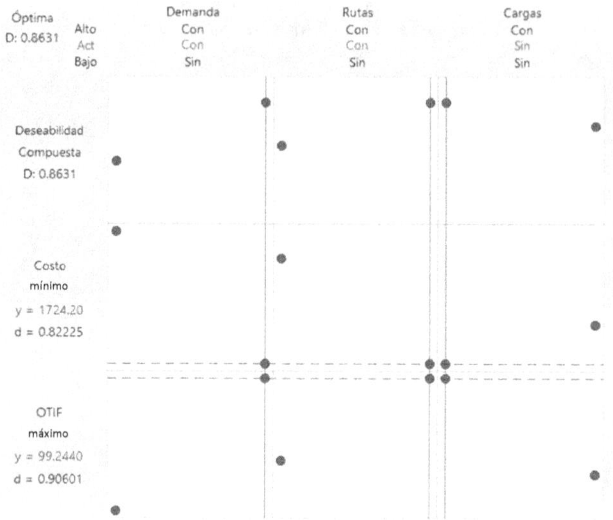

Figura 4.11.

4.3   Diseño con dos factores, dos niveles cada uno, iteraciones sucesivas

Como ya se explicó anteriormente, existen muchas situaciones en las que, después de la experimentación inicial, se realizan nuevos experimentos para obtener una respuesta óptima. Analizaremos un ejemplo para explicarlo.

Ejemplo C: Manufacturera Química. Elsa Alatorre y su equipo utilizaron los resultados de la prueba efectuada en el análisis de varianza para determinar los niveles óptimos de los factores significativos, que son la velocidad de agitación y el diámetro de boquilla.

Antes de experimentar con estas condiciones de proceso, el equipo implementó las siguientes mejoras:

1. Mantenimiento productivo total, enfocado primeramente en el equipo de envasado.
2. Trabajo estándar y capacitación, documentación del proceso mejorado y entrenamiento extensivamente del personal del área.

Una vez realizado lo anterior, se comprobó que el número de paros por fallos y la cantidad de ajustes que se realizaban en el equipo disminuyeron

		Factor (A) – Velocidad del agitador	
		35 rpm	70 rpm
Factor (B) – Diámetro de boquilla	**25 mm**	0.23	0.293
		0.218	0.306
		0.221	0.312
	50 mm	0.178	0.255
		0.156	0.263
		0.165	0.247

Tabla 4.7.

de manera importante. Asimismo, durante la realización de estas acciones, se comprobó que, efectivamente, la cantidad de paros por fallos aumentaba conforme avanzaba el turno debido a varios desajustes que sufría el equipo. La correcta implementación del mantenimiento autónomo suprimió este efecto negativo.

Con estas acciones previas favorables, se procedió a la experimentación con los factores mencionados. Para cada combinación se realizaron tres réplicas, envasando durante 60 minutos en la presentación de 25 kg, y se midió la desviación estándar en el peso envasado. Los resultados se presentan en la tabla 4.7.

Paso 1: Análisis de factores significativos y supuestos previos. La tabla 4.8 es la tabla Anova resultante.

Análisis de varianza

Fuente	GL	SC Ajust.	MC Ajust.	Valor F	Valor *p*
Modelo	3	0.029875	0.009958	124.61	0.000
Lineal	2	0.029827	0.014913	186.61	0.000
Velocidad	1	0.021505	0.021505	269.10	0.000
Diámetro	1	0.008321	0.008321	104.13	0.000
Interacciones de 2 términos	1	0.000048	0.000048	0.60	0.461
Velocidad*Diámetro	1	0.000048	0.000048	0.60	0.461
Error	8	0.000639	0.000080		
Total	11	0.030514			

Tabla 4.8.

Se comprueba que los dos factores individuales (velocidad del agitador y diámetro de la boquilla) presentan valores p menores que alfa (0.000 en ambos casos), lo cual indica que tienen incidencia sobre la desviación estándar del peso envasado. La interacción doble AB (Velocidad*Diámetro), con un valor p de 0.461, resulta no significativa.

Con el diagrama de Pareto presentando en la figura 4.12 se corroboran las conclusiones anteriores.

En la figura 4.13 se muestran las gráficas de residuos.

De lo cual se concluyó:

1. Normalidad: por la cercanía de prácticamente todos los puntos a la recta, se aprobó la normalidad de los residuos.
2. Homocedasticidad: al haber prácticamente la misma cantidad de puntos por encima y por debajo de la línea central, se aprobó la homogeneidad de las varianzas.
3. Independencia de las observaciones: al no observarse ningún patrón definido, esta prueba se dio como buena.

Paso 2: Determinación de los niveles óptimos para cada factor. Para este ejemplo:

- Regla 1: No hay interacciones triples.
- Regla 2: La interacción doble AB = Velocidad*Diámetro no resulta significativa, por lo que no se representará gráficamente.
- Regla 3: Los efectos individuales A y B resultan significativos, por lo que se representan gráficamente de modo individual.

La gráfica correspondiente puede verse en la figura 4.14.

A partir de ella y de que el objetivo de la prueba era minimizar la desviación estándar, el equipo de Elsa Alatorre concluyó que:

- La mejor combinación es ajustar la velocidad del agitador en 35 rpm y utilizar la boquilla 50 mm de diámetro, pues con ello se logra la menor desviación estándar.
- Sin embargo, aún no se había logrado el objetivo de tener una desviación estándar menor o igual a 0.142, por lo que se necesitaban más experimentos.

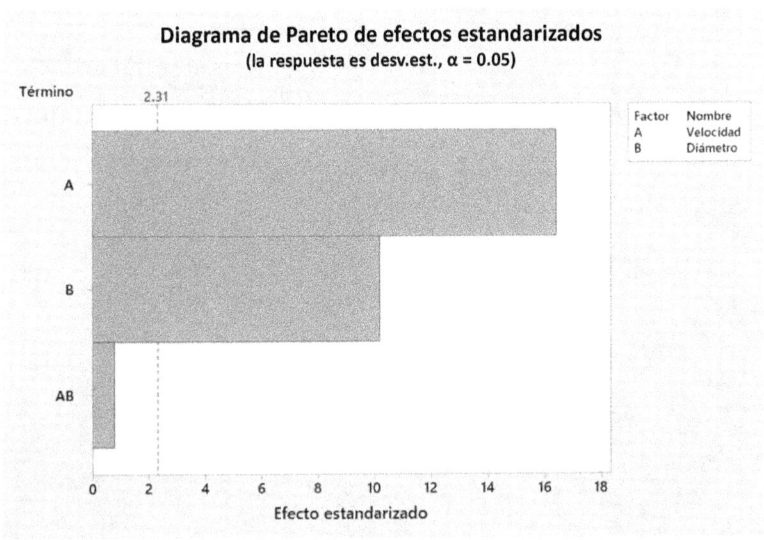

Figura 4.12.

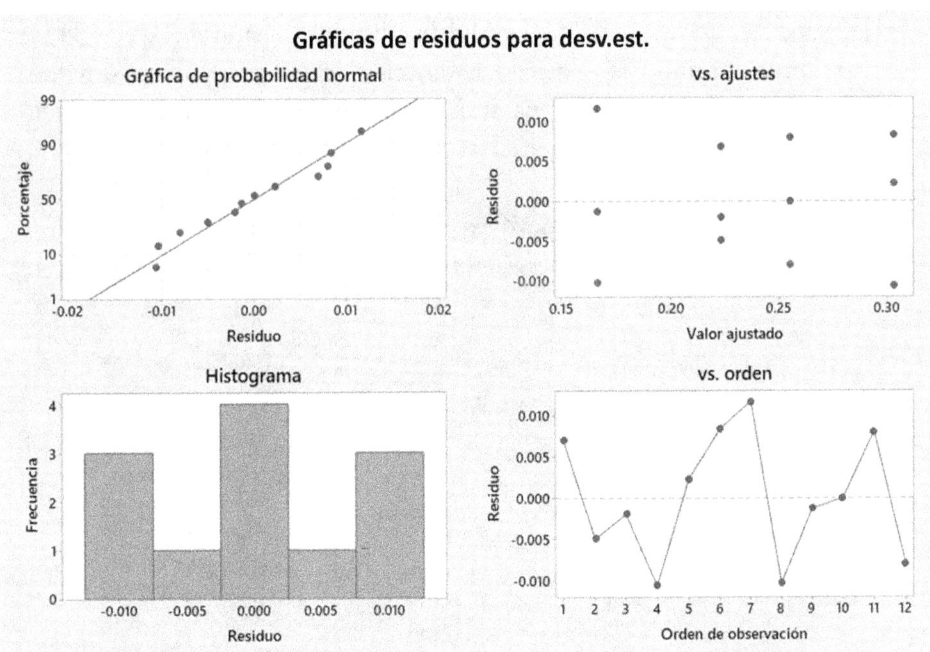

Figura 4.13.

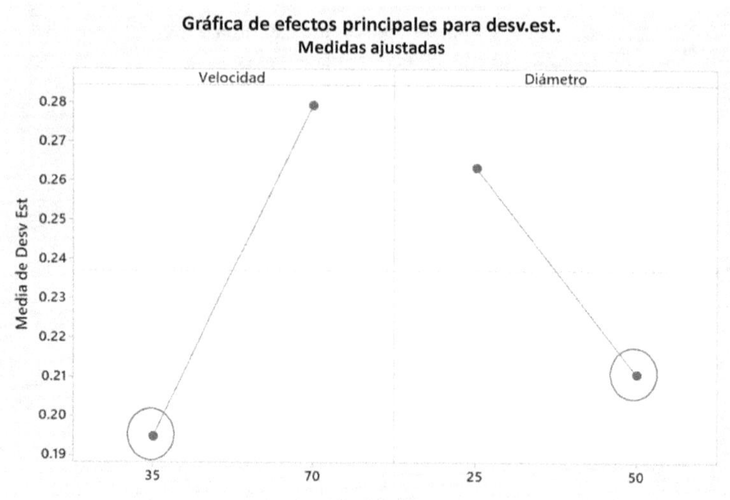

Figura 4.14.

El equipo realizó una nueva lluvia de ideas y, al analizar los resultados de la primera prueba, determinó que:

- La velocidad del agitador (factor A) debía disminuirse aún menos de 35 rpm (conforme disminuye la velocidad, la variación del proceso también se reduce).
- El diámetro de boquilla debía aumentarse más de 50 mm (la desviación estándar disminuyó al aumentar el diámetro de boquilla).

Por ello, se decidió hacer un nuevo experimento, modificando las condiciones iniciales. Los resultados para la desviación estándar se muestran en la tabla 4.9.

		Factor (A) – Velocidad del agitador	
		15 rpm	25 rpm
Factor (B) – Diámetro de boquilla	60 mm	0.13	0.15
		0.127	0.148
		0.132	0.145
	75 mm	0.11	0.137
		0.108	0.139
		0.109	0.143

Tabla 4.9.

Paso 1: Análisis de factores significativos y supuestos previos. La tabla 4.10 es la tabla Anova resultante.

Se comprueba que los dos factores individuales (velocidad del agitador y diámetro de la boquilla) presentan valores p menores que alfa (0.000 en ambos casos), lo cual indica que tienen incidencia sobre la desviación estándar del peso envasado. Con estas condiciones de proceso, la interacción doble AB (Velocidad*Diámetro), con un valor p de 0.002, resultó significativa.

Con el diagrama de Pareto se corroboraron las conclusiones anteriores (véase la figura 4.15).

Análisis de varianza

Fuente	GL	SC Ajust.	MC Ajust.	Valor F	Valor p
Modelo	3	0.002513	0.000838	145.68	0.000
Lineal	2	0.002393	0.001196	208.06	0.000
Velocidad	1	0.001776	0.001776	308.93	0.000
Diámetro	1	0.000616	0.000616	107.19	0.000
Interacciones de 2 términos	1	0.000120	0.000120	20.93	0.002
Velocidad*Diámetro	1	0.000120	0.000120	20.93	0.002
Error	8	0.000046	0.000006		
Total	11	0.002559			

Tabla 4.10.

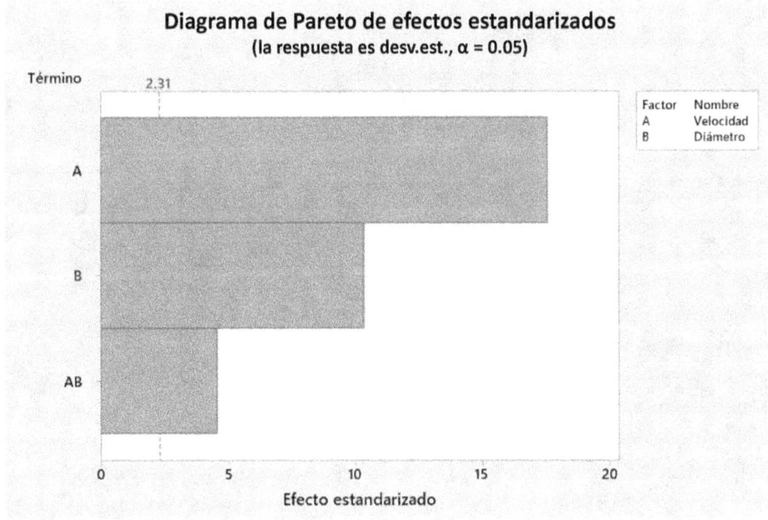

Figura 4.15.

La figura 4.16 muestra las gráficas de residuos.
De lo cual se concluyó:

1. Normalidad: por la cercanía de prácticamente todos los puntos a la recta, se aprobó la normalidad de los residuos.
2. Homocedasticidad: hay prácticamente la misma cantidad de puntos por encima y por debajo de la línea central, por lo que se aprobó la homogeneidad de las varianzas.
3. Independencia de las observaciones: al no observarse ningún patrón definido, esta prueba se dio como buena.

Paso 2: Determinación de los niveles óptimos para cada factor para estas condiciones de proceso:

— Regla 1: No había interacciones triples.
— Regla 2: La interacción doble AB = Velocidad*Diámetro resultó significativa, por lo tanto, se representó gráficamente.

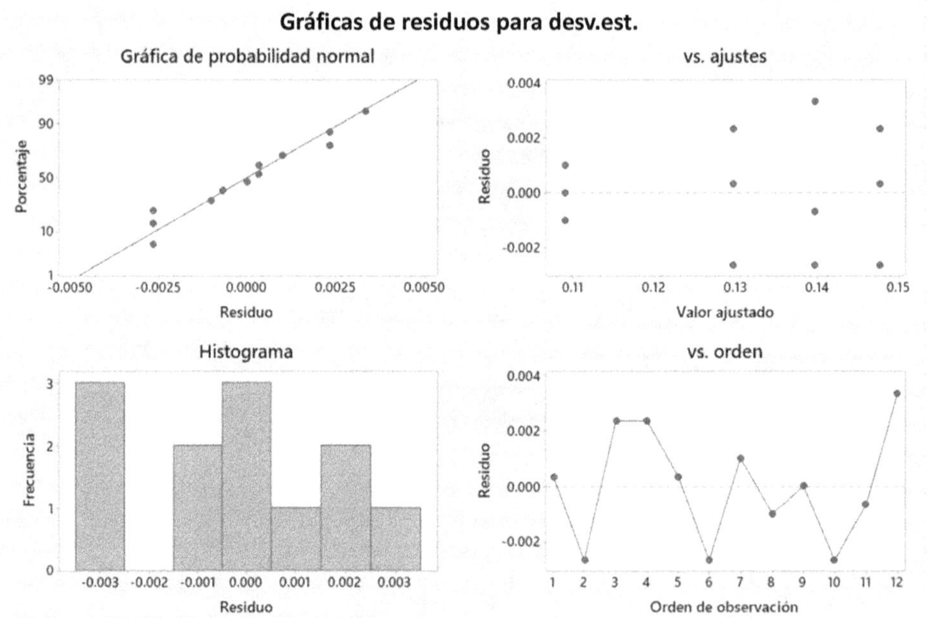

Figura 4.16.

– Regla 3: Los efectos individuales A y B resultaron significativos, pero su interacción doble también lo era, por lo que no se representó gráficamente de manera individual.

La gráfica correspondiente puede verse en la figura 4.17.

A partir de ella y de que el objetivo de la prueba era minimizar la desviación estándar, el equipo de Elsa Alatorre concluyó que:

- La mejor combinación es ajustar la velocidad del agitador en 15 rpm y utilizar la boquilla de diámetro 75 mm, pues con ello se logra la menor desviación estándar.
- Mediante el optimizador de respuesta, se verificará si con esta combinación se logra el objetivo de tener una desviación estándar menor o igual a 0.142.

Paso 3: Obtención del optimizador de respuesta. Utilizando el optimizador de Minitab se obtiene el resultado que aparece en la figura 4.18.

La combinación de 15 rpm de velocidad de agitación y de 75 mm de diámetro de boquilla dio como resultado una desviación estándar esperada de 0.1090, lo cual cumplía con la especificación buscada. No era necesario realizar más experimentos.

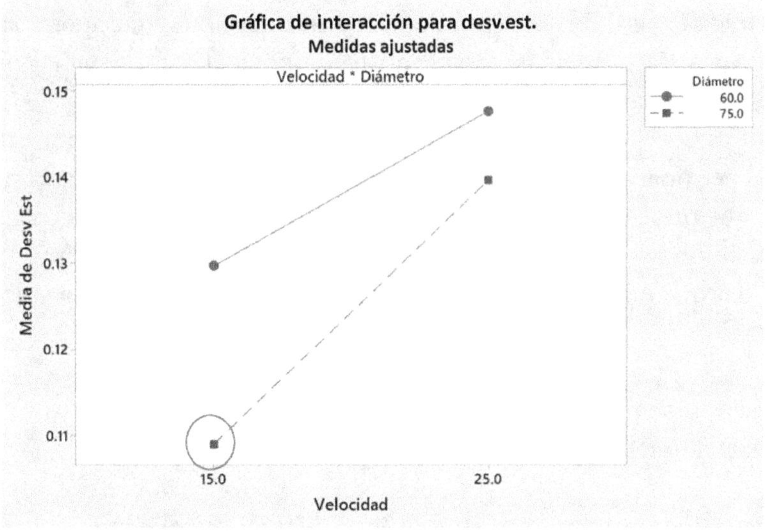

Figura 4.17.

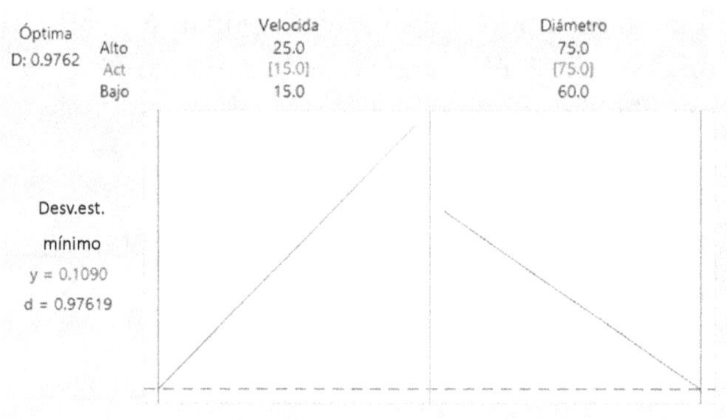

Figura 4.18.

4.4   Diseño con un factor y dos niveles, varias respuestas

Es el diseño más simple y se utiliza, por lo general, para probar una condición «antes y después» de un cambio, como en el caso que nos ocupa.

Caso D: Calzado Chelsea. El equipo de Brenda Ávalos llevó a cabo la implementación de trabajo estándar, *poka-yoke* y capacitación: en conjunto llevó a cabo un proceso estandarizado para el desarrollo de los nuevos productos, involucrando todas las áreas (manufactura, compras, ventas, servicio al cliente) desde el inicio, con validaciones periódicas y autorizaciones que aportaban valor (solo las necesarias). Además, se entrenó al equipo de desarrollo en los procesos de manufactura para evitar reprocesos.

Por su parte, el área de compras trabajó en conjunto con los proveedores y sugirió al personal de desarrollo utilizar un material alternativo para la suela del calzado, que presentaba un precio mucho menor que el actual. Antes de autorizar el cambio en el material para la suela, el equipo realizó diversas pruebas para validar que no tenía un impacto negativo sobre las siguientes variables de respuesta:

1. Tiempo de proceso.
2. Duración del calzado.

El método de prueba consistió en lo siguiente: se solicitaron muestras al proveedor del nuevo material y se fabricaron 10 pares de calzado con ellas,

Respuesta	Factor Material	Muestra									
		1	2	3	4	5	6	7	8	9	10
Tiempo de proceso (minutos)	Actual	12.35	13.45	11.9	12.47	13.9	11.99	11.1	13.12	13.21	12.67
	Nuevo	11.9	11.76	13.23	13.18	13.9	13.65	13.78	12.99	13.01	12.76
Desgaste (gramos)	Actual	5.37	6.56	5.99	5.87	5.96	5.55	5.87	5.67	6.05	5.98
	Nuevo	5.9	6.05	5.87	6,00	5.32	5,00	5.17	5.9	6.5	5.02

Tabla 4.11.

paralelamente a la fabricación de 10 pares de calzado con el material actual. Durante la manufactura, se midieron los tiempos de proceso para cada par fabricado. Al concluir, el calzado se sometió a la prueba de desgaste, que mide la cantidad de gramos perdidos en una máquina de lijado. Los resultados se muestran en la tabla 4.11.

El análisis de estos datos se realizó utilizando Minitab.

Paso 1: Análisis de factores significativos y supuestos previos. Con las tablas Anova se determinó qué factores analizados eran realmente significativos. La tabla 4.12 es la tabla Anova para el tiempo de proceso.

Como se puede observar, el factor material resulta no significativo, con un valor p de 0.267 (mayor que alfa de 0.05).

A continuación, se realizaron las pruebas para los residuos, con objeto de comprobar que la experimentación fue válida.

De acuerdo con los criterios ya explicados, las gráficas de residuos para tiempo (véase la figura 4.19) muestran que los residuos cumplían satisfactoriamente con las pruebas de normalidad, homocedasticidad e independencia.

Análisis de varianza

Fuente	GL	SC Ajust.	MC Ajust.	Valor F	Valor p
Material	1	0.8000	0.8000	1.31	0.267
Error	18	10.9779	0.6099		
Total	19	11.7779			

Tabla 4.12.

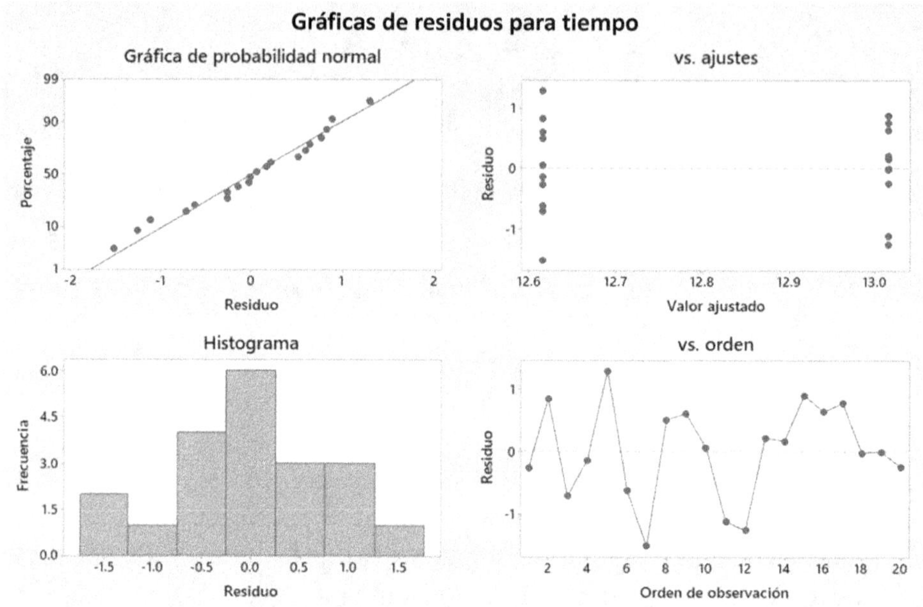

Figura 4.19.

Se repitió este procedimiento para la variable de respuesta desgaste. La tabla 4.13 es la tabla Anova.

En este caso también el factor material resultaba no significativo, con un valor p de 0.276 (mayor a alfa de 0.05). Las gráficas resultantes para las pruebas de los residuos se muestran en la figura 4.20.

Estas gráficas muestran que los residuos cumplían satisfactoriamente con las pruebas de normalidad, homocedasticidad e independencia.

Con estos resultados, el equipo de Brenda Ávalos validó que el nuevo material para la suela no presentaba diferencias significativas en los dos aspectos principales que podrían afectar la funcionalidad del producto, por lo que se autorizó cambiarlo.

Análisis de varianza

Fuente	GL	SC Ajust.	MC Ajust.	Valor F	Valor *p*
Material	1	0.2290	0.2290	1.26	0.276
Error	18	3.2644	0.1814		
Total	19	3.4934			

Tabla 4.13.

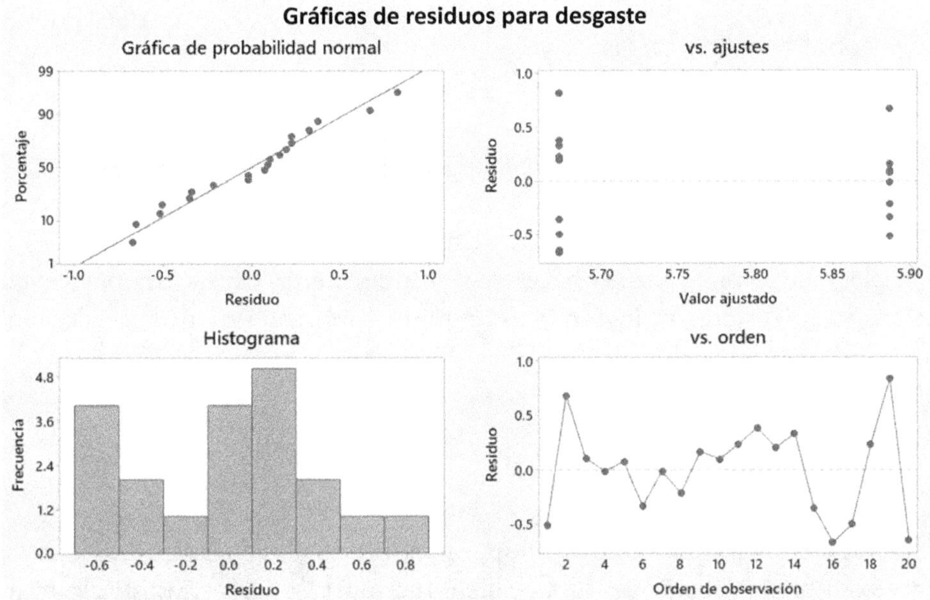

Figura 4.20.

Los resultados de todas estas mejoras se vieron reflejados en la temporada otoño-invierno, que además se consideraba clave porque era la que presentaba los mayores sobrecostos.

4.5 Conclusiones

Los diseños factoriales resultan muy efectivos para determinar la mejor combinación de los niveles para cada variable de entrada que optimizan nuestro proceso, ya sea maximizando o minimizando la variable de salida. Es importante tener en cuenta que:

- Esta combinación solo se aplica para los niveles que se probaron, pero puede existir una combinación que optimice aún más la variable de salida.
- Se deben fijar niveles para todos los factores, incluyendo aquellos que resulten no significativos. Para estos últimos nos inclinaremos siempre por el nivel que resulte más económico (como sucedió en el ejemplo de

Operadores Logísticos del Golfo, que decidió no adquirir el *software* para optimización de cargas).

5   Investigar y resolver los potenciales modos de fallo del nuevo proceso

Todos los equipos actualizaron sus análisis de modo y efecto de fallos (AMEF) e implementaron las acciones necesarias para disminuir los riesgos potenciales en sus nuevos procesos, logrando así cumplir con los objetivos buscados sin introducir nuevos problemas.

6   Validación de la mejora

Al llegar a este punto los cuatro equipos han implementado las mejoras en sus procesos y ahora deberán validar que dichas acciones les han permitido alcanzar los objetivos planteados en la definición del proyecto. El método más sencillo es efectuar nuevas mediciones y compararlas con las que presentaba el proceso antes de comenzar.

Ejemplo A: Banco del Pacífico. Tres meses después de iniciar el proyecto, el equipo de Alberto Hernández, en coordinación con las áreas de desarrollo humano y mantenimiento, había implementado las siguientes acciones en 25 sucursales del banco:

- Creación de la ventanilla para más de cinco transacciones.
- Capacitación de empleados de recepción y ventanilla (con procedimientos estandarizados).
- Mantenimiento productivo total.

Además de ello, como resultado de ideas provenientes de los empleados, se instalaron dispositivos y procedimientos a prueba de errores. Durante la última semana del mes de mayo, el equipo realizó la medición del tiempo de atención en ventanilla para una muestra de 235 clientes (tamaño de muestra determinado desde el inicio), con objeto de compararlas con las que se tomaron en el mes de febrero (al iniciar el proyecto). Los resultados después de las mejoras pueden verse en la tabla 4.14.

2.89	3.28	2.86	3.11	3.17	2.82	2.91	2.49	4.15	2.95	2.63	1.94	2.75	2.81	3.38
3.31	2.89	3.40	2.80	2.98	2.88	3.13	2.91	3.61	3.44	2.75	3.31	2.48	3.98	3.78
2.55	3.62	2.38	4.22	2.80	3.07	3.66	2.17	2.32	2.62	2.27	2.97	3.56	3.29	2.25
2.98	3.12	2.69	2.03	2.33	3.41	3.14	3.06	3.80	3.04	3.99	3.74	2.58	3.45	3.42
2.96	1.82	2.73	3.00	2.26	1.83	2.62	3.60	2.58	3.61	3.11	3.07	2.62	2.43	2.94
4.21	3.61	3.95	3.47	2.28	2.73	2.69	3.94	3.19	1.49	2.89	3.18	3.35	2.90	2.96
2.79	2.39	2.79	2.23	2.00	2.88	2.12	3.11	2.43	2.81	3.08	2.53	3.21	2.82	3.36
3.96	2.87	3.44	2.81	3.91	2.98	3.51	3.02	3.32	3.61	3.46	3.47	2.86	2.82	3.78
2.98	2.94	3.52	2.80	2.52	3.30	3.01	3.71	3.02	3.32	2.31	1.96	2.94	3.01	2.77
2.05	2.68	4.50	3.46	4.30	3.30	3.40	2.55	3.54	3.36	3.15	3.78	3.40	3.63	3.21
3.38	3.49	3.11	3.70	2.81	3.76	2.79	2.97	3.06	2.94	2.49	1.91	3.54	3.58	3.02
3.19	3.42	3.05	3.34	2.56	4.46	2.49	3.18	3.66	2.07	2.43	2.23	3.27	3.17	3.33
3.60	3.12	3.46	2.13	2.81	2.17	3.33	3.04	2.91	3.39	3.48	2.90	3.80	2.81	2.94
3.37	3.02	2.00	2.87	3.42	2.17	1.66	3.05	2.27	3.78	2.97	4.13	2.61	3.50	3.33
2.24	2.12	2.22	3.38	2.85	2.61	3.32	3.78	3.12	2.45	3.26	2.98	2.01	3.31	3.72
3.16	2.25	2.68	3.17	3.07	2.32	3.15	2.69	3.12	2.68					

Tabla 4.14.

Con estas mediciones se procedió al cálculo del *Ppk* después de las mejoras (véase la figura 4.21).

Las mejoras son significativas:

- El índice *Pp* es 1.81 y el *Ppk* de 1.80, prácticamente iguales entre sí, lo que indica que el proceso está centrado.
- La media se encuentra en 3.018 y la desviación estándar en 0.552. A estos datos se les aplicará una prueba de hipótesis.
- Prácticamente hay un 0 % de probabilidad de encontrar tiempos por encima del límite superior de especificación.

Con estos datos se elaboró la tabla 4.15 para el nivel sigma.

Paralelamente, en la misma semana del muestreo, se contaron los errores, problemas o defectos detectados, basados en las cinco oportunidades de fallo que ya se habían definido:

- Tiempo demasiado lento.
- Error en el tipo de transacción.

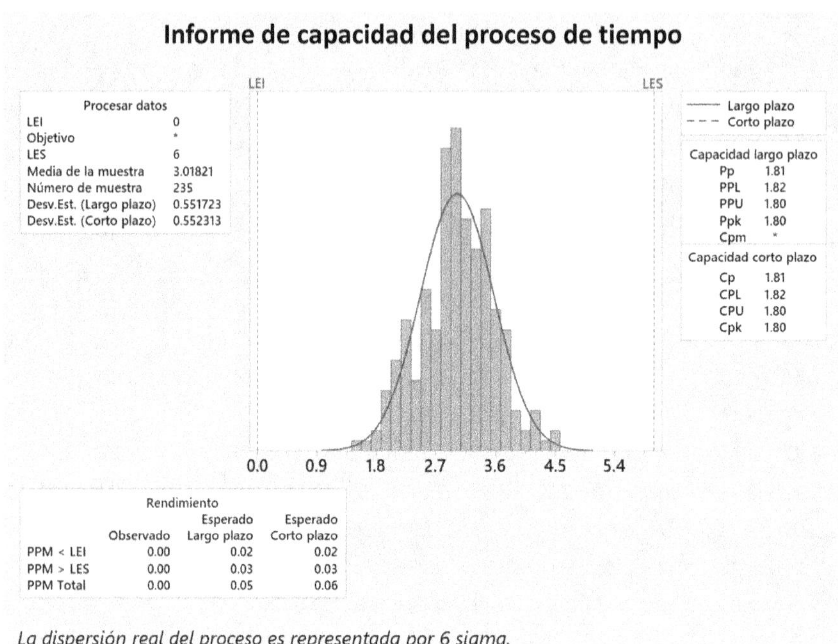

La dispersión real del proceso es representada por 6 sigma.

Figura 4.21.

Media	3.018
Desviación estándar	0.5517
Límite inferior de especificación	0
Límite superior de especificación	6
Z para límite inferior	−5.47036
Z para límite superior	5.40511
Porcentaje fuera de especificación para límite inferior	0.00
Porcentaje fuera de especificación para límite superior	0.00
Porcentaje total fuera de especificación	0.00
Proporción total fuera de especificación	0.00000
Proporción total dentro de especificación	1.00000
Nivel sigma de largo plazo	**5.31**
Nivel sigma de corto plazo	**6.81**

Tabla 4.15.

- Inexactitud del cajero al entregar el dinero.
- Error en el número de cuenta.
- Mal trato al cliente.

En dicha semana, se atendió a 6 305 clientes y se detectaron 75 fallos. El DPMO es:

$$\text{DPMO} = \frac{75}{(6\ 305)(5)} \times 1\ 000\ 000 = 2\ 379$$

Cálculo de niveles sigma de largo y corto plazo con base en atributos:

- Proporción de servicios sin errores = (1 000 000 − 2 379) / 1 000 000 = 0.99762.
- Nivel sigma de largo plazo = Distr.Norm.Estand.Inv(0.99762) = 2.82.
- Nivel sigma de corto plazo = 2.82 + 1.50 = 4.32.

Para comprobar sus resultados, el equipo realizó las siguientes pruebas de hipótesis (con una confianza del 95 %):

- La media del tiempo de atención en ventanilla para el proceso mejorado es menor o igual que la media del proceso antes de las mejoras.
- La desviación estándar del tiempo de atención en ventanilla para el proceso mejorado es menor o igual que la desviación estándar del proceso antes de las mejoras.
- La media del tiempo de atención en ventanilla para el proceso mejorado es menor o igual a 3.0 (objetivo planteado).
- La desviación estándar del tiempo de atención en ventanilla para el proceso mejorado es menor o igual a 0.85 (objetivo planteado).

Los resultados para cada una de estas pruebas, utilizando Minitab, pueden verse en la tabla 4.16.

Lo cual se resume a continuación:

- Con un valor p de 1.000, se afirma que la media del tiempo de atención en ventanilla para el proceso mejorado (media 1) es menor o igual que la media del proceso antes de las mejoras (media 2).

Prueba

Hipótesis nula	$H_0: \mu_1 - \mu_2 = 0$
Hipótesis alterna	$H_1: \mu_1 - \mu_2 > 0$

Valor T	GL	Valor *p*
-19.66	274	1.000

Prueba

Hipótesis nula	$H_0: \sigma_1 / \sigma_2 = 1$
Hipótesis alterna	$H_1: \sigma_1 / \sigma_2 > 1$
Nivel de incidencia	$\alpha = 0.05$

Estadística

Método	de prueba	GL1	GL2	Valor *p*
Bonett	213.73	1		1.000
Levene	221.82	1	468	1.000

Prueba

Hipótesis nula	$H_0: \mu = 3$
Hipótesis alterna	$H_1: \mu > 3$

Valor Z	Valor *p*
0.51	0.306

Prueba

Hipótesis nula	$H_0: \sigma = 0.85$
Hipótesis alterna	$H_1: \sigma > 0.85$

Estadística

Método	de prueba	GL	Valor *p*
Bonett	—	—	1.000
Chi-cuadrada	98.59	234	1.000

Tabla 4.16.

- Con un valor *p* de 1.000, se afirma que la desviación estándar del tiempo de atención para el proceso mejorado (desviación estándar 1) es menor o igual que la desviación estándar del proceso antes de las mejoras (desviación estándar 2).
- Con un valor *p* de 0.306, se afirma que la media del tiempo de atención en ventanilla para el proceso mejorado es menor o igual a 3.0 (objetivo planteado).
- Con un valor *p* de 1.000, se afirma que la desviación estándar del tiempo de atención en ventanilla para el proceso mejorado es menor o igual a 0.85 (objetivo planteado).

Finalmente, se resumen los resultados en la tabla 4.17, comparándolos con la línea base y los objetivos.

El equipo de Alberto Hernández considera muy exitoso su proyecto de mejora, aunque aún hay oportunidades en disminuir los defectos o errores en la atención a ventanilla, con el objetivo de alcanzar el nivel sigma de 5.00 medido por atributos.

Indicador	Línea base	Resultado	Objetivo
Tiempo de atención en ventanilla (1 a 5 transacciones)	Hasta 10.25 minutos	**Máximo 4.50 minutos**	Máximo 6 minutos
Índice *Ppk* para tiempo de atención	0.09	**1.8**	1.17
Nivel sigma de corto plazo para atención (atributos)	1.77	**4.32**	5.00
Nivel sigma de corto plazo para tiempo de atención	1.76	**6.81**	5.00

Tabla 4.17.

Ejemplo B: Operadores Logísticos del Golfo. Ocho meses después de iniciar el proyecto (tiempo prolongado debido a todas las mejoras implementadas), el equipo de Valentín Ortega había llevado a cabo las siguientes acciones:

- Sistema Kanban, apoyado con un *software* para el análisis de la demanda.
- Oficina de valor, trabajo celular, balanceo de cargas, *poka-yoke,* trabajo estándar y capacitación en todo el proceso.
- Optimización de rutas y cargas, apoyado con un *software* para la optimización de rutas.

En el mes de diciembre (temporada invernal, que se considera clave), el equipo realizó la medición del tiempo de entrega para una muestra de 333 pedidos (tamaño de muestra determinado desde el inicio), con objeto de compararlo con el que se obtuvo al iniciar el proyecto. Los resultados después de las mejoras se muestran en la tabla 4.18.

Con estas mediciones se procedió al cálculo del *Ppk* después de las mejoras (véase la figura 4.22).

Las mejoras fueron significativas:

- El índice *Pp* era 1.00 y el *Ppk*, 1.00, es decir, iguales entre sí, lo que indica que el proceso estaba centrado.
- La media se situaba en 19.975 y la desviación estándar en 1.3278. A estos datos se les aplicaría una prueba de hipótesis.
- Los *ppm* para datos fuera de especificación por encima del límite superior se situaban en 3.003, es decir, 0.3 %.

20.86	20.50	20.39	19.08	18.69	18.29	21.01	21.08	20.64	18.52	21.02	21.59	20.37	18.33	19.65
22.11	18.75	20.48	20.05	20.26	21.09	21.36	17.98	20.28	20.45	19.75	19.26	22.15	19.99	19.96
18.61	21.47	20.38	20.80	19.28	19.73	20.33	20.66	19.92	18.53	18.77	18.58	20.48	20.11	19.63
18.99	20.20	19.36	19.11	20.95	20.06	20.58	19.53	20.46	19.06	18.87	20.85	21.11	20.69	16.60
19.12	22.41	20.35	19.37	20.45	20.67	20.76	22.18	20.18	20.16	20.10	20.55	19.60	18.31	21.36
19.40	18.72	19.88	19.73	23.11	20.58	18.09	22.40	20.79	22.07	21.04	21.22	21.35	19.68	21.59
19.08	18.87	18.92	20.30	20.65	19.76	18.63	18.35	20.78	20.39	15.81	20.32	20.76	18.21	20.48
18.17	20.69	18.70	19.50	18.43	18.82	17.82	18.36	18.98	19.74	20.66	18.89	20.18	18.60	19.53
18.07	20.76	19.65	21.97	20.16	17.80	21.85	21.42	18.90	20.43	18.75	18.31	18.41	18.98	20.87
18.96	19.90	19.41	22.72	20.57	18.83	20.78	19.99	20.27	18.51	18.15	19.25	20.85	19.44	17.93
20.73	19.21	20.31	18.81	21.82	20.43	17.86	18.36	22.10	20.26	20.65	20.82	21.33	23.31	20.90
17.22	18.94	22.67	19.81	17.74	18.44	18.43	18.83	19.58	21.22	21.54	18.35	19.87	19.99	18.89
18.57	19.82	21.38	20.67	18.92	18.20	17.05	18.26	21.39	22.87	20.76	17.50	19.46	19.05	19.64
22.61	20.01	18.36	17.58	23.08	19.12	20.66	19.98	17.75	20.98	20.60	19.22	22.07	19.45	19.94
19.61	21.90	19.57	18.11	17.93	17.76	20.00	19.31	19.89	19.29	21.24	19.98	20.67	20.08	20.77
19.94	21.71	19.21	20.47	20.10	21.75	20.29	23.28	19.98	19.95	19.56	20.62	21.92	19.91	19.52
19.87	23.34	19.05	21.13	19.71	21.01	20.52	18.87	20.42	19.90	20.84	20.78	20.71	19.19	19.31
18.49	20.76	19.29	20.26	19.34	19.65	17.48	21.41	21.31	19.08	21.67	20.31	17.90	21.58	19.65
17.37	22.35	19.08	20.04	22.15	19.54	22.26	22.60	22.01	18.11	17.63	19.64	20.34	17.00	19.80
20.97	20.77	20.61	18.13	21.47	20.29	22.52	19.57	19.69	18.68	21.13	17.75	19.92	19.92	19.72
19.79	20.62	21.57	18.84	19.26	20.28	20.57	20.97	18.78	18.47	23.10	19.26	18.78	21.78	19.40
20.15	18.76	22.41	21.38	19.70	21.62	19.46	20.79	20.04	20.56	20.83	21.30	20.47	17.61	21.62
17.85	20.68	20.31												

Tabla 4.18.

Informe de capacidad del proceso de tiempo de entrega

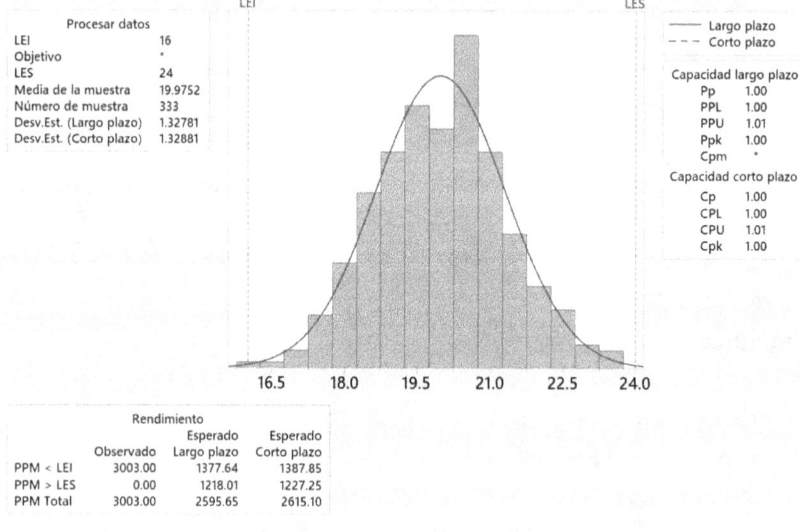

La dispersión real del proceso es representada por 6 sigma.

Figura 4.22.

Con estos datos se elaboró la tabla 4.19 para el nivel sigma.

Paralelamente, en el mismo mes del muestreo, se contaron los errores, problemas o defectos detectados, basados en las cuatro oportunidades de fallo que ya se habían definido:

- Entrega con retraso.
- Error en el producto entregado.
- Error en la cantidad.
- Error en la factura.

En dicho mes se entregaron 475 pedidos y se detectaron solo 2 fallos. El DPMO era:

$$\text{DPMO} = \frac{2}{(475)(4)} \times 1\,000\,000 = 1\,053$$

Cálculo de niveles sigma de largo y corto plazo con base en atributos:

- Proporción de pedidos sin errores = (1 000 000 − 1 053) / 1 000 000 = 0.99895.
- Nivel sigma de largo plazo = Distr.Norm.Estand.Inv(0.99895) = 3.07.
- Nivel sigma de corto plazo = 3.07 + 1.50 = 4.57.

Media	19.975
Desviación estándar	1.3278
Límite inferior de especificación	16
Límite superior de especificación	24
Z para límite inferior	-2.99367
Z para límite superior	3.03133
Porcentaje fuera de especificación para límite inferior	0.14
Porcentaje fuera de especificación para límite superior	0.12
Porcentaje total fuera de especificación	0.26
Proporción total fuera de especificación	0.00260
Proporción total dentro de especificación	0.99740
Nivel sigma de largo plazo	**2.79**
Nivel sigma de corto plazo	**4.29**

Tabla 4.19.

Para comprobar sus resultados, el equipo realizó las siguientes pruebas de hipótesis (con una confianza del 95 %):

- La media del tiempo de entrega para el proceso mejorado es menor o igual que la media del proceso antes de las mejoras.
- La desviación estándar del tiempo de entrega para el proceso mejorado es menor o igual que la desviación estándar del proceso antes de las mejoras.
- La media del tiempo de entrega para el proceso mejorado es menor o igual a 20.0 (objetivo planteado).
- La desviación estándar del tiempo de entrega para el proceso mejorado es menor o igual a 1.33 (objetivo planteado).

Los resultados para cada una de estas pruebas, utilizando Minitab, pueden verse en la tabla 4.20.

Lo cual se resume a continuación:

- Con un valor p de 0.468, se afirma que la media del tiempo de entrega para el proceso mejorado (media 1) es menor o igual que la media del proceso antes de las mejoras (media 2).

Prueba

Hipótesis nula	H_0: $\mu_1 - \mu_2 = 0$
Hipótesis alterna	H_1: $\mu_1 - \mu_2 > 0$

Valor T	GL	Valor p
0.08	396	0.468

Prueba

Hipótesis nula	H_0: $\sigma_1 / \sigma_2 = 1$
Hipótesis alterna	H_1: $\sigma_1 / \sigma_2 > 1$
Nivel de incidencia	$\alpha = 0.05$

Método	Estadística de prueba	GL1	GL2	Valor p
Bonett	263.72	1		1.000
Levene	276.98	1	664	1.000

Prueba

Hipótesis nula	H_0: $\mu = 20$
Hipótesis alterna	H_1: $\mu > 20$

Valor Z	Valor p
-0.34	0.633

Prueba

Hipótesis nula	H_0: $\sigma = 1.33$
Hipótesis alterna	H_1: $\sigma > 1.33$

Método	Estadística de prueba	GL	Valor p
Bonett	—	—	0.518
Chi-cuadrada	330.91	332	0.507

Tabla 4.20.

- Con un valor p de 1.000, se afirma que la desviación estándar del tiempo de entrega para el proceso mejorado (desviación estándar 1) es menor o igual que la desviación estándar del proceso antes de las mejoras (desviación estándar 2).
- Con un valor p de 0.633, se afirma que la media del tiempo de entrega para el proceso mejorado es menor o igual a 20.0 (objetivo planteado).
- Con un valor p de 0.507, se afirma que la desviación estándar del tiempo de entrega para el proceso mejorado es menor o igual a 1.33 (objetivo planteado).

Finalmente, en la tabla 4.21 se resumen los resultados, comparándolos con la línea base y los objetivos.

El equipo de Valentín Ortega mejoró significativamente los indicadores y tienen una oportunidad en alcanzar el nivel sigma de 4.50 medido por tiempo de entrega (variable).

Ejemplo C: Manufacturera Química. Cinco meses después de iniciar su proyecto, el equipo de Elsa Alatorre, en coordinación con las áreas de calidad, desarrollo humano y mantenimiento, había implementado las siguientes acciones:

- Capacitación a operadores de envasado (con procedimientos estandarizados).
- Mantenimiento productivo total en línea de envasado.
- Determinación de parámetros de proceso (velocidad de agitación y diámetro de boquilla).

Después de estas mejoras, el equipo realizó la medición del peso neto envasado para 81 piezas de un lote (tamaño de muestra determinado desde el inicio),

Indicador	Línea base	Resultado	Objetivo
OTIF (pedidos estándar)	82 %	**99.7 %**	99 %
Tiempo de entrega (pedidos estándar)	Hasta 30.66 horas	**Máximo 23.34 horas**	Máximo 24 horas
Índice *Ppk* para tiempo de entrega	0.32	**1.00**	1.00
Nivel sigma de corto plazo para entregas (atributos)	2.41	**4.57**	4.50
Nivel sigma de corto plazo para tiempo de entrega	2.45	**4.29**	4.50

Tabla 4.21.

con objeto de compararlo con el que se encontró al iniciar el proyecto. Los resultados después de las mejoras se pueden ver en la tabla 4.22.

Con estas mediciones se procedió al cálculo del *Ppk* después de las mejoras (véase la figura 4.23).

25.39	25.47	25.48	25.48	25.41	25.64	25.46	25.59	25.52
25.40	25.35	25.70	25.67	25.64	25.59	25.45	25.37	25.82
25.56	25.54	25.69	25.63	25.53	25.57	25.49	25.37	25.57
25.58	25.66	25.58	25.50	25.51	25.56	25.58	25.53	25.48
25.54	25.44	25.53	25.58	25.57	25.76	25.46	25.54	25.41
25.61	25.75	25.57	25.61	25.56	25.50	25.64	25.56	25.37
25.49	25.72	25.41	25.30	25.45	25.36	25.54	25.47	25.59
25.63	25.53	25.54	25.50	25.59	25.42	25.42	25.40	25.54
25.57	25.50	25.58	25.56	25.43	25.73	25.21	25.40	25.63

Tabla 4.22.

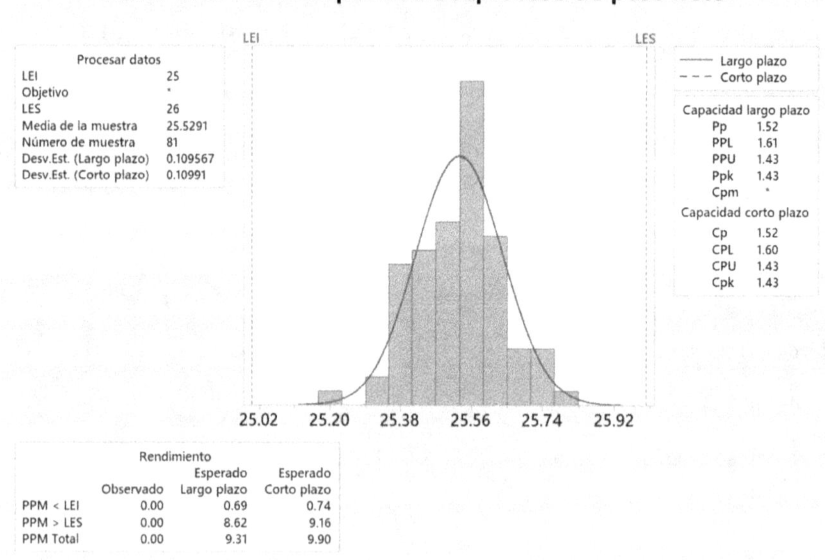

La dispersión real del proceso es representada por 6 sigma.

Figura 4.23.

Las mejoras fueron significativas:

- El índice *Pp* era 1.52 y el *Ppk*, 1.43, lo que indica que el proceso está ligeramente descentrado.
- La media se sitúa en 25.5291 y la desviación estándar en 0.1095. A estos datos se les aplicará una prueba de hipótesis.
- Prácticamente tenemos un 0 % de probabilidad de encontrar envases fuera de los límites de especificación.

Con estos datos se elaboró la tabla 4.23 para el nivel sigma.

Paralelamente, en el mismo lote del muestreo, se contaron los errores, problemas o defectos detectados, basados en las seis oportunidades de fallo que ya se habían definido:

- Peso incorrecto.
- Producto derramado.
- Envase perforado.
- Fuga por la tapa.
- Datos en la etiqueta incorrectos.
- Envase manchado o sucio.

Media	25.529
Desviación estándar	0.1095
Límite inferior de especificación	25
Límite superior de especificación	26
Z para límite inferior	-4.83105
Z para límite superior	4.30137
Porcentaje fuera de especificación para límite inferior	0.00
Porcentaje fuera de especificación para límite superior	0.00
Porcentaje total fuera de especificación	0.00
Proporción total fuera de especificación	0.00001
Proporción total dentro de especificación	0.99999
Nivel sigma de largo plazo	**4.28**
Nivel sigma de corto plazo	**5.78**

Tabla 4.23.

Ese lote constaba de 3 255 piezas y se detectaron solo 3 fallos. El DPMO era:

$$DPMO = \frac{3}{(3\ 255)(6)} \times 1\ 000\ 000 = 154$$

Cálculo de niveles sigma de largo y corto plazo con base en atributos:

- Proporción de productos sin defectos = (1 000 000 − 154) / 1 000 000 = 0.99985.
- Nivel sigma de largo plazo = Distr.Norm.Estand.Inv(0.99985) = 3.61.
- Nivel sigma de corto plazo = 3.61 + 1.50 = 5.11.

Para comprobar sus resultados, el equipo realizó las siguientes pruebas de hipótesis (con una confianza del 95 %):

- La media del peso neto envasado para el proceso mejorado es menor o igual que la media del proceso antes de las mejoras.
- La desviación estándar del peso neto envasado para el proceso mejorado es menor o igual que la desviación estándar del proceso antes de las mejoras.
- La media del peso neto envasado para el proceso mejorado es igual a 25.5, como prueba bilateral (objetivo planteado).
- La desviación estándar del peso neto envasado para el proceso mejorado es menor o igual a 0.142 (objetivo planteado).

Los resultados para cada una de estas pruebas, utilizando Minitab, pueden verse en la tabla 4.24.

Lo cual se resume a continuación:

- Con un valor p de 0.999, se afirma que la media del peso neto envasado para el proceso mejorado (media 1) es menor o igual que la media del proceso antes de las mejoras (media 2).
- Con un valor p de 1.000, se afirma que la desviación estándar del peso neto envasado para el proceso mejorado (desviación estándar 1) es menor o igual que la desviación estándar del proceso antes de las mejoras (desviación estándar 2).

Prueba

Hipótesis nula	H_0: $\mu_1 - \mu_2 = 0$
Hipótesis alterna	H_1: $\mu_1 - \mu_2 > 0$

Valor T	GL	Valor *p*
-3.36	89	0.999

Prueba

Hipótesis nula	H_0: $\sigma_1 / \sigma_2 = 1$
Hipótesis alterna	H_1: $\sigma_1 / \sigma_2 > 1$
Nivel de incidencia	$\alpha = 0.05$

Método	Estadística de prueba	GL1	GL2	Valor *p*
Bonett	69.76	1		1.000
Levene	75.80	1	160	1.000

N	Media	Desv.Est.	Error estándar de la media	IC de 95 % para μ
81	25.5291	0.1096	0.0122	(25.5052. 25.5529)

μ: media de peso mejorado
Desviación estándar conocida = 0.1095

Prueba

Hipótesis nula	H_0: $\mu = 25.5$
Hipótesis alterna	H_1: $\mu \neq 25.5$

Valor Z	Valor *p*
2.39	0.017

Prueba

Hipótesis nula	H_0: $\sigma = 0.142$
Hipótesis alterna	H_1: $\sigma > 0.142$

Método	Estadística de prueba	GL	Valor *p*
Bonett	—	—	1.000
Chi-cuadrada	47.63	80	0.998

Tabla 4.24.

- Con un valor *p* de 0.017 (menor a 0.05), se rechaza que la media del peso neto envasado para el proceso mejorado sea igual a 25.5 (objetivo planteado). Lo anterior se comprueba con el intervalo de confianza del 95 %, que no incluye el valor de 25.5. Como ya se había detectado, el proceso está ligeramente descentrado (hacia el límite superior de especificación) y esto queda como una oportunidad de mejora.
- Con un valor *p* de 0.998, se afirma que la desviación estándar del peso neto envasado para el proceso mejorado es menor o igual a 0.142 (objetivo planteado).

Finalmente, se resumen los resultados en la tabla 4.25, comparándolos con la línea base y los objetivos.

El equipo de Elsa Alatorre se muestra sobradamente satisfecho por los logros obtenidos, los cuales superan todos los objetivos planteados. Considera una oportunidad centrar el peso neto envasado entre las especificaciones.

Indicador	Línea base	Resultado	Objetivo
Peso de producto envasado	24.55 a 27.02 kg	**25.21 a 25.82 kg**	25.00 a 26.00 kg
Índice *Ppk* para peso envasado	0.22	**1.43**	1.17
Nivel sigma de corto plazo para envasado (atributos)	2.05	**5.11**	5.00
Nivel sigma de corto plazo para peso envasado	1.98	**5.78**	5.00
Rendimiento del proceso	89 % promedio	**99.5 % promedio**	98 % promedio
Personal requerido	12 personas	**10 personas**	10 personas
Porcentaje de merma	8.50 % promedio	**0.37 % promedio**	0.50 % promedio
Distancia recorrida en el proceso	186 m	**133 m**	150 m

Tabla 4.25.

Ejemplo D: Calzado Chelsea. Antes de iniciar los diseños para la temporada otoño-invierno (considerada como la más crítica), el equipo de Brenda Ávalos había implementado las siguientes mejoras:

- Proceso estandarizado de desarrollo en el que cada etapa es validada por todos los involucrados en la cadena de valor y con elementos *poka-yoke* para evitar reprocesos.
- Capacitación de todo el equipo en los procesos de manufactura.
- Aprobación del nuevo material para suelas, con importantes ahorros en este rubro.

Durante el desarrollo de los diseños para la temporada otoño-invierno, el equipo evaluó una muestra de 35 de ellos (tamaño de la muestra determinado desde el inicio), con objeto de comparar el cumplimiento del costo objetivo en comparación con lo hallado al iniciar el proyecto. Los resultados después de las mejoras pueden verse en la tabla 4.26.

90.16	84.94	88.40	92.19	91.54	92.17	89.27
89.66	84.37	86.35	92.87	88.09	89.20	85.99
93.52	93.19	88.56	89.62	87.16	92.25	84.82
90.12	90.79	90.33	82.41	89.95	87.22	92.41
85.94	86.13	88.51	89.82	88.18	90.23	91.55

Tabla 4.26.

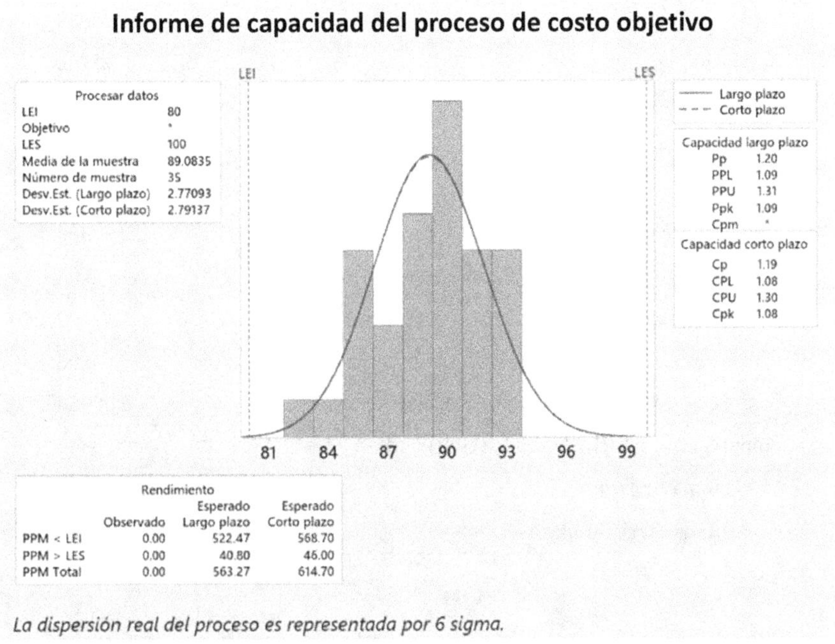

Informe de capacidad del proceso de costo objetivo

La dispersión real del proceso es representada por 6 sigma.

Figura 4.24.

Con estas mediciones se procedió al cálculo del *Ppk* después de las mejoras (véase la figura 4.24).

Las mejoras fueron significativas:

- El índice *Pp* era 1.20 y el *Ppk* de 1.09, lo que indica que el proceso está ligeramente descentrado.
- La media se hallaba en 89.083 y la desviación estándar en 2.7709. A estos datos se les aplicaría una prueba de hipótesis.
- Prácticamente había un 0 % de probabilidad de que hallar costos por encima del límite superior de especificación.

Con estos datos se elaboró la tabla 4.27 para el nivel sigma.

Paralelamente, en la misma temporada, se contaron los errores, problemas o defectos detectados, basados en las dos oportunidades de fallo que ya se habían definido:

- Entrega con retraso.
- Costo real por encima del costo objetivo.

Media	89.083
Desviación estándar	2.7709
Límite inferior de especificación	80
Límite superior de especificación	100
Z para límite inferior	-3.27800
Z para límite superior	3.93988
Porcentaje fuera de especificación para límite inferior	0.05
Porcentaje fuera de especificación para límite superior	0.00
Porcentaje total fuera de especificación	0.06
Proporción total fuera de especificación	0.00056
Proporción total dentro de especificación	0.99944
Nivel sigma de largo plazo	**3.26**
Nivel sigma de corto plazo	**4.76**

Tabla 4.27.

En la temporada se desarrollaron 55 diseños y se detectó solo 1 fallo. El DPMO era:

$$\text{DPMO} = \frac{1}{(55)(2)} \times 1\ 000\ 000 = 9\ 091$$

Cálculo de niveles sigma de largo y corto plazo con base en atributos:

- Proporción de diseños sin errores = (1 000 000 – 9 091) / 1 000 000 = 0.99091.
- Nivel sigma de largo plazo = Distr.Norm.Estand.Inv(0.99091) = 2.36.
- Nivel sigma de corto plazo = 2.36 + 1.50 = 3.86.

Para comprobar sus resultados, el equipo realizó las siguientes pruebas de hipótesis (con una confianza del 95 %):

- La media del cumplimiento del costo objetivo para el proceso mejorado es menor o igual que la media del proceso antes de las mejoras.

- La desviación estándar del cumplimiento del costo objetivo para el proceso mejorado es menor o igual que la desviación estándar del proceso antes de las mejoras.
- La media del cumplimiento del costo objetivo para el proceso mejorado es menor o igual a 90.0 (objetivo planteado).
- La desviación estándar del cumplimiento del costo objetivo para el proceso mejorado es menor o igual a 3.33 (objetivo planteado).

Los resultados para cada una de estas pruebas, utilizando Minitab, pueden verse en la tabla 4.28.

Lo cual se resume a continuación:

- Con un valor p de 1.000, se afirma que la media del cumplimiento del costo objetivo para el proceso mejorado (media 1) es menor o igual que la media del proceso antes de las mejoras (media 2).
- Con un valor p de 0.926, se afirma que la desviación estándar del cumplimiento al costo objetivo para el proceso mejorado (desviación estándar 1) es menor o igual que la desviación estándar del proceso antes de las mejoras (desviación estándar 2).

Prueba

Hipótesis nula	H_0: $\mu_1 - \mu_2 = 0$
Hipótesis alterna	H_1: $\mu_1 - \mu_2 > 0$

Valor T	GL	Valor p
-18.20	58	1.000

Prueba

Hipótesis nula	H_0: $\sigma_1 / \sigma_2 = 1$
Hipótesis alterna	H_1: $\sigma_1 / \sigma_2 > 1$
Nivel de incidencia	$\alpha = 0.05$

Método	Estadística de prueba	GL1	GL2	Valor p
Bonett	3.19	1		0.963
Levene	2.14	1	68	0.926

Prueba

Hipótesis nula	H_0: $\mu = 90$
Hipótesis alterna	H_1: $\mu > 90$

Valor Z	Valor p
-1.96	0.975

Prueba

Hipótesis nula	H_0: $\sigma = 3.33$
Hipótesis alterna	H_1: $\sigma > 3.33$

Método	Estadística de prueba	GL	Valor p
Bonett	—	—	0.979
Chi-cuadrada	23.54	34	0.911

Tabla 4.28.

Indicador	Línea base	Resultado	Objetivo
Cumplimiento del costo objetivo	Hasta 116.06 %	**Máximo 93.52 %**	Máximo 100 %
Índice Ppk para costo objetivo	-0.36	**1.09**	1,00
Nivel sigma de corto plazo para diseño (atributos)	0.37	**3.86**	4.50
Nivel sigma de corto plazo para costo objetivo	0.41	**4.76**	4.50

Tabla 4.29.

- Con un valor p de 0.975, se afirma que la media del cumplimiento del costo objetivo para el proceso mejorado es menor o igual a 90.0 (objetivo planteado).
- Con un valor p de 0.911, se afirma que la desviación estándar del cumplimiento del costo objetivo para el proceso mejorado es menor o igual a 3.33 (objetivo planteado).

Finalmente, se resumen los resultados en la tabla 4.29, comparándolos con la línea base y los objetivos.

El equipo de Brenda Ávalos ha presentado ante la dirección su proyecto de mejora, explicando que aún hay oportunidades en disminuir los defectos o errores en el proceso de diseño, con el objetivo de alcanzar el nivel sigma de 4.50 medido por atributos. Con el proceso mejorado, el costo real queda por debajo del costo objetivo y los diseños se entregan antes del tiempo pactado.

7   Conclusiones

La validación demuestra que los cuatro equipos han superado las expectativas que tenían al definir sus proyectos. Este, por lo general, es el resultado más común, pues al ir implementando las mejoras, se descubren nuevas oportunidades lo que lleva a optimizaciones hasta niveles que no se habían contemplado en un inicio.

Todos los equipos están listos para pasar a la última etapa de la metodología, es decir, la fase Controlar.

Capítulo 5

Fase 5: Controlar

1 Objetivos

Los principales objetivos de la fase Controlar son:

- Estandarizar los nuevos métodos en la práctica.
- Documentar las lecciones aprendidas, en especial las soluciones a los problemas afrontados durante la ejecución del proyecto.
- Desarrollar métodos que aseguren el mantenimiento de las mejoras.
- Determinar y monitorizar los ahorros finales.
- Entregar el proyecto al dueño del proceso.
- Transferir el conocimiento adquirido a otros productos, servicios o procesos.

Esta fase es clave, ya que toda la labor del proyecto se puede venir abajo si no se implementan las acciones necesarias para que los resultados obtenidos se mantengan en el tiempo. Es común encontrar procesos que se optimizan sustancialmente apenas unas semanas, pero que después vuelven a mostrar los resultados que se observaban en el pasado, debido principalmente a que las personas regresan a sus antiguas prácticas de trabajo por falta de adecuados sistemas de control.

Esta respuesta natural del personal de los procesos de caer en viejos hábitos puede ser gradual o incluso repentina: los cambios pueden surgir en el regreso de las vacaciones o simplemente cuando uno no está observando.

Existen varias herramientas útiles para la estandarización de los nuevos métodos:

- **El control estadístico de procesos** se utiliza para vigilar que la variación se mantenga estable, mediante una monitorización precisa del comportamiento de los parámetros de entrada y de las variables de salida.
- **Los planes de control** se utilizan para definir métodos de control y garantizar que todas las posibles fuentes de variación se aborden.
- **Las instrucciones de trabajo y los mapas de proceso** son importantes para que el personal pueda comprender sus nuevas responsabilidades, por lo cual deben actualizarse continuamente (sobre todo cada vez que se implemente algún cambio) e integrarse en un programa de capacitación para el personal.

2   Control estadístico de procesos

Esta herramienta, también conocida como CEP o SPC (por sus siglas en inglés *statistical process control),* es básica en el estudio de la variación y el uso de las señales estadísticas para monitorizar o mejorar el rendimiento de un proceso. La función del control estadístico de procesos es comprobar de forma permanente si los resultados de mediciones que van surgiendo están de acuerdo con la hipótesis de estabilidad de la operación. Además, permite detectar la variación debida a causas especiales por medio de las señales fuera de control, aunque estas no pueden decirnos por qué el proceso está fuera de control, solo que lo está.

El primero en utilizar el control estadístico de procesos fue Walter A. Shewhart. En 1924, creó la base para el gráfico de control y el concepto del CEP, con objeto de controlar las variables de entrada mientras realizaba cuidadosos experimentos. Concluyó que, mientras todos los procesos muestran variación, algunos de ellos presentan las variaciones controladas naturales dentro del proceso (ocasionadas por causas comunes), mientras que otros exhiben variaciones descontroladas, producto de causas especiales.

Posteriormente, William Edwards Deming aplicó los métodos del CEP en Estados Unidos durante la Segunda Guerra Mundial, para mejorar con éxito la calidad en la producción de municiones y otros productos de importancia estratégica. Deming también contribuyó decisivamente a mejorar los métodos del CEP e introducirlos en la industria japonesa después de la guerra.

Hay que tener en cuenta que la implementación del CEP implica un serio compromiso y una amplia capacitación, ya que estas técnicas, sin el entrenamiento adecuado, pueden tener un valor residual si solo se utilizan para registrar datos y no van acompañadas de acciones inmediatas cuando se detecte una desviación.

Asimismo, el CEP faculta a los operadores entrenados a tomar decisiones, con objeto de evitar pérdidas de tiempo y recursos, como sucede cuando han sido entrenados y entienden las reglas pero la gerencia no permite parar el proceso o investigar las variaciones fuera de control. Solo se alcanza el éxito si el CEP lo aplican operadores entrenados y personal que respeta las reglas, de manera que cuando el gráfico señale un problema, todo el mundo acepte parar la operación para identificar la causa especial y eliminarla. Estas acciones que se toman para corregir las tendencias no aleatorias son la clave para el uso óptimo del CEP.

Tal como lo estableció Shewhart, todos los procesos tienen variación que puede deberse a dos tipos de causas:

- **Causas comunes:** es la variabilidad aleatoria debida a la combinación de muchos efectos que no son fáciles de identificar. Un proceso que incluye solo causas comunes se dice que está en control estadístico.
- **Causas especiales:** es la variabilidad imputable a causas que son posibles de identificar, corregir y, lo que es mejor, eliminar. Un proceso que incluye causas especiales no está en control estadístico.

Entre otros beneficios, el CEP:

- Permite saber si el proceso está bajo control estadístico.
- Es una técnica probada para mejorar la productividad.
- Resulta efectivo en la prevención de defectos.
- Evita ajustes innecesarios del proceso.
- Puede usarse para tipos de datos de variable y de atributo.
- Proporciona una base de datos que puede ser usada para mejorar el proceso, medir su capacidad y ayudar a tomar decisiones.
- Ofrece vigilancia del proceso en tiempo real.
- Ayuda a conocer el desempeño del proceso a largo plazo.
- Aporta un mejor conocimiento y entendimiento del proceso.

El elemento clave del control estadístico de procesos son las gráficas de control, que muestran el comportamiento de cierto parámetro de calidad de un proceso con respecto al tiempo y cuyas características son:

- Representan los valores medidos durante el funcionamiento de un proceso continuo y ayudan a controlar dicho proceso.
- Incorporan límites de control superior e inferior que reflejan los límites naturales de la variabilidad aleatoria en el proceso. Estos límites no deberán compararse con los límites de especificación del cliente.
- Permiten identificar tendencias no naturales (no aleatorias) en las variables de proceso.
- Sirven para distinguir entre causas comunes y causas especiales de variación.

Las aplicaciones de las gráficas de control incluyen:

- Evaluar, controlar y mejorar los procesos.
- Indicar cuándo actuar para mejorar un proceso y cuándo no, ya que sobreactuar en un proceso estable puede provocar más variación.
- Medir el desempeño de un proceso (estudios de capacidad).
- Auxiliar en la identificación de posibles causas de variación.
- Mantener el desempeño de un proceso.

Los elementos que las conforman se ilustran en la figura 5.1.

Esto equivale a un gráfico de polígonos al que se le añaden las líneas de control, como puede verse en la figura 5.2.

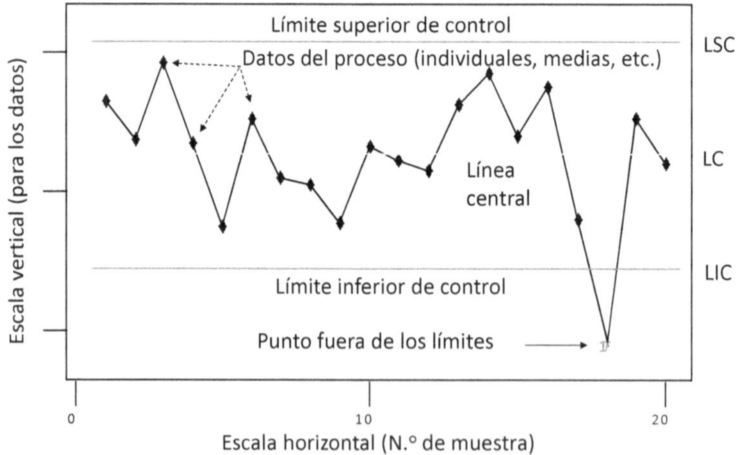

Figura 5.1.

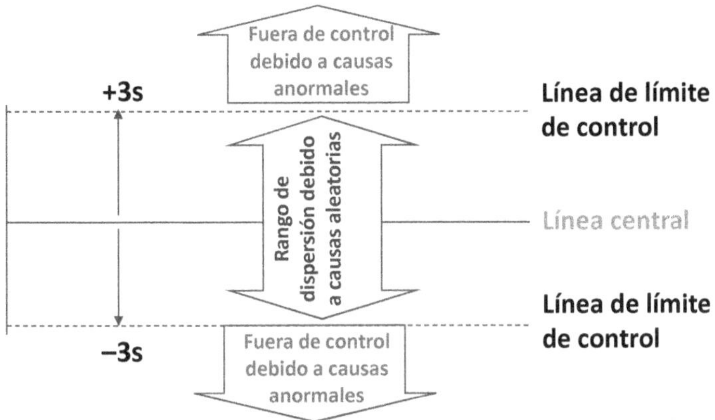

Figura 5.2.

Dependiendo de los datos que se monitorizan, existen siete tipos de gráficos distintos, como se explica en la figura 5.3.

El procedimiento es el siguiente:

1. Cumplir con los requisitos previos.
2. Seleccionar una característica de calidad a monitorizar.

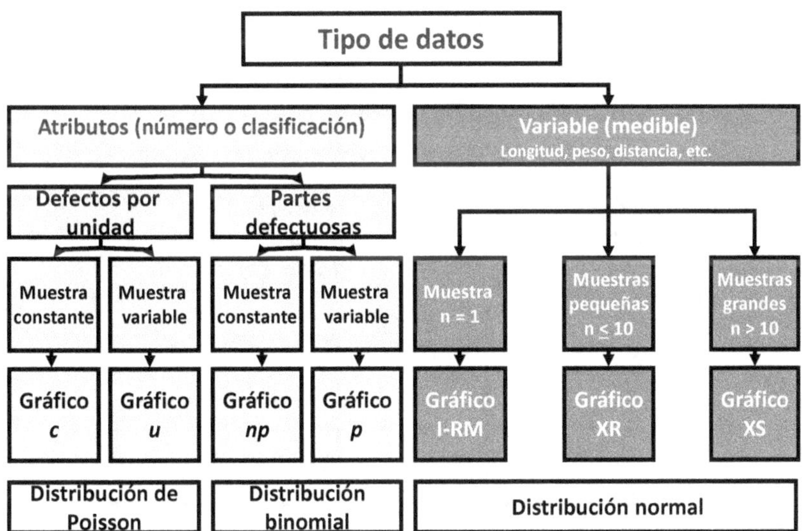

Figura 5.3.

3. Definir el muestreo.
4. Elegir la gráfica de control adecuada.
5. Recolectar los datos.
6. Calcular los límites de control.
7. Hacer la representación gráfica.
8. Analizar el estado del proceso.

3   Gráficos de control para variables

Revisaremos las gráficas de control para variables con un ejemplo para el gráfico XR (medias y rangos), que servirá para explicar paso a paso el procedimiento ya descrito.

3.1   *Gráficos de control para medias y rangos* (X-R)

Caso C: Manufacturera Química. Se implementa un gráfico de control para monitorizar el peso neto envasado, cuya especificación es de 25.00 a 26.00 kg.

- **Paso 1: Cumplir con los requisitos previos.** Antes de implementar la carta de control, se debe verificar que el proceso se ajuste a las condiciones que se ilustran en la figura 5.4.

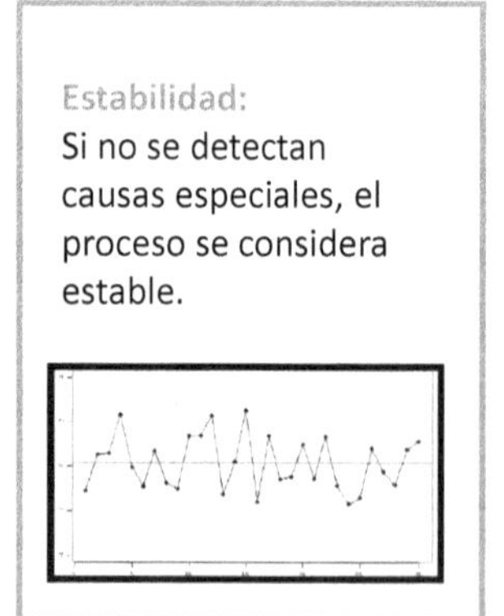

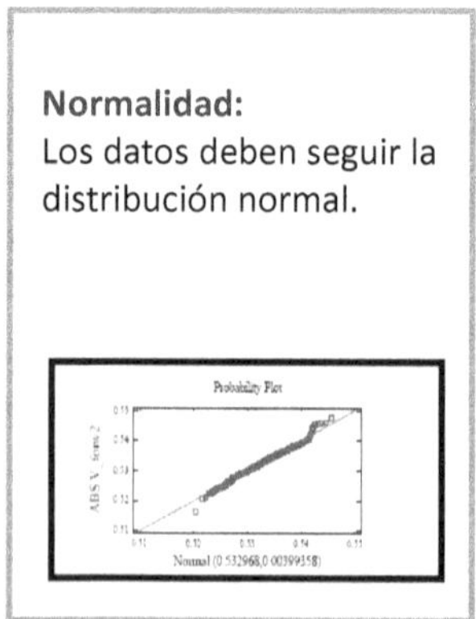

Figura 5.4.

- **Paso 2: Seleccionar la característica de calidad a monitorizar.** En este caso se trata de una variable de tipo continuo: peso neto envasado.

- **Paso 3: Definir el muestreo.** Se debe decidir:

  - El método de muestreo y el tamaño de la muestra.
  - Si se tomarán muestras individuales o se organizarán los datos en subgrupos. Para ello, se dan las siguientes recomendaciones:

    - Detección de cambios mayores: $n = 1$, 2 o 3.
    - Detección de cambios moderados a grandes: $n = 4$, 5 o 6.
    - Detección de cambios pequeños: $n = 7$, 8, 9 o 10.
    - Detección de cambios mínimos: $n > 10$, mejor usar la carta $X - S$.

  - La frecuencia del muestreo: como promedio debe haber máximo 1 de cada 25 puntos fuera de los límites de control. Si hay más, se ha de incrementar la frecuencia.

    Los cálculos indican que se tomarán en total 80 datos de peso en la línea de envasado por cada turno de producción, con un tamaño de muestra $n = 5$, tomadas cada media hora.

- **Paso 4: Elegir la carta de control adecuada.** Existen dos tipos generales de cartas de control, para variables y para atributos. Las cartas de control para variables son:

  - X-R_m o I-R_m (individuos y rangos móviles).
  - X-R (medias y rangos).
  - X-S (medias y desviaciones estándar).

  Las cartas de control para atributos son:

  - *np* (proporción de unidades defectuosas en muestras de tamaño constante).
  - *p* (proporción de unidades defectuosas en muestras de tamaño variable).
  - *c* (número de defectos por unidad en muestras de tamaño constante).
  - *u* (número de defectos por unidad en muestras de tamaño variable).

El diagrama de flujo de la figura 5.5 nos ayudará a elegir la gráfica adecuada.

El equipo de Elsa Alatorre concluye que para un dato variable (peso neto), con muestreo por subgrupos de 5 piezas cada uno, corresponde la gráfica X-R (medias y rangos).

- **Paso 5: Recolectar los datos.** Tal como se indicó, durante un turno de producción se deben recolectar 81 muestras. Con el conocimiento adquirido, en lugar de tomar muestras individuales cada 6 minutos, el equipo decide recolectar 80 muestras (cambio no significativo) divididas en subgrupos de 5, tomadas cada media hora. Los pesos se registran en la tabla 5.1.

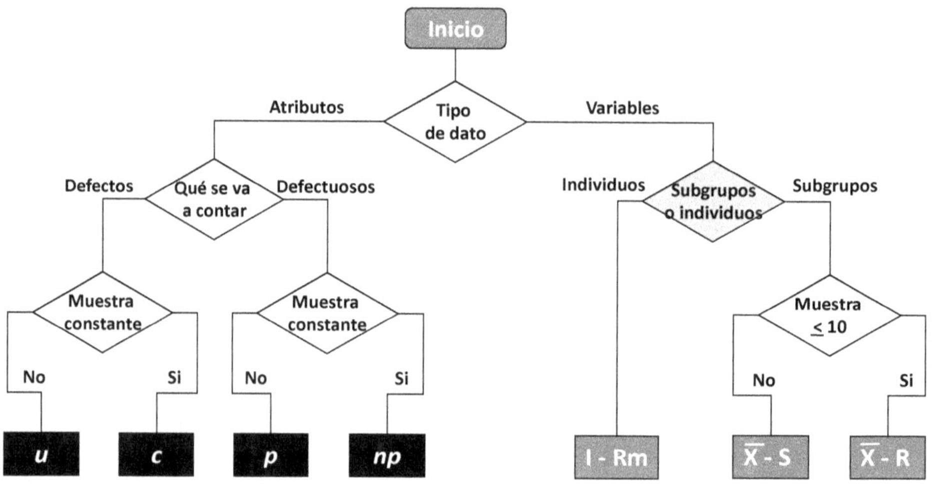

Figura 5.5.

Hora	Pesos envasados				
7:00	25.53	25.54	25.4	25.62	25.64
7:30	25.55	25.7	25.32	25.58	25.7
8:00	25.52	25.6	25.71	25.5	25.61
8:30	25.66	25.43	25.71	25.63	25.42
9:00	25.48	25.75	25.68	25.43	25.51
9:30	25.61	25.56	25.32	25.33	25.45
10:00	25.66	25.53	25.55	25.51	25.53
10:30	25.43	25.53	25.43	25.42	25.88

Hora	Pesos envasados				
11:00	25.61	25.65	25.45	25.43	25.51
11:30	25.6	25.65	25.5	25.43	25.45
12:00	25.8	25.48	25.52	25.58	25.5
12:30	25.54	25.55	25.58	25.77	25.54
13:00	25.66	25.71	25.66	25.54	25.52
13:30	25.6	25.44	25.52	25.67	25.5
14:00	25.67	25.54	25.55	25.69	25.56
14:30	25.43	25.52	25.5	25.51	25.52

Tabla 5.1.

- **Paso 6: Calcular los límites de control.** En la tabla 5.2 se presentan las fórmulas para calcular los límites de control de los principales tipos de gráficas, tanto para variables como para atributos. También se puede utilizar Minitab.

  En la tabla 5.3 se listan las constantes mencionadas en estas fórmulas, las cuales están en función del tamaño del subgrupo muestreado.

  Basándose en estas fórmulas se hacen los cálculos que aparecen en la tabla 5.4.

<table>
<tr><td colspan="2">Gráfico $\bar{X}$ – R (medias y rangos)</td><td rowspan="2">Gráfico p
(fracción de defectuosos)</td><td rowspan="2">Gráfico u
(densidad de defectuosos)</td></tr>
<tr><td>G. de medias</td><td>G. de rangos</td></tr>
<tr>
<td>

$LSC = \bar{\bar{x}} + A_2\bar{R}$
$LC = \bar{\bar{x}}$
$LIC = \bar{\bar{x}} - A_2\bar{R}$
</td>
<td>

$LSC = D_4\bar{R}$
$LC = \bar{R}$
$LIC = D_3\bar{R}$
</td>
<td rowspan="3">

$LSC = \bar{p} + 3\sqrt{\dfrac{\bar{p}(1-\bar{p})}{n}}$
$LC = \bar{p}$
$LIC = \bar{p} - 3\sqrt{\dfrac{\bar{p}(1-\bar{p})}{n}}$
</td>
<td>

$LSC = \bar{u} + 3\sqrt{\dfrac{\bar{u}}{n}}$
$LC = \bar{u}$
$LIC = \bar{u} - 3\sqrt{\dfrac{\bar{u}}{n}}$
</td>
</tr>
<tr><td colspan="2">Gráfico $\tilde{X}$ – R (medianas y rangos)</td></tr>
<tr><td>G. de medianas</td><td>G. de rangos</td></tr>
<tr>
<td>

$LSC = \bar{\tilde{x}} + m_3 A_2\bar{R}$
$LC = \bar{\tilde{x}}$
$LIC = \bar{\tilde{x}} - m_3 A_2\bar{R}$
</td>
<td>

$LSC = D_4\bar{R}$
$LC = \bar{R}$
$LIC = D_3\bar{R}$
</td>
<td colspan="2">Gráfico np
(cantidad de defectuosos)   Gráfico c
(cantidad de defectuosos)</td>
</tr>
<tr><td colspan="2">Gráfico X – R (datos individuales)</td></tr>
<tr><td>G. de observaciones</td><td>G. de rangos</td>
<td>

$LSC = n\bar{p} + 3\sqrt{n\bar{p}(1-\bar{p})}$
$LC = n\bar{p}$
$LIC = n\bar{p} - 3\sqrt{n\bar{p}(1-\bar{p})}$
</td>
<td>

$LSC = \bar{c} + 3\sqrt{\bar{c}}$
$LC = \bar{c}$
$LIC = \bar{c} - 3\sqrt{\bar{c}}$
</td>
</tr>
<tr>
<td>

$LSC = \bar{x} + 2.66\bar{R}_s$
$LC = \bar{x}$
$LIC = \bar{x} - 2.66\bar{R}_s$
</td>
<td>

$LSC = 3.27\bar{R}_s$
$LC = \bar{R}_s$
$LIC = \text{—}$
</td>
</tr>
</table>

Tabla 5.2.

Tamaño de la muestra (n)	A_2	$m_3 A_2$	m_3	D_3	D_4	d_2	$1/d_2$	d_3
2	1.881	1.881	1.000	–	3.27	1.128	0.8865	0.853
3	1.023	1.187	1.160	–	2.57	1.693	0.5907	0.888
4	0.729	0.796	1.092	–	2.28	2.059	0.4857	0.880
5	0.577	0.691	1.198	–	2.11	2.326	0.4299	0.864
6	0.483	0.549	1.135	–	2.00	2.534	0.3946	0.848
7	0.419	0.509	1.214	0.08	1.92	2.704	0.3698	0.833
8	0.373	0.432	1.160	0.14	1.86	2.847	0.3512	0.820
9	0.337	0.412	1.223	0.18	1.82	2.970	0.3367	0.808
10	0.308	0.362	1.176	0.22	1.78	3.078	0.3249	0.797

Tabla 5.3.

Hora	Pesos envasados					Promedios	Rangos
7:00	25.53	25.54	25.40	25.62	25.64	**25.55**	**0.24**
7:30	25.55	25.70	25.32	25.58	25.70	**25.57**	**0.38**
8:00	25.52	25.60	25.71	25.50	25.61	**25.59**	**0.21**
8:30	25.66	25.43	25.71	25.63	25.42	**25.57**	**0.29**
9:00	25.48	25.75	25.68	25.43	25.51	**25.57**	**0.32**
9:30	25.61	25.56	25.32	25.33	25.45	**25.45**	**0.29**
10:00	25.66	25.53	25.55	25.51	25.53	**25.56**	**0.15**
10:30	25.43	25.53	25.43	25.42	25.88	**25.54**	**0.46**
11:00	25.61	25.65	25.45	25.43	25.51	**25.53**	**0.22**
11:30	25.60	25.65	25.50	25.43	25.45	**25.53**	**0.22**
12:00	25.80	25.48	25.52	25.58	25.50	**25.58**	**0.32**
12:30	25.54	25.55	25.58	25.77	25.54	**25.60**	**0.23**
13:00	25.66	25.71	25.66	25.54	25.52	**25.62**	**0.19**
13:30	25.60	25.44	25.52	25.67	25.50	**25.55**	**0.23**
14:00	25.67	25.54	25.55	25.69	25.56	**25.60**	**0.15**
14:30	25.43	25.52	25.50	25.51	25.52	**25.50**	**0.09**
					Promedios	**25.56**	**0.25**

$$LSC(X) = \bar{\bar{X}} + A_2\bar{R} = 25.56 + (0.577)(0.25) = \mathbf{25.70425}$$

$$LIC(X) = \bar{\bar{X}} - A_2\bar{R} = 25.56 - (0.577)(0.25) = \mathbf{25.41575}$$

$$LSC(R) = D_4\bar{R} = (2.11)(0.25) = \mathbf{0.5275}$$

$$LIC(R) = D_3R = (0)(0.25) = \mathbf{0}$$

Tabla 5.4.

- **Paso 7: Representar gráficamente.** Para elaborar las gráficas se puede utilizar Excel o Minitab (véase la figura 5.6 y 5.7). Recuérdese:

  - Para gráfico X-R, representar ambas gráficas de control en la misma hoja.
  - Representar cada punto junto con observaciones e información adicional.
  - No incluir especificaciones. No es deseable que los operadores tomen la iniciativa de continuar el proceso si observan un punto fuera de los límites de control, argumentando que se encuentra dentro de los límites de especificación.

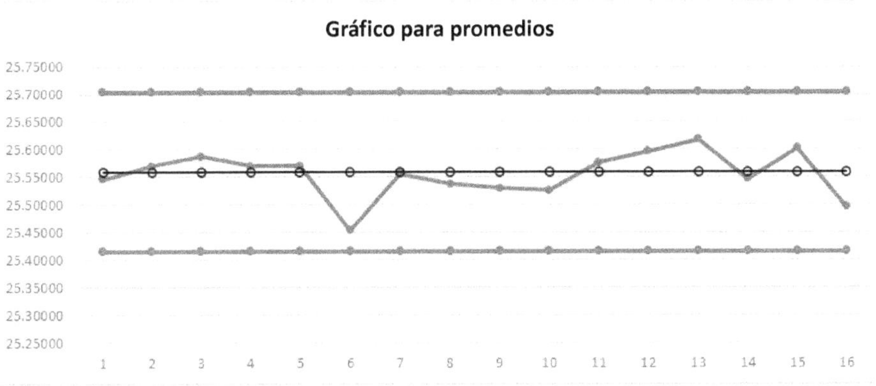

Figura 5.6.

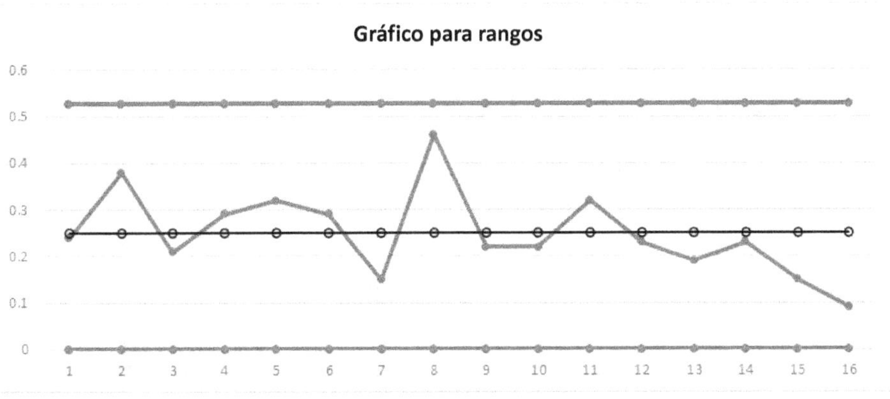

Figura 5.7.

- **Paso 8: Analizar el estado del proceso.** Sin duda alguna, este es el paso más importante en el control estadístico de procesos. Como ya se dijo anteriormente, tomar datos y elaborar gráficos no aporta ningún valor si estos no se analizan y con base en ello se toman decisiones oportunas para corregir cualquier desviación. A continuación se explica el procedimiento y las reglas para realizar estas verificaciones.

  En primer lugar, se divide cada mitad de la gráfica en tercios, que serán equivalentes al valor de la desviación estándar del proceso (véase la figura 5.8).

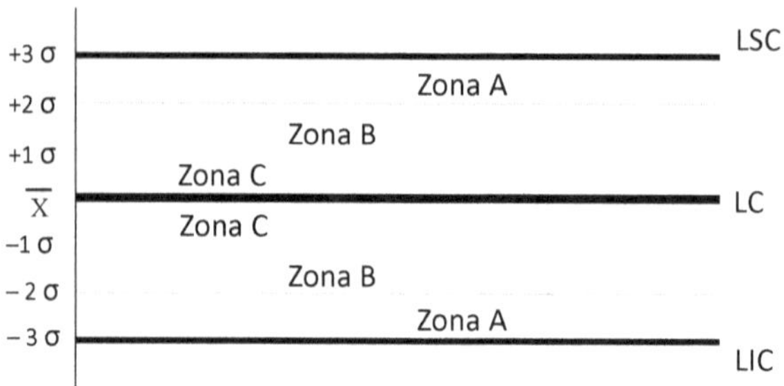

Figura 5.8.

La regla empírica que los datos deben cumplir es:

- 60 – 75 % de los datos dentro de +/−1 sigma de la media.
- 90 – 98 % de los datos dentro de +/−2 sigma de la media.
- 99 – 100 % de los datos dentro de +/−3 sigma de la media.

Es decir, algo similar a lo que se representa en la figura 5.9.

Basándose en ello, las características de un comportamiento natural o normal (aleatorio) son:

- La mayoría de los puntos deben estar cerca de la línea central.
- Pocos puntos cerca de los límites de control.
- Ningún u ocasionalmente algún punto fuera de los límites de control.

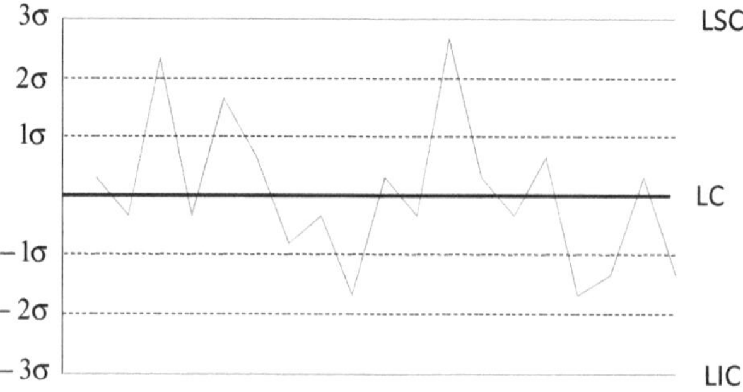

Figura 5.9.

Un patrón anormal puede presentar cuatro diferentes características:

1. Los puntos fuera de los límites de control indican **inestabilidad**.
2. La ausencia de puntos cerca de los límites de control se conoce como **estratificación**.
3. La ausencia de puntos cerca de la línea central es un patrón llamado **mezcla**.
4. Una serie de puntos consecutivos (6 o más) sin cambio en dirección es una **tendencia**.

1. Patrones de inestabilidad. Son cualquiera de los siguientes (véase la figura 5.10).

- Un solo punto fuera del límite (1 de 35 o 2 de 100).
- 2 de 3 puntos consecutivos en Zona A o más allá.
- 4 de 5 puntos consecutivos en Zona B o más allá.
- 8 puntos sucesivos en Zona C (de un solo lado de la gráfica) o más allá.

2. Patrón de estratificación (adhesión a la línea central). Ocurre cuando 15 o más puntos consecutivos están en zona C, ya sea encima o debajo de la línea central, es decir, cuando las variaciones hacia arriba y hacia abajo son pequeñas comparadas con el ancho de los límites.

3. Patrón de mezcla (adhesión a los límites de control). Se presentan 8 puntos consecutivos en ambos lados de la línea central y ninguno de ellos está en Zona C. Significa que hay muchos puntos cerca de los límites de control.

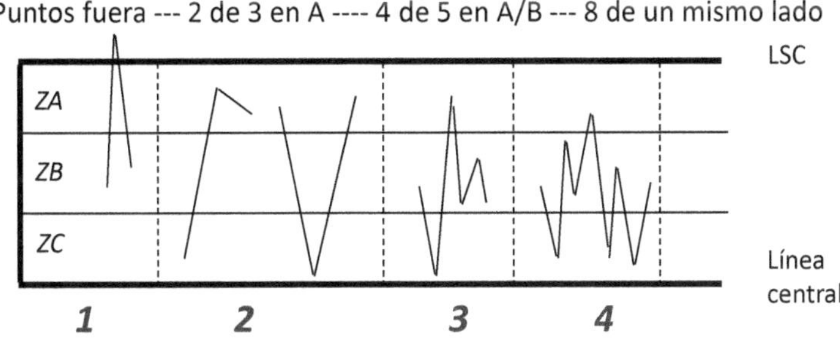

Figura 5.10.

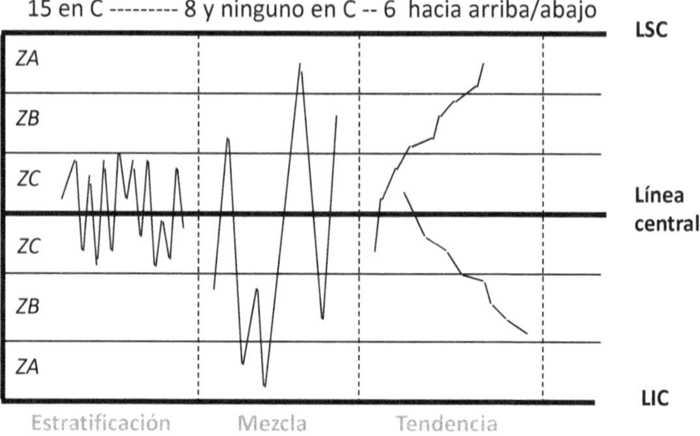

Figura 5.11.

4. Patrón de tendencia. Es una serie de puntos consecutivos (6 o más) sin cambio en dirección (hacia arriba o hacia abajo).

En la figura 5.11 se ilustran los patrones de estratificación, mezcla y tendencia. Para el control de peso envasado en Manufacturera Química no se observa ningún patrón anormal, por lo que concluimos que el proceso se encuentra en control estadístico.

A continuación analizaremos los dos tipos adicionales de gráfico de variables, utilizando Minitab para elaborar las gráficas.

3.2   Gráfica de individuos y rangos móviles $(X\text{-}R_m)$

Se aplica para datos variables cuando se toman muestras individuales (es decir $n = 1$).

Ejemplo A: Banco del Pacífico. Con objeto de controlar el parámetro clave y de acuerdo al plan de muestreo calculado previamente, se mide el tiempo de atención para el primer cliente que entra en la sucursal por la mañana y después uno cada 25 clientes hasta cerrar la sucursal, y así cada día hasta completar 235 clientes por semana (7 000/25 = 280), con lo que se asegura de que, aunque haya distracciones, se tomarán las 235 muestras. Los resultados para los primeros 500 clientes (aproximadamente) que entraron el primer día de este plan se muestran en la tabla 5.5.

Con Minitab se obtienen los gráficos de control que se pueden ver en la figura 5.12.

No se observan patrones anormales, por lo que el tiempo de atención en la sucursal muestreada se encuentra en control estadístico. La monitorización continuará indefinidamente para detectar cualquier variación especial y atender la causa raíz de inmediato, como pudiera ser:

- Personal nuevo con poca o nula capacitación.
- Fallos en los sistemas que evidencien problemas de mantenimiento.

Cliente	1	2	3	4	5	6	7	8	9	10
Tiempo	3.4	2.8	4.5	3.2	5.2	2.8	4,0	2.4	5.4	2.6

Cliente	11	12	13	14	15	16	17	18	19
Tiempo	3.8	2.6	2.9	5,0	3.7	4.2	2.1	4.6	3.2

Tabla 5.5.

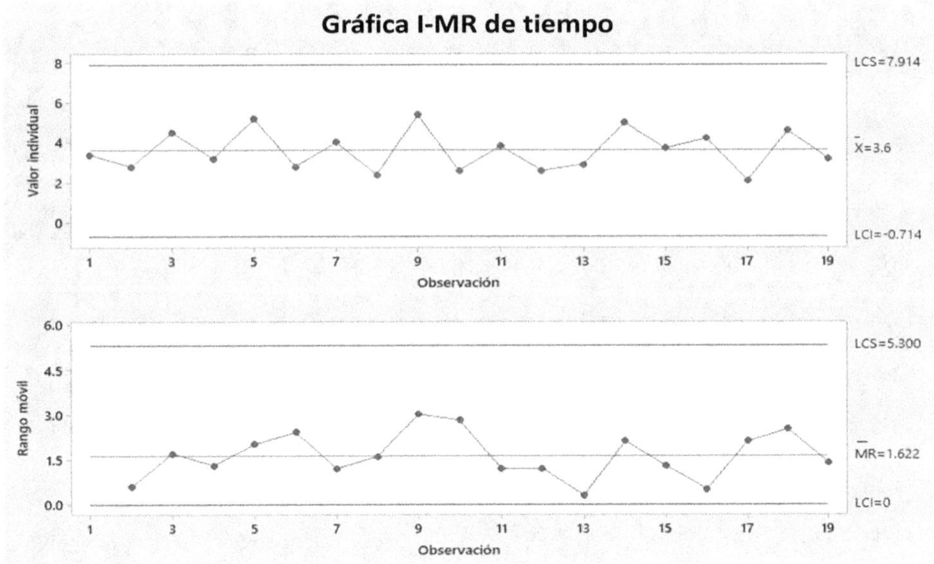

Figura 5.12.

3.3   *Gráfica de medias y desviaciones estándar* (X–S)

Se utiliza para variables continuas con muestras mayores a 10 unidades ($n = 11$, 12, 13, …)

Ejemplo D: Calzado Chelsea. Con objeto de detectar posibles discrepancias en el costo de la suela, el equipo de desarrollo implementa un control estadístico en el proceso de inyección de la misma para monitorizar su peso y evitar posibles sobrecostos en el producto. Debido a que la máquina de moldeado tiene 12 cavidades, se verifica el peso extrayendo una muestra de cada cavidad (12 en total) cada hora durante el turno de 8 horas. Los datos se presentan en la tabla 5.6.

El gráfico X–S resultante puede verse en la figura 5.13.

La ausencia de anormalidades indica que el proceso de moldeado de suelas está bajo control, afectado solo por causas comunes y con una variabilidad moderada, lo cual se confirma con el cálculo de los índices clave $Pp = 1.25$, $Ppk = 1.18$ y nivel sigma de corto plazo = 5.02 (límites de especificación de 155 a 180 g), como se puede ver en la figura 5.14.

Hora	Pesos de suelas por cavidad (gramos)											
	1	2	3	4	5	6	7	8	9	10	11	12
7:00	165	172	168	169	165	170	171	172	166	168	165	171
8:00	168	171	169	165	170	166	165	171	168	167	166	169
9:00	167	167	165	166	172	170	174	168	162	163	165	167
10:00	160	168	159	160	161	166	168	167	165	170	172	168
11:00	160	162	165	166	170	171	158	159	165	167	169	171
12:00	169	170	165	161	165	169	171	172	169	166	165	167
13:00	167	168	169	162	168	167	169	170	164	163	167	167
14:00	165	167	162	169	168	167	170	165	164	160	170	172
15:00	162	167	170	171	168	167	165	167	166	165	167	168

Tabla 5.6.

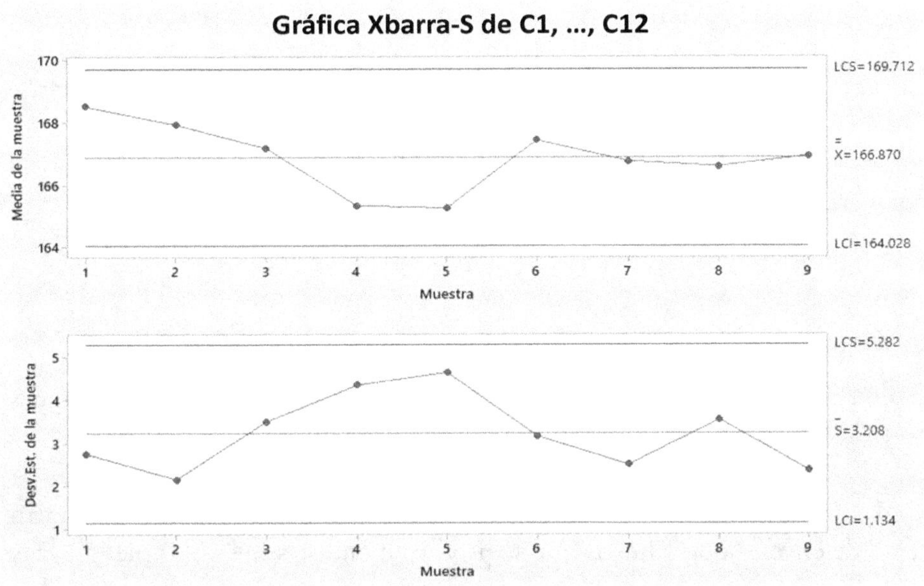

Figura 5.13.

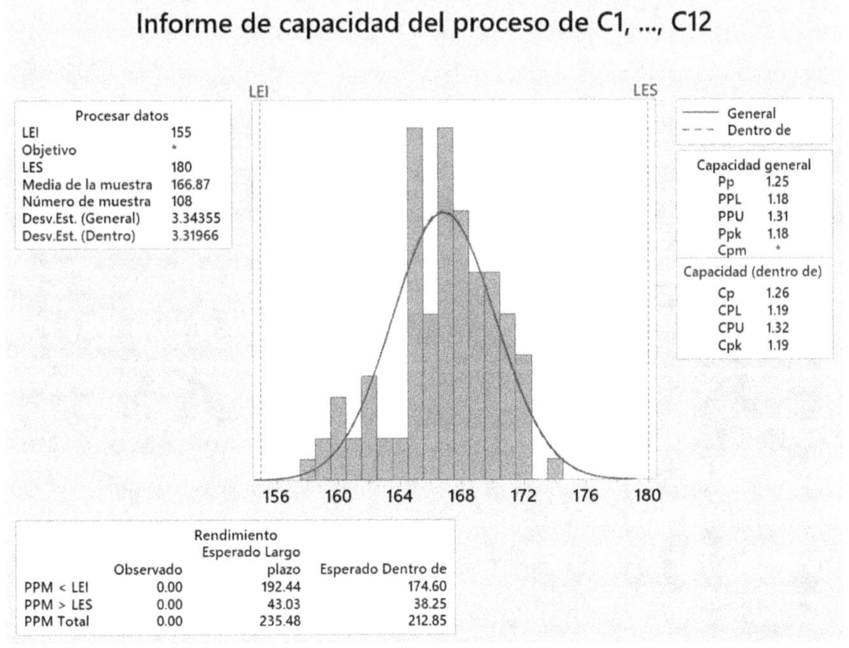

Figura 5.14.

4   Gráficas de control para atributos

Las gráficas para atributos son usadas para medir características discretas, es decir, contables, sobre una escala que solo toma valores puntuales o enteros, como el número de defectos por artículo o el número de artículos defectuosos, por ejemplo.

4.1   Gráfica np

Evalúa el número o proporción de unidades defectuosas, con tamaño de muestra (n) constante.

Ejemplo C: Manufacturera Química. Se utiliza un gráfico *np* para la cantidad de envases defectuosos que se producen en lotes de 3 200 piezas (véase la tabla 5.7).

El gráfico de la figura 5.15 muestra que el proceso está bajo control en este rubro y se implementa para monitorizarlo y llevar a cabo las acciones necesarias al detectar variaciones inesperadas.

Tamaño de lote	3 200	3 200	3 200	3 200	3 200	3 200	3 200	3 200	3 200	3 200
Defectuosos	4	2	4	1	3	2	3	1	4	1

Tamaño de lote	3 200	3 200	3 200	3 200	3 200	3 200	3 200	3 200	3 200	3 200
Defectuosos	2	3	4	4	1	3	4	1	2	2

Tamaño de lote	3 200	3 200	3 200	3 200	3 200	3 200	3 200	3 200	3 200	3 200
Defectuosos	0	4	2	4	1	0	4	1	3	1

Tabla 5.7.

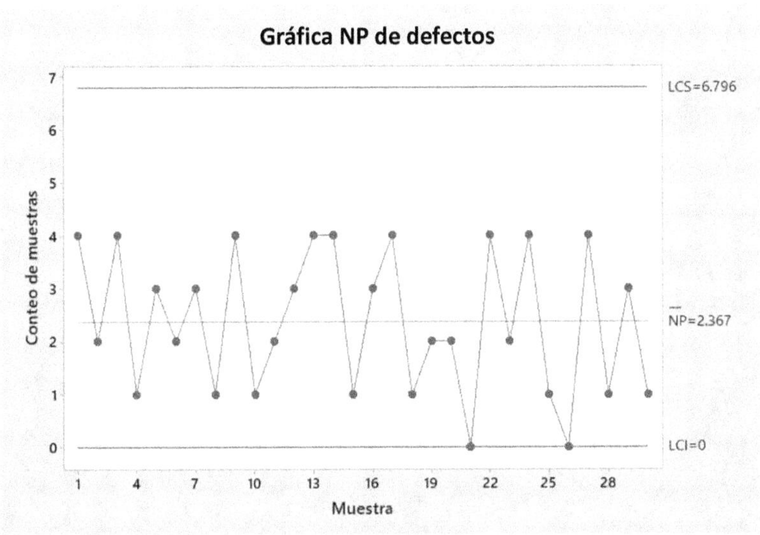

Figura 5.15.

4.2 *Gráfica* p

Monitoriza la fracción o el porcentaje de unidades defectuosas. El tamaño de la muestra puede ser variable.

Ejemplo B: Operadores Logísticos del Golfo. El equipo de Valentín Ortega implementa una gráfica *p* para la cantidad de facturas erróneas que se emiten por semana (en relación al total de líneas facturadas). Aquí se muestran la tabla de datos (véase la tabla 5.8) y el gráfico (véase la figura 5.16) que resulta.

Semana	26	27	28	29	30	31	32	33	34	35
Líneas facturadas	615	595	606	692	584	612	655	632	678	599
Facturas erróneas	3	1	2	0	1	3	4	2	0	1

Semana	36	37	38	39	40	41	42	43	44	45
Líneas facturadas	632	650	675	594	587	625	633	651	668	606
Facturas erróneas	3	2	3	3	4	2	3	8	1	1

Tabla 5.8.

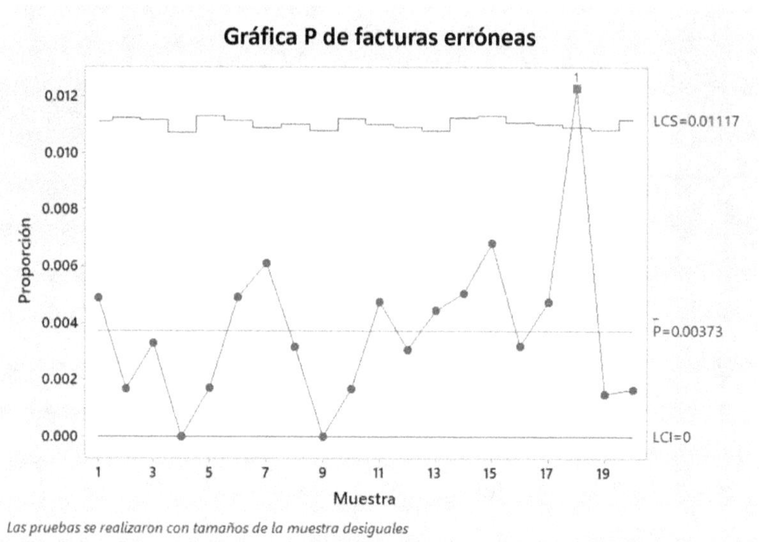

Figura 5.16.

Gracias a la vigilancia en tiempo real, el equipo detecta que en la semana 43 se registró un comportamiento anormal y se determina que la causa fue que la persona encargada de facturar tomó vacaciones y la que la sustituyó no fue capacitada adecuadamente. Se implementa la acción preventiva de entrenar a un sustituto para que en el futuro pueda realizar el trabajo sin errores cuando la responsable se ausente por cualquier motivo.

Obsérvese que el gráfico p tiene límite de control superior variable, que se debe a que el tamaño de la muestra también lo es. De hecho, el límite de control inferior también debería ser variable, solo que en todos los puntos resulta negativo y, dado que se están midiendo proporciones de facturas erróneas, estas no pueden ser negativas y el límite se establece en cero.

4.3 Gráfica c

Evalúa el número de defectos en unidades bien definidas (con n constante). Este tipo de gráfica es adecuado cuando se mide el número de defectos, no solo si la pieza es defectuosa o no. Esto quiere decir que cada pieza puede tener más de un defecto e interesa vigilar esta característica.

Ejemplo D: Calzado Chelsea. Mediante un gráfico *c*, el equipo de Brenda Aguilera hace un seguimiento de la cantidad de defectos encontrados en lotes de 300 zapatos, entendiendo que cada zapato puede tener uno o más defectos, de acuerdo con las oportunidades definidas al medir los DPMO (15 oportunidades de fallo por zapato). Aquí se presentan la tabla de datos (véase la tabla 5.9) y el gráfico (véase la figura 5.17).

El gráfico permite al equipo detectar un patrón anormal en los lotes 5 y 6 (dos puntos consecutivos en Zona A). La investigación de causa raíz muestra

Tamaño de lote	300	300	300	300	300	300	300	300	300	300
Defectos	2	1	1	0	4	4	1	0	0	1

Tamaño de lote	300	300	300	300	300	300	300	300	300	300
Defectos	2	1	2	0	0	1	1	1	2	1

Tabla 5.9.

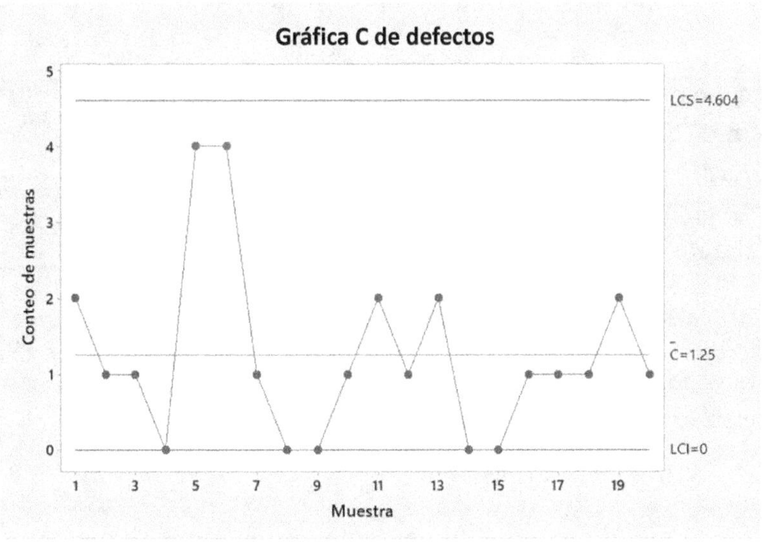

Figura 5.17.

que en una de las líneas no se están siguiendo los procedimientos de producción establecidos por el área de desarrollo, por lo que:

- Se conciencia a todos los operadores de la importancia de respetar los planos y procedimientos de fabricación.
- Se agrega a la lista de verificación del supervisor un apartado para que reporten los resultados de auditorías periódicas al proceso.

4.4 Gráfica u

Tiene la misma función que el gráfico c, es decir, monitorizar el número de defectos en unidades definidas, solo que en este caso el número de muestras es variable. Tal como sucede con el gráfico p, al ser variable el número de muestras, los límites de control también lo serán.

Ejemplo A: Banco del Pacífico. Utilizando una gráfica u, el equipo de Alberto Hernández monitoriza la cantidad de fallos detectados en una sucursal durante el mes de noviembre, considerando que un mismo cliente puede sufrir más de uno de ellos y basándose en las oportunidades definidas al medir los DPMO (5 oportunidades de fallo por cliente):

- Tiempo demasiado lento.
- Monto equivocado de la transacción.
- Inexactitud al entregar el dinero.
- Error en el número de cuenta.
- Mal trato al cliente.

En la tabla 5.10 y la figura 5.18 se presentan la tabla de datos y el gráfico, respectivamente.

No se observan patrones anormales en este gráfico.

Día	1	2	3	4	5	6	8	9	10	11	12	13
Clientes atendidos	1 265	1 134	1 187	1 201	1 287	1 209	1 123	1 209	1 308	1 160	1 354	1 089
Fallos	10	11	15	11	9	13	9	15	13	17	5	10

Semana	15	16	17	18	19	20	22	23	24	25	26	27
Clientes atendidos	1 398	1 123	1 198	1 132	1 098	908	1 190	1 231	1 109	1 212	1 255	1 099
Fallos	15	11	8	5	19	11	9	13	21	15	12	7

Día	29	30
Clientes atendidos	1 098	1 154
Fallos	11	17

Tabla 5.10.

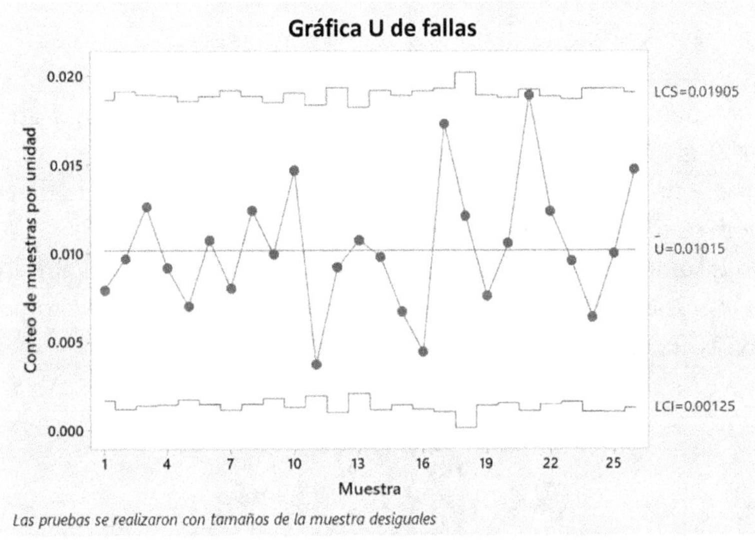

Figura 5.18.

5   Conclusiones al CEP y recálculo de límites de control

El control estadístico de procesos es una valiosa herramienta para monitorizar en tiempo real el comportamiento de cualquier proceso, detectar anomalías (o causas especiales) y, con ello, tomar decisiones para implementar acciones correctivas y preventivas cuando sea necesario.

Los equipos de trabajo deben asegurarse de que los límites de control se mantengan actualizados, especialmente si se implementan mejoras en los procesos que modifiquen su desempeño. Sin embargo, hay que asegurarse de que todas las siguientes preguntas tengan una respuesta afirmativa para proceder a recalcular límites de control a partir de donde se inició el cambio:

- **¿Los datos muestran un comportamiento diferente que en el pasado?**
- **¿Se conoce la razón de ese cambio?**
- **¿Es deseable el nuevo comportamiento?**
- **¿Se espera que el nuevo comportamiento continúe?**

6   Planes de control

Es un documento que ofrece una visión general de las estrategias que se utilizarán para garantizar que los principales procesos o una parte característica de un producto o servicio se controlarán a través de acciones de detección o prevención, o una combinación de ambas.

Como insumos esenciales para un plan de control se deben incluir los resultados de los experimentos diseñados y los análisis de modo y efecto de fallo o AMEF (véase la figura 5.19).

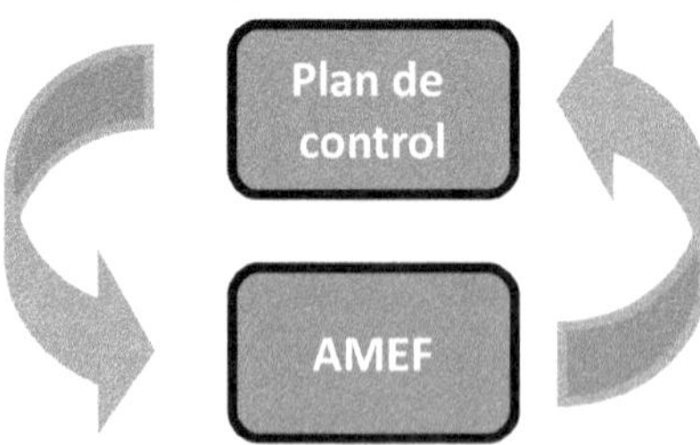

Figura 5.19.

El AMEF debe ser la principal fuente para identificar las variables clave a controlar y para realizar una evaluación inicial del plan de control actual, entendiendo que mediante el control de estos factores podemos evitar que se produzcan errores en el proceso. A su vez, las medidas que se incluyan en el plan de control deben de tenerse en cuenta para actualizar el AMEF y reevaluar los números de prioridad de riesgo (RPN).

Las principales características de un plan de control son:

- Es un listado de todas las actividades que deben llevarse a cabo para garantizar el mantenimiento de las mejoras en el proceso.
- Refleja la estrategia de control a largo plazo que asegura que las mejoras sigan siendo eficaces.
- Es un método para identificar deficiencias en el sistema de control.

Los objetivos a alcanzar:

- Operar los procesos consistentemente en la meta.
- Minimizar la variación sobre el objetivo.
- Minimizar las intervenciones en el proceso por ajustes requeridos o sobrecontrol.
- Estandarizar las mejoras del proceso.
- Destacar áreas que requieren capacitación extra.
- Asegurar que las medidas queden documentadas.

Los planes de control se utilizan para:

- Controlar el desempeño de un proceso mejorado.
- Asegurar continuamente el desempeño de un proceso en sus áreas de control.
- Proporcionar a los operadores un medio para su autocontrol.

En este último punto, se ha de aclarar que, para estar en estado de autocontrol, se le debe de proporcionar a la persona:

- Información sobre lo que debe de hacer.
- Información sobre su desempeño.
- Medios para regular su desempeño (autoridad y habilidad).

Para elaborar el documento final, debe tenerse en cuenta el concepto de «dominancia», es decir, cuál o cuáles son las entradas al proceso que más impacto tienen sobre el mismo y que pueden ser:

- **Mano de obra:** el sistema es sensible al conocimiento y habilidades del operario. Los métodos de control recomendados son:

  - Gráficas de control para atributos (p y c).
  - Hojas de verificación.
  - *Poka-yoke.*
  - Auditorías de proceso.

- **Materiales:** se tiene gran influencia por los materiales / componentes (formulación, almacenamiento, variación). Se recomienda implementar:

  - Gráficas de control.
  - Reportes de laboratorio.
  - *Poka-yoke.*
  - Inspección al recibo de los materiales.

- **Máquinas:** el sistema resulta sensible a los parámetros de operación de las máquinas, vida o reparación de herramientas, variación entre posiciones o aditamentos de sujeción. Se sugiere controlar:

  - Parámetros: autoajustes, gráfica X-R.
  - Aditamentos: procedimientos de carga, ajustes y mantenimiento, muestreo.
  - Herramientas: verificar primera pieza, control de lotes y *poka-yoke.*

- **Métodos**: existe variabilidad debida al ajuste inicial *(set up)*, al mantenimiento preventivo de los equipos (limpieza, reparación, reemplazo) y a los sistemas de medición. Los métodos de control que se sugieren:

  - *Set up:* verificar la primera pieza, control de lotes.
  - Mantenimiento: programación, dispositivos de aviso.

- **Medio ambiente:** es significativa la influencia de los efectos del medio ambiente, tales como temperatura, humedad, polvo y vibración. Es aconsejable realizar revisiones periódicas y de primera pieza.

El procedimiento para elaborar el plan de control es el siguiente:

1. Escribir los datos generales.
2. Capturar la información del proceso.
3. Describir el procedimiento de medición.
4. Documentar el proceso de muestreo.
5. Documentar el procedimiento de toma de decisiones.
6. Capturar el bloque de autorización.

6.1 Datos generales

Se deben incluir todos los datos de identificación del documento:

Fecha:		Revisión:	
Producto:			
Proceso:			

Es clave para el éxito del proyecto que se mantenga actualizada la revisión del plan de control, de modo que todos manejen el mismo nivel de información. Conforme se agreguen controles al proceso, el plan de control se debe actualizar y cambiar el número de revisión.

6.2 Información del proceso

Proceso			
Paso del proceso	Qué controlamos	Clave	Entrada / Salida

- **Paso del proceso.** Lista de los pasos del proceso que aparecen como clave en el AMEF.
- **¿Qué controlamos?** Nombre de la variable de entrada o salida.
- **¿Es un parámetro clave?** Sí o no.

- **Entrada/salida.** Especificar si se trata de una variable de entrada o de salida. Inicialmente puede haber más variables de salida que de entrada, pero la meta es controlar las entradas que aseguren que las salidas estén controladas.

6.3   Proceso de medición

Proceso de medición			
Límites de especificación / Requerimientos	Método de medición	Lugar	Método de control

- **Límites de especificación / requerimientos.** Mostrar los límites de especificación o los valores objetivo junto con sus tolerancias. Incluir unidad de medición.
- **Método de medición.** Describir el sistema de medición que será usado, incluyendo qué instrumento o equipo se utilizará para hacer la medición.
- **Lugar de medición.** Especificar el lugar o punto de control en el proceso.
- **Método de control.** ¿Qué tipo de método de control se usa? ¿Automático? ¿CEP? Si se va utilizar el CEP, anotar el tipo de gráfico.

6.4   Proceso de muestreo

Muestreo		
Tamaño de muestra	Frecuencia	Quién o qué lo mide

- **Tamaño de muestra.** Seleccionar el tamaño de muestra con base en el sistema de medición, capacidad del proceso y costo del muestreo (véase fase Medir).
- **Frecuencia del muestreo.** Elegir la frecuencia, basándose en el sistema de medición, la capacidad del proceso, los requerimientos de la operación y los costos.

- **¿Quién / qué hace la medición?** La persona o equipo que se hará responsable de tomar las mediciones en la frecuencia indicada.

6.5   Toma de decisiones

Toma de decisiones		
Dónde se registra	Regla de decisión / Acción correctiva	Núm. doc.

- **¿Dónde se registra?** En qué documento o archivo se registran y almacenan los datos, por cuánto tiempo.
- **Regla de decisión / acción correctiva.** Esta es, sin duda, la parte más importante del plan de control, ya que describe, con detalle, las acciones que se deben de implementar cuando las mediciones al proceso muestran que está fuera de control. Debe incluir el cargo de la persona responsable de llevarlas a cabo.
- **Número de documento.** Incluir el número de documento donde pueden ser consultados los detalles de cada punto de control.

La regla de decisión (también denominado plan de reacción), al ser el procedimiento que indica las actividades a realizar en caso de que exista alguna anormalidad en el funcionamiento del proceso, se convierte en la guía que deben seguir los operadores y es importante hacerles ver que no deberá presentar desviaciones. Las sugerencias para modificar el plan de reacción deben ser estudiadas por el equipo, evaluadas en condiciones controladas e implementadas solo con la aprobación de todos los involucrados. Toda regla de decisión debe cubrir:

- La persona que tomará la decisión o llevará a cabo la acción.
- La acción que debe llevarse a cabo.
- El proceso o parámetro que se debe modificar.
- El documento donde se documentará la acción y el responsable de registrarlo.
- El criterio que pone en marcha la acción.

- El criterio para escalar el tema.
- Los datos que respaldan dicha acción.
- La evaluación de la acción después de llevarse a cabo.
- ¿Se siguieron correctamente los puntos definidos?

Ejemplo de un plan de reacción: Manufacturera Química
Descripción de la operación: envasado de contenedores con producto químico.
Posibles anormalidades:

- Si el peso está por encima del límite superior, revisar la velocidad del agitador, verificar el correcto diámetro de la boquilla y ajustar la velocidad de llenado.
- Si el peso está por debajo del límite inferior, parar el proceso y notificarlo al inspector de calidad para verificar la granulometría del producto.
- En todos los casos, verificar las primeras cinco piezas después de las correcciones. Si el problema persiste, parar el proceso y notificarlo al supervisor de producción.
- El operador debe registrar las acciones realizadas en la bitácora de operación.

A continuación se presentan ejemplos de plan de control para nuestros cuatro casos de estudio (una línea por cada empresa), entendiendo que un plan de este tipo debe involucrar todos los procesos y todas les mediciones clave para cada uno de ellos.

Ejemplo: Banco del Pacífico

Proceso				Proceso de medición				Muestreo				Toma de decisiones	
Paso del proceso	¿Qué controlamos?	Clave	Entrada / Salida	Límites de especificación / Requerimientos	Método de medición	Lugar	Método de control	Tamaño de muestra	Frecuencia	Quién o qué lo mide	Dónde se registra	Regla de decisión / Acción correctiva	N.o doc.
Atención en ventanilla	Tiempo de atención	Sí	Salida	Menor a 6 minutos	Cronómetro de recepción	Recepción	Gráfico X - Rm	1 cliente	Cada 25 clientes que entran	Recepcionista	Bitácora de tiempo de atención	Si el tiempo está por encima del límite superior, notificar al gerente para que investigue la causa e implemente acciones correctivas. El gerente registra las acciones en la bitácora diaria.	PR-055

Tabla 5.11.

Ejemplo: Operadores Logísticos del Golfo

Proceso				Proceso de medición				Muestreo				Toma de decisiones	
Paso del proceso	¿Qué controlamos?	Clave	Entrada / Salida	Límites de especificación / Requerimientos	Método de medición	Lugar	Método de control	Tamaño de muestra	Frecuencia	Quién o qué lo mide	Dónde se registra	Regla de decisión / Acción correctiva	N.o doc.
Facturación	Facturas erróneas	Sí	Salida	Menor a 0,006 %	Queja de cliente	Emisión de Facturas	Gráfico p	100%	Facturas semanales	Servicio al cliente	Bitácora de quejas	Si el porcentaje está por encima del límite superior, notificarlo en la junta semanal para que el equipo investigue la causa e implemente acciones. El responsable de servicio al cliente registra las acciones en la bitácora de quejas.	SC-025

Tabla 5.12.

Ejemplo: Manufacturera Química

	Proceso			Proceso de medición					Muestreo			Toma de decisiones	
Paso del proceso	¿Qué controlamos?	Clave	Entrada / Salida	Límites de especificación / Requerimientos	Método de medición	Lugar	Método de control	Tamaño de muestra	Frecuencia	Quién o qué lo mide	Dónde se registra	Regla de decisión / Acción correctiva	N.o doc.
Envasado	Peso de producto envasado	Si	Salida	25.00 a 26.00 kg	Báscula de área de envasado	Envasadora	Gráfico X - R	5 envases	Cada 30 minutos	Operador de envasado	Bitácora de operación	Si el peso está por encima del límite superior, revisar la velocidad del agitador, verificar el correcto diámetro de la boquilla, ajustar la velocidad de llenado. Si el peso está por debajo del límite inferior, parar el proceso y notificar al inspector de calidad para verificar granulometría del producto. En todos los casos, verificar las primeras 5 piezas después de las correcciones. Si el problema persiste, parar el proceso y notificar al supervisor de producción. El operador debe registrar las acciones realizadas en la bitácora de operación.	EN-035

Tabla 5.13.

Ejemplo: Calzado Chelsea

Proceso				Proceso de medición				Muestreo			Toma de decisiones		
Paso del proceso	¿Qué controlamos?	Clave	Entrada / Salida	Límites de especificación / Requerimientos	Método de medición	Lugar	Método de control	Tamaño de muestra	Frecuencia	Quién o qué lo mide	Dónde se registra	Regla de decisión / Acción correctiva	N.o doc.
Fabricación de prototipos	Costo de materiales empleados vs proyectados	Si	Salida	Menor al 100 %	Costeo por objetivos	Línea de fabricación	Gráfico X - Rm	Lote piloto al 100 %	Cada fabricación	Líder de desarrollo	Expediente del producto	Si el costo real está por encima de lo proyectado, notificar al gerente de desarrollo para evaluar cambios en los materiales.	PR-055

Tabla 5.14.

7   Cálculo y monitorización de beneficios financieros

Antes de cerrar el proyecto, es clave que los equipos de mejora determinen los beneficios financieros de sus proyectos. Esto supone definir en términos monetarios las optimizaciones observadas en los indicadores operativos y facilita la «venta» de nuevos proyectos hacia la dirección de la organización.

Caso A: Banco del Pacífico. El equipo de Alberto Hernández elaboró un gráfico para mostrar el costo de la nómina semanal durante el año en curso. La implementación de las acciones Lean Six Sigma dio lugar a un incremento en la capacidad de las operaciones, lo cual a su vez se tradujo en una disminución sustantiva en el costo de nómina, que se atribuye a menor pago de horas extras y de personal eventual. Los ahorros fueron de 615 905 dólares anuales, lo que suponía un 102.65 % sobre lo proyectado (véase la figura 5.20).

Figura 5.20.

Caso B: Operadores Logísticos del Golfo. La gráfica del equipo de Valentín Ortega se enfocó en el costo de operación para todo el año. A partir de las mejoras implementadas se observaron ahorros sustanciales en dos principales rubros, inventario y transporte, que se calcularon en 1 157 015 dólares anuales, lo que suponía un 115.70 % con respecto a lo proyectado (véase la figura 5.21).

Figura 5.21.

Caso C: Manufacturera Química. El seguimiento a las acciones de mejora en el proceso de envasado dio como resultado una reducción significativa de la merma y, con ello, del costo de los insumos empleados. Estos ahorros, que se muestran en la gráfica elaborada por el equipo de Elsa Alatorre (véase la figura 5.22), ascendían a 775 975 dólares anuales (97.00 % sobre lo proyectado).

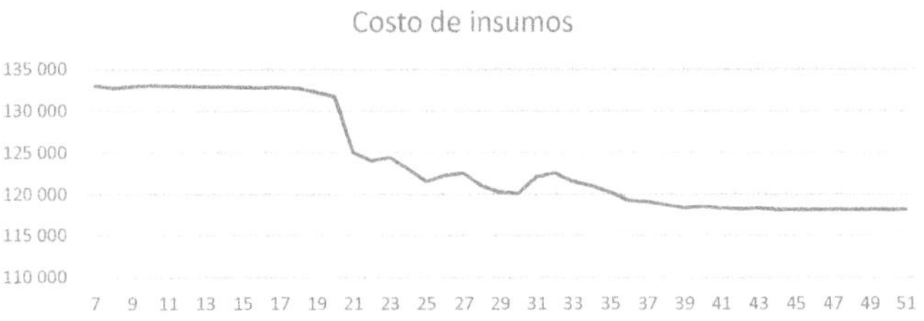

Figura 5.22.

Caso D: Calzado Chelsea. El equipo de Brenda Ávalos elaboró una gráfica para mostrar los ahorros logrados en materiales y costo de operación a partir del cumplimiento en el costo objetivo de los diseños de la temporada otoño-invierno, que se calcularon en 517 575 dólares anuales, lo que suponía un 129.39 % en relación a lo proyectado (véase la figura 5.23).

Figura 5.23.

8   Cierre del proyecto

Un correcto cierre del proyecto debe incluir:

- **Documentación.** Asegurarse de documentar todas las lecciones aprendidas, en especial las soluciones a los problemas afrontados durante la ejecución del proyecto, en un expediente que incluya la información generada.

- **Entrega del proyecto.** El equipo de mejora debe entregar al dueño del proceso y a todos los involucrados la documentación completa generada en cada fase, los problemas que se presentaron y las soluciones aplicadas, las memorias de cálculo y toda aquella información que sea útil para resolver situaciones durante la operación cotidiana.
- **Presentación de resultados.** Se ha de realizar el cierre ante la dirección de la empresa, exhibiendo los logros tanto operacionales como financieros. Es recomendable, además, promocionarlo ante todos los miembros de la organización para contar con su apoyo en futuras iniciativas.

9   Conclusión

Nuestros cuatro equipos han finalizado exitosamente las cinco fases de la metodología DMAIC, logrando (y en algunos casos, superando) los objetivos planteados en la fase Definir.

Ahora están listos para transferir el conocimiento adquirido a otros productos, servicios o procesos de su organización, así como para dedicarse a otros proyectos, plantearse nuevos retos y… ¡seguir por el camino de la mejora continua!

Glosario

alcance del proyecto
Delimitación en términos del área o proceso a ser mejorado, la operación específica, el área geográfica, etc.

análisis de varianza
Herramienta para analizar matemáticamente la significancia de las fuentes de variación de un proceso.

análisis del sistema de medición *(measurement system analysis* o **MSA)**
Metodología que identifica y cuantifica las diferentes fuentes de variación que afectan al sistema de medición provocando un error, es decir, la variación en las mediciones atribuidas a la variación en la parte que está siendo medida y al sistema de medición mismo.

Analizar
Tercera fase de la metodología DMAIC, cuyo objetivo primordial es identificar las variables significativas del proceso.

árbol de necesidades
Herramienta gráfica que ayuda a traducir las necesidades generales de los clientes en requisitos de rendimiento específicos, realizables y medibles.

árbol de realidad actual
Diagrama que muestra las relaciones causa-efecto, tomando en cuenta todas las variables que influyen en un problema o situación dada.

bloqueo
Técnicas para minimizar el efecto de las variables de ruido que pudieran afectar un experimento. Por ejemplo, si se piensa que la temperatura ambiente es un factor de ruido, las pruebas deberán hacerse a la misma hora del día.

calidad
Conjunto de propiedades inherentes a un producto o servicio que le confieren capacidad para satisfacer necesidades implícitas o explícitas. La calidad de un producto o servicio se entiende también como la percepción que el cliente tiene del mismo.

campeón
Dueño del proceso donde se realizará el proyecto de mejora y principal beneficia-

rio de sus resultados. Su responsabilidad es mantener enfocado al equipo en el logro de los objetivos y ser el enlace con la dirección. Asiste a todas las reuniones de avance.

campo muestral
Lista de unidades de las cuales se toma una muestra.

carta del proyecto
Documento que contiene los datos de definición del proyecto Six Sigma: caso de negocio o declaración del problema, propósito del proyecto (CTQ a trabajar), objetivo, entregables y alcance del proyecto, roles y responsabilidades del equipo, recursos necesarios para completarlo y métricos adicionales.

caso de negocio
Herramienta que ayuda a identificar las áreas problemáticas u objeto de mejora del negocio. Además, provee una descripción resumida de las características de una situación y una estimación del valor potencial de la implementación de un proyecto.

Controlar
Quinta y última fase de la metodología DMAIC, cuyos objetivos son: estandarizar los nuevos métodos en la práctica, documentar las lecciones aprendidas, desarrollar métodos que aseguren que las mejoras se mantengan, determinar y monitorizar los ahorros finales, entregar el proyecto al dueño del proceso y transferir el conocimiento adquirido a otros productos, servicios o procesos.

control estadístico de procesos o CEP (*statistical process control* o SPC)
Herramienta utilizada en el estudio de la variación y en el uso de las señales estadísticas para monitorizar o mejorar el rendimiento de un proceso.

CTQ *(critical to quality)*
Características clave para la calidad de un producto o servicio.

datos continuos
Datos que pueden medirse, por lo que toman cualquier valor dentro de una escala. Por ejemplo, peso de envases, tiempo de atención, etc.

datos discretos
Datos que solo se pueden contar, por lo que toman valores enteros. Por ejemplo, cantidad de piezas defectuosas, número de entregas tarde, etc.

defectos
Unidades que no cumplen con las especificaciones.

defectos (o errores) por millón de oportunidades (DPMO)
Medida clave en seis sigma equivalente al número de defectos o errores observados en un producto, proceso o servicio por un millón de oportunidades.

Definir
Primera fase de la metodología DMAIC. Tiene como objetivos: definir el proyecto y la voz del cliente y obtener la aprobación de la dirección para la realización del proyecto.

desempeño del proceso
Medición de los indicadores que permiten conocer cómo se encuentra funcionando actualmente el proceso y que nos ayudarán a confirmar la línea base.

despliegue de la función de calidad (*quality function deployment* o QFD)
Herramienta utilizada para desarrollar un completo entendimiento de todos los factores que deben llevarse a cabo

para realizar un diseño de calidad. Consiste en traducir los requerimientos del cliente (los QUÉ) en requisitos técnicos de diseño, ejecución y control (los CÓMO).

desviación estándar

Medida utilizada para cuantificar la variación o dispersión de un conjunto de datos numéricos, equivalente a la raíz cuadrada de la varianza. Se representa de manera abreviada por la letra griega minúscula sigma σ o la letra latina *s*.

diagrama *box plots*

Herramienta que permite comparar gráficamente la ubicación y las variaciones de diversos procesos o categorías de productos o servicios.

diagrama *cross-functional*

Herramienta que proporciona una perspectiva gráfica de las etapas del proceso, con un énfasis especial en las responsabilidades y las relaciones interdepartamentales.

diagrama de correlación

Gráfica simple entre dos variables que ayuda a visualizar el tipo y el grado de relación o predicción entre ellas.

diagrama de Pareto

Gráfica de barras para datos de conteo o categóricos, ordenados en orden descendente con respecto a su frecuencia y unidos a una ojiva que mide la frecuencia acumulada. Se utiliza para visualizar rápidamente qué factores de un problema, qué causas o qué valores en una situación determinada son los más importantes y, por ello, cuáles de ellos hay que atender en forma prioritaria, a fin de solucionar el problema o mejorar la situación.

diagrama de pescado

Herramienta gráfica que se obtiene de una lluvia de ideas, en la que se listan, de una manera organizada, todas las causas de un determinado efecto, con lo cual resulta más fácil separar los problemas y las posibles zonas de mejora.

diagrama multivari

Procedimiento gráfico de descomposición, cuyo objetivo es mostrar las fuentes de variación más importantes de un proceso. En conjunto, con un subagrupamiento lógico, analiza los efectos de las entradas, categorizadas, sobre las salidas.

diagrama SIPOC

Proporciona una perspectiva gráfica de las etapas del proceso en conjunto con proveedores clave, entradas, salidas y usuarios. Es una herramienta que nos permite analizar un proceso relativo a sus parámetros para así conocer completamente su impacto en la cadena de valor.

discriminación o resolución

Habilidad tecnológica de un sistema de medición de diferenciar adecuadamente entre los valores de los parámetros de una medida. La resolución debe ser 1/10 del límite de tolerancia.

diseño de experimentos

Conjunto de técnicas activas que manipulan un proceso para inducirlo a proporcionar la información que se requiere para mejorarlo. Estos métodos de experimentación planeada nos ayudarán conocer los muchos factores que impactan en la calidad de un servicio, producto o proceso.

diseño experimental

Plan formal para conducir el experimento. Incluye la selección de la o las variables de respuesta, los factores, los niveles y los bloques, y el uso de ciertas herramientas llamadas agrupación planeada, aleatorización y repetición o replicación.

diseño factorial
Diseño experimental en el que se ejecutan aleatoriamente todas las posibles combinaciones que pueden formarse con los niveles seleccionados.

disgregar
Consiste en dividir un proceso en los subprocesos que lo conforman, procediendo a un análisis más profundo y detallado, y analizando la relación sistémica entre los diversos subprocesos.

DMAIC
Metodología para implementar proyectos de mejora basada en cinco fases, de las cuales recibe su nombre: Definir, Medir, Analizar, Mejorar *(Improve)* y Controlar.

entradas controlables *(C)*
Son las que se pueden cambiar para ver los efectos en las variables de salida, a veces llamadas «variables de perilla». Ejemplos de ello son la temperatura, el número de analistas, etc.

entradas clave *(X)*
Son aquellas que estadísticamente se ha mostrado que tienen un impacto significativo sobre las variables de salida.

entradas de ruido *(N)*
Entradas difíciles o imposibles de controlar, por ejemplo: medio ambiente (humedad, temperatura ambiental, etc.). Es útil identificarlas pues pueden afectar el proceso y se debe tratar de minimizar su impacto.

estabilidad de un sistema de medición
Habilidad del sistema para mostrar consistencia en las mediciones a través del tiempo.

estadística
Rama de las matemáticas que se refiere a la recolección, estudio e interpretación de los datos obtenidos.

estadística descriptiva
La que consiste en la recolección, la descripción, la visualización y el resumen de datos originados (numéricos o gráficos).

estadística inferencial
La que se ocupa de la generación de modelos, inferencias y predicciones. Es una combinación de estadística descriptiva y probabilidad.

estratificar
Clasificar y analizar datos de acuerdo a las distintas fuentes de donde provienen, por ejemplo: máquinas, lotes, proveedores, turnos, sucursales, puntos de venta, días de la semana, etc.

estudios de repetibilidad y reproducibilidad (R&R)
Metodología estadística para evaluar un sistema de medición. Asigna valores a la repetibilidad y a la reproducibilidad, los cuales se comparan con un estándar para determinar si el sistema es capaz de proporcionar mediciones confiables.

exactitud de un sistema de medición
Se define con respecto a su proximidad (sesgo) a un objetivo: una mayor cercanía implica un buen grado de exactitud. Es la diferencia entre el promedio de las mediciones y un valor de referencia, conocido como un estándar de medición.

experimentar
Ejecutar cambios cuidadosamente planeados, anotando los resultados. Este proceso se sigue realizando hasta llegar a un nivel óptimo.

experimento
Cambio en las condiciones de operación de un sistema o proceso, con objeto de medir su efecto en una o varias propiedades del producto o servicio.

factores
Variables controlables cuyo efecto sobre las variables de salida se desea analizar. Pueden ser cualitativos (tipo de materia prima, color de tela, etc.) o cuantitativos, tanto discretos (número de operadores, cantidad de piezas, etc.) como continuos (tiempo de proceso, temperatura, presión, etc.).

Gantt del proyecto
Plan semanal en el que se programan las actividades para cada una de las fases DMAIC, con tiempos estimados.

gráficas de control
Herramientas que muestran el comportamiento de cierto parámetro de calidad de un proceso con respecto al tiempo. Las cartas de control para variables son:

- $X\text{-}R_m$ o $I\text{-}R_m$ (individuos y rangos móviles).
- $X\text{-}R$ (medias y rangos).
- $X\text{-}S$ (medias y desviaciones estándar).

Las cartas de control para atributos son:

- np (proporción de unidades defectuosas en muestras de tamaño constante).
- p (proporción de unidades defectuosas en muestras de tamaño variable).
- c (número de defectos por unidad en muestras de tamaño constante).
- u (número de defectos por unidad en muestras de tamaño variable).

histograma
Representación gráfica (mediante barras) de la distribución de frecuencias de un conjunto de datos, en la que pueden observarse más fácilmente tres propiedades: forma en que se distribuyen los datos, acumulación o tendencia central y dispersión o variabilidad.

impulsores de calidad
Factores que deben estar presentes para entregar un producto o servicio de calidad.

índice de capacidad potencial *(Cp o Pp)*
Comparación entre los límites de especificación (tolerancia) y los límites del proceso, sin tomar en cuenta la ubicación o centralidad del mismo.

índice de capacidad real *(Cpk o Ppk)*
Comparación entre los límites de especificación (tolerancia) y los límites del proceso, tomando en cuenta la ubicación o centralidad del mismo.

líder
Guía del equipo que se asegura de que se cumplan los objetivos. Organiza las reuniones, planea las actividades e informa los avances al campeón y patrocinador(es). Facilita los medios para que cada miembro del equipo cumpla con las tareas que se le encomienden y da seguimiento para que así sea.

línea base
Estado inicial de un indicador o métrico. Se debe expresar en un nivel con unidades y verificar que la información es de largo plazo (al menos los tres últimos meses).

mapa de proceso (PMAP)
Herramienta gráfica que sirve para documentar el flujo de un proceso. En su

estructura es muy similar a un diagrama de flujo, solo que en este caso se incluyen las variables de entrada *(X)* y salida *(Y)* de cada operación.

media
Promedio aritmético.

mediana
Una vez ordenados los datos de menor a mayor, es el dato que los divide a la mitad (el 50 % de los datos están por debajo de este valor y el 50 %, por arriba).

Medir
Segunda fase de la metodología DMAIC cuyos objetivos son: describir el proceso a un nivel detallado, evaluar el sistema de medición, obtener datos del proceso, clasificar los datos y realizar mediciones iniciales para verificar el desempeño del proceso y estimar la línea base.

Mejorar
Cuarta fase de la metodología DMAIC, cuyos objetivos son: proponer nuevas condiciones en los procesos para optimizar su desempeño y alcanzar los objetivos planteados, establecer los beneficios asociados con la solución propuesta, investigar y resolver los potenciales modos de fallo para el nuevo proceso e implementar y validar las mejoras.

moda
En un conjunto de datos, aquel que se repite en un mayor número de ocasiones.

modelo de Kano
Herramienta utilizada para identificar las necesidades de los clientes. Clasifica las características del producto o servicio en tres categorías: básicas, de desempeño e inesperadas.

muestra
Porción representativa de la población tomada para obtener información del todo.

muestreo aleatorio
Utilizado cuando la variación es igual a lo largo de todas las muestras de *n* unidades experimentales. Se caracteriza por su selección imparcial e independiente.

muestreo estratificado
Aquel en que inicialmente se divide la población en estratos homogéneos y después se selecciona aleatoriamente dentro del estrato. Esto ocurre cuando existe más variación entre estratos que dentro del estrato.

muestreo por conglomerados
Aquel en que se divide la población en subgrupos muy similares entre sí, con la característica de que existe más variación dentro del subgrupo que entre subgrupos, es decir, que la variabilidad dentro del subgrupo es muy similar a la de toda la población. Se recomienda tomar un conglomerado o subgrupo y chequear todos los elementos de dicho subgrupo o hacerlo aleatoriamente.

muestreo sistemático
Aquel que empieza con una unidad tomada al azar y después se muestrea cada *n* unidades de ahí en adelante.

nivel sigma
Métrico que indica el cumplimiento de un producto, proceso o servicio en relación a las especificaciones del cliente.

niveles
Valores que se asignarán a cada factor en un experimento. Se deben asignar por lo menos dos niveles diferentes para cada

factor, y el número total dependerá de la información que se desea obtener.

objetivo
Declaración más específica de las salidas deseadas de un proyecto. Debe describirse en términos medibles (numéricos).

operación estándar *(S)*
Procedimiento, instrumento o material estándar para correr el proceso.

oportunidades
Número total de posibilidades de defecto en un proceso (manufactura, servicio, contable, etc.) que generarían un resultado no deseado.

patrocinador(es)
Miembro(s) de la dirección de la empresa, cuya principal responsabilidad será eliminar obstáculos o tomar decisiones estratégicas para que el equipo logre los objetivos. Asiste(n) a las reuniones de avance cuando se les solicita.

plan de control
Documento que ofrece una visión general de las estrategias que se utilizarán para garantizar que los procesos principales o una parte característica de un producto o servicio se controlarán a través de acciones de detección o prevención, o una combinación de ambas.

población
Total de elementos con una característica común, del cual queremos obtener información.

precisión
Habilidad de un sistema de medición para obtener los mismos resultados cuando una parte es medida varias veces. La precisión es expresada en términos de la desviación estándar, es decir, de la variación o dispersión de las lecturas obtenidas.

pruebas de hipótesis e intervalos de confianza
Procedimiento estadístico usado para tomar una decisión, con base en una muestra, en cuanto al valor que puede tener el verdadero parámetro de la población: media, varianza, proporción, diferencia entre medias o proporciones, o cociente entre varianzas.

rango
Medición de la variabilidad de un conjunto de datos que es resultado de la diferencia entre el mayor dato y el menor de la muestra.

repetibilidad
Variación en las mediciones obtenidas por un usuario único utilizando el mismo instrumento de medición para medir características idénticas en las mismas partes. Esta variación, entonces, es debida al instrumento de medición.

réplicas
Número de veces que se repetirá cada experimento. Cuanto mayor sea el número de réplicas, más exacto es el resultado.

reproducibilidad
Variación en el promedio de las mediciones hechas por diferentes usuarios usando el mismo instrumento de medición cuando miden características idénticas en las mismas partes. Esta variación es atribuible a los operadores o al procedimiento de medición.

sistema de medición
El formado por las operaciones, procedimientos, calibradores o instrumentos de

medición, equipo adicional o de soporte, *software* y personal definido para obtener una medición.

Six Sigma
Filosofía de trabajo y estrategia de negocios que se basa en el enfoque hacia el cliente, en un manejo eficiente de los datos y metodologías y en diseños robustos, que permiten reducir significativamente la variabilidad en los procesos y alcanzar un nivel mínimo de defectos.

unidad
Cualquier miembro individual de una población.

variable (o variables) de respuesta
Salidas (forzosamente deben ser cuantificables) que se van a medir para observar el efecto que tiene sobre ellas el cambio en las variables de entrada.

variación
Dispersión de una característica particular respecto a un valor objetivo.

variación controlada
Conocida como causa común, es un patrón de variación estable o consistente a través del tiempo (predecible).

variación descontrolada
Conocida como causa especial, es un patrón que cambia con el tiempo (impredecible).

varianza
Medida que se utiliza para cuantificar la variación o dispersión de un conjunto de datos numéricos, equivalente a la suma de las desviaciones medias cuadradas de un grupo de mediciones, divididas entre el número de mediciones menos uno.

voz del cliente *(voice of the customer* o VOC)
Expresión del cliente respecto a sus necesidades.

Manual de gestión aduanera. Normativas y procedimientos clave del comercio internacional
Pedro Coll

Cómo participar en ferias comerciales
Cristina Peña Andrés

Manual del comercio electrónico
Eva María Hernández Ramos, Luis Carlos Hernández Barrueco

Manual de estrategia de operaciones
Ángel Caja Corral

Cerebro, inteligencias y mapas mentales
Zoraida G. de Montes, Laura Montes G.

La Industria 4.0 en la sociedad digital
Antoni Garrell Guiu, Llorenç Guilera Agüera

Manual de transporte para el comercio internacional
Cristina Peña Andrés

Manual de gestión de almacenes
Sergi Flamarique

Anatomía de la creatividad
Llorenç Guilera Agüera

Lean Six Sigma. Sistema de gestión para liderar empresas
Luis Socconini, Carlo Reato

Lean Company. Más allá de la manufactura
Luis Socconini

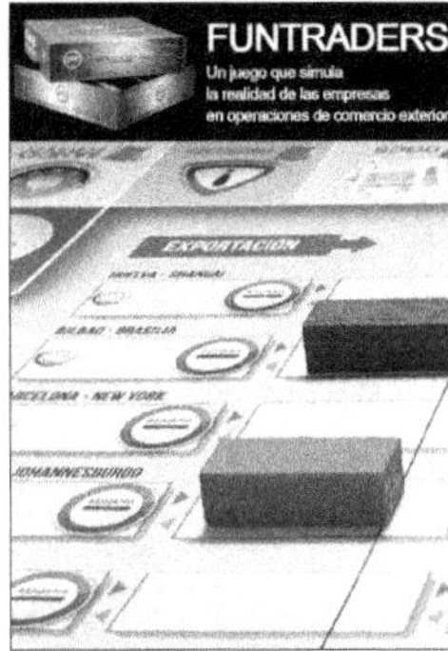

FUNTRADERS Un juego para aprender comercio internacional

Lean Energy 4.0. Guía de Implementación
Luis Socconini, Juan Pablo Martín

Lean Manufacturing. Paso a paso
Luis Socconini

Lean Services. Certification Manual
Luis Socconini

Lean Six Sigma Yellow Belt. Manual de certificación
Luis Socconini

Lean Six Sigma Green Belt. Manual de certificación
Luis Socconini

Lean Six Sigma Black Belt. Manual de certificación
Luis Socconini

València, 558 – 08026 Barcelona – Tel. +34-931 429 486 – marge@margebooks.com – www.margebooks.com